李 锋◎著

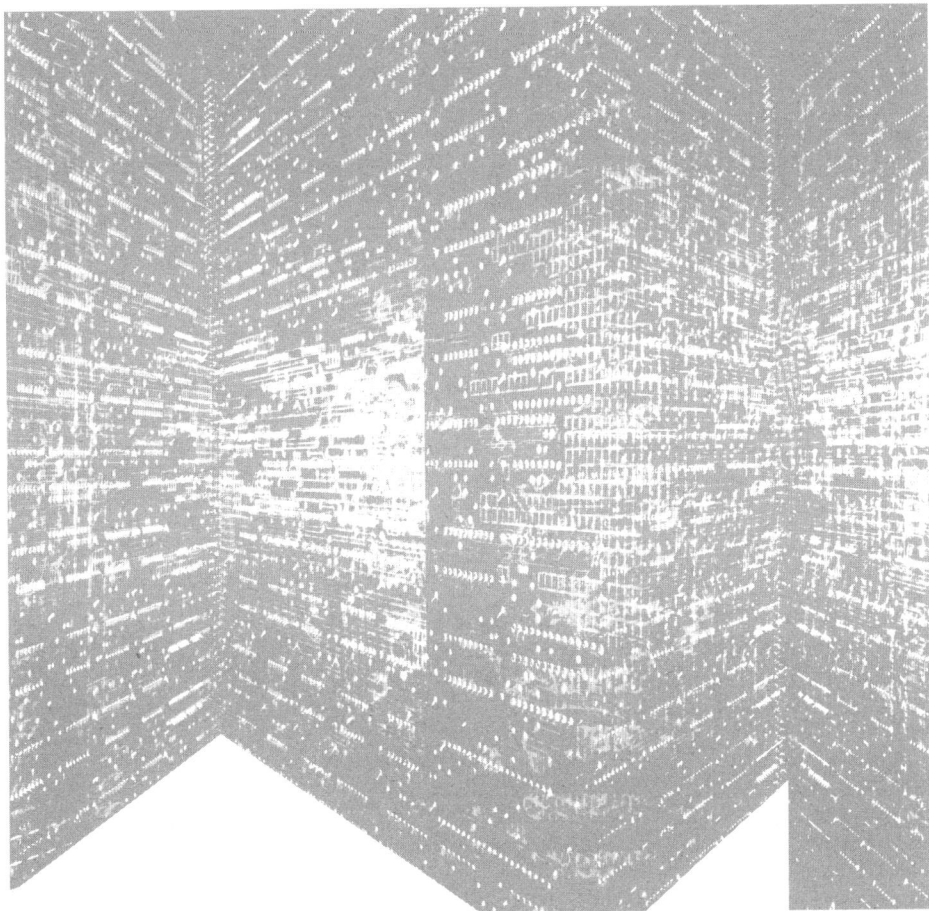

发展关键能力，培养数字公民

面向核心素养的信息技术课程设计

华东师范大学出版社

本书是上海市"立德树人"人文社会科学重点研究基地

——信息科技教育教学研究基地的研究成果之一

目 录

第一部分 信息社会需要具有数字胜任力的公民

第二部分　国际中小学信息技术教育的改革与发展

第三部分　面向核心素养的信息技术课程设计

序 一

近十年来,信息技术快速发展加快了现实空间与虚拟空间的融合,形成了一个全新的信息社会生态环境,基于移动通信和大数据的新兴产业成为社会经济增长的一个热点,数据驱动、知识创新已成为国际竞争力的关键指标。党的十九大报告指出,加强应用基础研究,拓展实施国家重大科技项目,突出关键共性技术、前沿引领技术、现代工程技术、颠覆性技术创新,为建设科技强国、质量强国、航天强国、网络强国、交通强国、数字中国、智慧社会提供有力支撑。顺应新时代潮流,针对创新人才发展需要,聚焦数字胜任力,提升公民数字素养是我国中小学信息技术教育的艰巨使命。

一、国际中小学信息技术教育发展态势

(一) 以发展学生数字素养为根本目标

伴随新一代数字工具成长起来的"数字原住民"潜移默化地具备着"更快利用网络获取信息、善于并行工作、适合图形学习"的社会生存优势。但是,在数字环境中他们也表现出自我约束力弱、沉溺网络游戏、不负责任地发布网络信息等问题。可见,"数字原住民"并不能简单等同于"数字公民",为更好地生存于信息社会,他们同样需要加强数字素养教育。2011 年,欧盟委员会联合研究中心将"数字素养"作为公民八大核心素养之一,实施了"数字素养项目",建立起欧盟数字素养框架/指标,把国民的数字素养视为全球竞争的重要因素。2014 年英国教育部针对学校"信息与通信技术"教育中的问题,对课程标准进行了修订,将课程名称改为"计算课程",重新界定课程目标,提出通过该课程"确保学生具备数字素养,让学生应用并通过 ICT 表达自己的想法,使他们能达到一定的水平以适应

未来工作,并成为数字社会的积极参与者"。显然,高度发达的信息社会中,数字素养已成为社会公民的一项基本生存能力。面向数字素养的信息技术教育,更注重引导学生在数字环境中理解人、信息技术与社会的关系,合理使用信息技术解决问题,担负起相应的社会责任,实现从"数字原住民"向"数字公民"的发展。

(二) 突出培育学生的信息技术学科思维

信息技术的广泛应用使得基于程序驱动的技术工具渗透到社会领域的各个方面,内含于技术工具中的"计算方法"潜移默化地嵌入到人们解决问题的过程之中,并逐步改变着人们的行为方式和思维特征。当数字工具几乎成为人们身体的一部分时,为能安全、合理地使用信息技术,人们就需要理解其特有的运行方法,知道它们推动世界变革的原由,形成信息社会所特有的、人机互动思维方式。2012 年美国计算机教师协会就明确指出信息技术教育已不只是对"技术工具功能的掌握",更应是促进学生在计算思维、合作与交流、计算实践与编程、计算机和交流设施的应用、社区、全球化和伦理道德等方面的综合发展。2015 年澳大利亚数字技术课程标准强调,"在数字社会中人们需要具有利用逻辑、算法、递归和抽象等计算方法去认识事物的能力,计算思维教育就是要发展学生利用具有程序性的工具和过程方法创造、交流和分享信息,更合理地管理项目"。可见,为使社会成员有效使用信息技术,而不是为技术工具所"控制",信息技术教育就需要帮助学生理解程序驱动下数字化环境的本质特征,**引导学生"像信息技术专家"那样去思考该环境中各要素的相互关系和运行模式**,根据需要积极主动选用技术工具去解决日常生活与学习中的问题。

(三) 强调信息技术的创新教育

互联网发展使得整个世界成为了一个大的信息系统,它在改变社会时空结构时,也使世界变得更加扁平化,模糊了社会组织的"物理界限",重构出社会发展的新秩序。近年来,为了占领数字竞争的"制高点",教育发达国家纷纷改革学校信息技术课程,对新一代人才提出了更高的数字化学习与创新的要求。2013年欧盟"数字素养框架"将"作品创新"作为一个重要发展领域,指出,"数字公民要能够利用信息技术重新整合先前知识和内容,产生信息的创意式表达以及媒体输出和编程,合理应用知识产权"。2016 年美国计算机教师协会发布的《K－12计算机科学教育框架》指出,"中小学计算机教育不只是要培养信息技术工具的消费者,更应该是培养技术环境下的创新者"。同年,美国政府倡导"CS For All"运动进一步推动信息技术创新教育,加强"**双深技能(double-deep skill)**"型人才的培养。

(四) 注重信息技术在 STEAM 课程中的综合实施

从课程实施来看,为提高学生应用跨学科知识解决真实情境中问题的能力,发展学生的数字素养,将科学、工程、人文艺术和数学等学科的教育引入到信息技术教育中,开展 STEAM 课程已成为国际中小学信息技术教育的一种重要形式。2012 年,英国学校计算工作小组在"计算"课程研究中指出:计算机科学(信息技术)是一门典型的 STEM(科学、技术、工程、数学)融合课程,这门课程为学生提供了洞察综合学科学习的途径,以及可以用于其他学科问题解决的技能和知识。2011 年韩国教育部发布的《综合型人才教育(STEAM)方案》以数学和科学为中心,综合实用性技术与工程内容,融入人文艺术知识,开设 STEAM 课程,发展学生跨学科知识的综合运用能力,培养现代社会所需的具备科学技术素养的人才。显然,信息技术作为学生生活与学习中的常用工具,其学习方式不应只是简单的知识传授与技能操作,更需要通过 STEAM 跨学科整合方式,实现信息技术与多学科知识的融合,将信息技术创新教育理念落实于学习活动和动手实践中,进而改变信息技术教师的教学方式、学生的学习方式,重构信息技术教学组织及评价体系。

二、我国高中信息技术课程标准的修订与实施

2018 年 1 月,我国教育部发布了《普通高中信息技术课程标准(2017 年版)》,课程标准凝练了信息技术学科核心素养,建立学科大概念,设计必修、选择性必修和选修的课程结构与模块,为全体学生的基础学习和个别学生的选择性学习提供了相应的课程。

(一) 坚持立德树人教育理念,明确学科育人价值

高中信息技术课程标准修订过程中,坚持立德树人的教育理念,依据中国学生发展核心素养,从"人与技术""人、技术及问题解决""人、技术与社会"等层面分析信息社会公民必备的信息素养,将信息技术学科核心素养界定为:**信息意**

识、计算思维、数字化学习与创新和信息社会责任。在此基础上，分析学科核心素养的内涵，按照高中生的认知特征划分学科核心素养的等级体系。将学科核心素养贯穿于内容标准、学业质量标准、课程实施建议之中，以此引导学生理解信息技术应用过程中的个人、技术及社会关系，思考信息技术给人类社会带来的机遇和挑战，履行个人在信息社会中的责任和义务，成长为有效的技术使用者、创新的技术设计者和理性的技术反思者。

（二）梳理信息技术学科大概念，形成比较稳定的学科概念体系

高中信息技术课程标准修订过程中，在明确了学科核心素养后，依据信息技术学科特征，追溯其上位学科，按照信息技术课程特征和知识技能的逻辑体系梳理核心概念，将学科大概念确定为：**数据、算法、信息系统和信息社会**。分析信息技术学科大概念的相互关系，明确它们核心内涵，建立高中信息技术课程基本知识技能序和能力发展序，形成一个比较稳定的高中信息技术课程的核心概念体系。

（三）把握学科基础性与发展性特征，确定高中信息技术课程结构

结合信息技术学科核心素养和学科大概念，按照《国家普通高中课程方案（2017年版）》，设计**高中信息技术必修、选择性必修和选修三类课程**。在此基础上，依据学科逻辑特征和高中学生的学习需求设计体现时代性、基础性、选择性和关联性的课程模块。其中，信息技术必修课程是全体学生修习的课程，是普通高中学生发展的共同基础；选择性必修课程是根据学生升学需要、个性化发展需要设计的，分为升学考试类课程和个性化发展类课程；选修课程体现了信息技术学科的前沿性、应用性，学生可根据个人发展需要进行选学。

（四）倡导基于项目的学习方式，培育以学习为中心的教与学关系

基于项目的学习是指学生在教师引导下发现问题，以解决问题为导向开展方案设计、新知学习、实践探索，以及具有创新特质的学习活动。高中信息技术课程强调学生利用信息技术解决问题能力的培养。信息技术教学中，就需要创设适合学生认知特征的活动情境，引导学生开展探究性学习，利用信息技术开展项目实践，发现和解决问题，形成活动作品，综合学习信息技术的知识与技能，促进学科核心素养发展。通过项目活动，可以鼓励学生针对不同的问题情境界定

问题,运用计算思维形成问题解决的方案,体验信息技术行业实践者真实的工作模式与思考方式,培育以学习为中心的教与学关系。

三、新时代信息技术教育的发展与建议

在将我国建设成网络强国、数字中国、智慧社会过程中,中小学信息技术教育需要借鉴国内外已有的优秀成果,突出我国基础教育特色,按照社会发展和学生成长需要,优选、精选教学内容,设计学业评价,创设学习环境,落实信息技术学科核心素养。

(一) 培养具有数字胜任力的中国公民

在高度发达的信息社会中,数字技术广泛应用不仅创设出丰富的技术应用环境,也潜移默化生成新的核心概念、关键能力以及独特的技术应用行为规范。从"数字原住民"到"数字公民"并不是一蹴而就的,作为合格的"数字公民"既要掌握与应用相关的技术工具,也要理解其中的核心概念、学科方法以及具有学科特征的交流形式,合理应用学科方法解决现实问题,按照信息社会行为规范负责任地开展信息活动。通过学科核心素养的培育,既要帮助学生成长为信息技术健康的"消费者",更好地适应信息社会;也要引领学生成为信息社会的"生产者"和"创造者",创造性地推动信息社会发展,成为具有数字胜任力的中国公民。

(二) 研制小、初、高一体化的信息技术课程体系

在现实空间和虚拟空间相互交织的信息化社会中,针对"数字原住民"的信息科技教育,不再局限于信息技术工具的操作与应用层面,更应强调发展学生信息技术学科核心素养,提高数字胜任力。核心素养教育是一个持续发展、循序渐进的过程,要在小学、初中、高中一以贯之地实施。研制小、初、高一体化信息技术课程体系,打通各学段信息技术教育的衔接节点,这是我国中小学信息技术教育的重要任务。

(三) 加强实施引领与监管,充分落实国家教育政策

新时代赋予了基础教育新任务,国家在战略层面对基础教育阶段的教育提出了面向新时代的新要求,为我国未来人才培养指明了方向、定好了基调。但

是,缺少了实施层面的有效引领与监管,完全由市场与资金牵着教育的鼻子走,就会出现发展不规范、落实不到位的问题。当前教育培训市场的"编程热""人工智能热",不仅加剧了家长的焦虑,也增加了学生的学习负担;教材市场上涌现出的几十套中小学人工智能教材,教材质量良莠不齐,一些教材把碎片化、机械式、脱离学生生活经验的操作技能灌输给学生,不仅不能提高学生的信息素养,还影响了学生的学习兴趣。新时代信息素养教育如果还是像以前"打字热"那样,让学生机械地学习编程与人工智能,不仅是走老路更是走弯路。因此,在具体实施过程中,教育主管部门要担当起指引与监管中小学信息技术教育的责任,加强正确的舆论引导,采用有效的教育管理方法与机制,充分落实国家教育政策。

(四) 打通信息技术学业评价与高校选拔优秀人才的渠道

分析教育发达国家的信息技术课程实施方案,在评价方式上大多数国家都将"信息技术(或计算机)"作为大学入学的选择性考试科目,"学业水平等级测试或职业发展专项考试"是中学信息技术课程学习和高校入学"对接"的渠道。例如,英国针对"计算"学科的 A-LEVEL 考试,为高校选拔人才提供学习证明;美国考试机构组织的计算机 AP 课程考试,作为高校入学的参考成绩,并能进行学分转换;此外澳大利亚、德国等国家都以学科选择考试的方式将信息技术内容列为高校选拔学生的重要内容。

借鉴国际已有信息科技学业评价经验,为满足信息技术专业人才和信息技术与其他领域复合型人才的发展需要,我国信息技术教育改革也需要加强中学信息技术教育与高校信息科技教育的对接,完善中小学信息技术学业评价方式,为专业人才和复合型人才的培养创造条件。

(五) 建设实用而前瞻的信息科技教学实验环境

目前我国中小学信息技术实验环境建设的不足影响着学生动手实践、调试、观察、记录、设计等信息技术实验活动的开展。为提高学生信息技术动手实验能力,研制中小学信息技术实验室配置标准,加强信息技术实验室建设,形成信息技术环境的建设、维护、更新的有效投入保障机制,是中小学信息科技教育有效实施的重要保障。此外,针对学生的特长、兴趣及信息科技内容分类,建立小、精、特型的实验室,以此引导对信息技术感兴趣的、有专长的学生在实验室中开展个性化创新实验,调动学生对信息技术学习的积极性,为信息技术个性化学习创设条件。

信息技术的快速发展赋予了信息技术教育新内涵。分析国内外中小学信息技术教育发展趋势,在当今创新发展的时代背景下,中小学信息技术教育就不应局限于培养信息技术的"消费者",更应该是根据社会发展和学生个人成长需要,培养信息社会的"生产者"和"创新者"。引导学生理解数字生存环境,发展信息意识、计算思维、数字化学习与创新能力,担负起信息社会应负的责任,成为具有数字胜任力的中国公民。

任友群

序 二

　　人类社会的发展与生产力的发展息息相关,原始社会三个方面的生产力是均衡发展的,即物质生产力、能源生产力和信息生产力基本上均衡发展;农业社会是第二阶段,注重物质生产力发展,经历了石器时代、青铜时代和铁器时代三个阶段;而工业社会则注重能源生产力发展,经历的是蒸汽时代(实际上应该是气动力)和电气时代;信息社会则注重信息生产力的发展,现在虽然都称为信息时代,但是严格地说应该称为数字时代比较好,以信息、数据的数字化为代表,极大地提高了信息处理、信息存储和信息传输的效率和效益,可以预期的第二个时代,也许可以称为智能时代。生产力的发展主要取决于人类的科学技术的发展,也就是人类对于世界的认识的提高和对于技术的不断创新与推广应用。而教育作为上层建筑之一,在社会发展中的地位与作用是培养下一代不仅能够把人类文化继续传承下去,而且能够促进生产力不断创新和发展。特别是我们现在处于信息社会的第一个阶段,大多数从事教育的工作者属于工业社会成长起来的数字移民,而面向的被教育者则是所谓的数字原住民,怎么办就成为教育工作者必须认真对待的一个研究课题。其中一个重要课题就是对于数字原住民如何进行信息技术教育,使他们成为真正的、适应数字时代发展的数字公民。

　　信息技术学科在我国中小学教育中是一门比较新的学科。1984 年,邓小平同志在视察中国福利会少年宫儿童计算机活动时指出:"计算机的普及要从娃娃抓起。"之后,我国中小学计算机教育得到各个方面的注意,迅速在许多省市开始了比较广泛的实验。1986 年初,全国进行计算机教学实验的中小学大概有三千多所,拥有计算机大约 33 950 台,主要的教学内容是程序设计教学。为进一步加强中小学计算机教育,1987 年教育部(当时的国家教委)成立了"全国中学计算机教育研究中心"(后来又更名为"全国中小学计算机教育研究中心",以下简称"研究中心"），下设北京研究部和上海研究部，分别挂靠在北京师大与华东师大。"研究中心"最初的任务是受中学教育司委托，参与制订全国中学计算机教育事业的发展规划、有关政策和实施措施，了解各地开展情况，组织试验和推广交流经验，还有教师培训，组织教材编写，了解国内外动态等，随后也加强了小学这方面的研究。"研究中心"的成立和所开展的工作推动了我国中小学计算机教育的开展。1995 年，我也进入"研究中心"工作，担任上海部的中心主任，这期间完成了《信息素养论》一书，该书比较系统地论述了信息社会需要每个人具有一种新的素养——信息素养。信息素养包括信息意识情感、信息伦理道德、信息及信息技术的基本知识与信息能力四个方面。信息素养是可以经过教育培育提升的，也是必须从小培养的；学校提升信息素养的途径有信息技术课程、信息技术与学科教学的整合、信息技术在学校管理方面应用等方面。

时至今日，在我国教育信息化进入 2.0 时代，信息技术自身发展和在各领域中的广泛应用也赋予了信息素养新内涵。李锋的研究从信息社会的信息生产力发展情况出发，他注意到了信息生产力的主要关注不仅在于使用和操作应用，而且是思维方式的转变，需要一种信息社会所特有的思维，运用了现在的论述中的计算思维，进一步提出了计算思维不仅包含了为计算的思维（thinking for computing），而且包含了用计算的思维（thinking with computing）；前者主要是信息生产力的创新者，而后者则是广大使用者亦即每个数字时代的公民所需要的思维方式，他们在了解信息技术是什么的同时，还能够从广大信息中敏感觉察到某些有用的信息，从而提出需要计算解决的问题，再经过不断修改和认识，得出自己的结果。同时，研究还从数字原住民的分析出发，通过他参与国家课程标准的设计、教材的编写以及具体中小学的教学观察等实践活动，努力找出其信息技术课程的设计规律。

从"计算机的普及要从娃娃抓起"到"把我国建设成网络强国、数字中国和智慧社会"的新时代，我国中小学信息技术教育已经走过三十多个年头，从计算机教育到信息素养教育、再到学科核心素养教育，一直在不断地探索和发展。相信在大家共同努力下，中小学信息技术课程随着时代发展会不断地完善和进步，为我国信息化建设培养出一批又一批合格的数字公民。

前 言

信息技术的飞速发展催生出现实空间与虚拟空间并存的信息社会,重塑了人们沟通交流的时间观念和空间观念,不断改变人们的思维与交往模式,深刻影响人们的生活、工作和学习。随着新技术、新工具在社会各领域的广泛应用,基于移动通信和大数据的新兴产业成为社会经济增长的热点,数据产业和智能制造的发展将决定国家间经济竞争的话语权。提高公民数字化胜任力,增强个体在信息社会中的适应力与创造力,是新时代信息技术教育的重要任务。本书共包括三部分内容:

第一部分:信息社会需要具有数字胜任力的公民。生存于信息社会,有机遇也有挑战。信息技术在改善人们的生存条件时,也引发了新的危机。加强信息技术教育,提高公民数字胜任力势在必行。这部分有两章内容:

第一章,数字时代的机遇与挑战。信息技术发展与应用推动了社会进步,人们的生活、学习和工作方式都发生了很大的变化。但是,信息技术也引发了新的危机,信息安全的挑战、隐私泄露、网络诈骗等,不仅危害到个人安全,甚至危及到国家安全。生存于信息社会的每位成员,有机遇,也面临挑战。

第二章,聚焦数字胜任力。为更好地生存于数字化环境中,增强个体在信息社会的适应力和创造力,即使是出生于数字时代的"数字原住民"(Digital Native),也需要接受科学合理的信息技术教育,为成为合格的数字化公民打下基础。加强信息技术教育,提高社会成员的数字化胜任力势在必行。

第二部分:国际中小学信息技术教育的改革与发展。梳理和比较教育发达国家或地区信息技术课程建设,分析这些国家或地区的课程标准修订、课程结构设计以及学业评价实施情况,借鉴国际最新的信息技术课程研究和实施成果。这部分有两章内容:

第三章,国际中小学信息技术教育的比较与分析。从课程定位、课程结构、课程目标、课程设置、教学实施建议和学习评价等方面,对教育发达或具有信息技术教育特色的国家或地区新修订的信息技术课程标准以横向比对方式进行文本分析,了解国际中小学信息技术课程标准的发展情况,把握教育发达国家或地区对未来数字公民培养所关注的主要内容和发展目标。

　　第四章,信息技术教育的发展特征与前沿成果。分析国际中小学信息技术教育变革主要趋势和特征,阐释国际中小学信息技术教育变革的时代背景和改革问题与原由,从推进我国中小学信息技术课程改革的角度提炼出具有可资借鉴的国际信息技术教育的经验与启示。

　　第三部分:面向核心素养的信息技术课程设计。从我国信息技术课程实施现状与问题、信息技术课程标准修订背景与理念、信息技术学科核心素养与学科大概念、课程标准实施的保障与支持等方面,分析我国高中信息技术课程标准的内容与特征。这部分包括三章:

　　第五章,我国信息技术课程实施现状与问题思考。从历史视角分析信息技术教育经历的主要阶段。从学科核心素养与大概念方面分析课程的“合理内核”,把握信息技术学科特征,避免在阶段转换过程中陷入从“一个极端”走向“另一个极端”的误区。

　　第六章,高中信息技术课程标准的设计与研制。梳理我国信息技术教育中的现实问题,分析信息技术学科核心素养与学科大概念的意义与特征,解读课程标准中的内容结构与模块内容,为师生开展基础学习和个别学生选择学习提供指导。

　　第七章,高中信息技术课程标准的实施与再思考。新课程的实施需要有与之相配套的教学方法与教学资源,这对信息技术教师的教学能力提出了新挑战。这一章分析项目学习特征,提供可供参考的案例。从义务教育阶段与高中信息技术衔接、学科课程内容体系建设、教师队伍与教学环境建设等方面给出了课程建设与实施的思考与建议。

　　由于本书涉及信息技术、课程与教学等多个领域,加之信息技术发展较快,书中难免有不足与疏漏,恳请读者朋友批评指正。

李锋

第一部分
信息社会需要具有
数字胜任力的公民

　　信息技术的普及推动了经济社会各领域的深入发展。在全新的数字化环境中，人们的科学发现模式、技术应用模式、经济发展模式、社会交流模式不断地发展变化。当然，信息技术在促进社会经济发展、推动社会进步的过程中，也引发了新危机，信息安全的挑战、隐私泄露、网络诈骗、恶意攻击等，不仅危害到了个人安全，甚至危及到国家安全。在建设网络强国、数字中国、智慧社会的进程中，加强公民信息技术教育，全面提升公民信息素养是保证个人生存和国家安全的基石。

第一章

数字时代的机遇与挑战

每个时代有每个时代的标志性特征,农业时代以耕种作为主要的生产方式,工业时代以蒸汽机为代表的一系列生产工具的革新,促使各类生产流水线的应用,带来了生产力和生产关系的巨大变革。如今,我们正处于数字时代,以计算机类智能设备和互联网交互系统为典型代表的大数据经济已融入到社会各个领域,越来越能够满足人们的个性化需求。人与人之间、人与物之间的联系越来越扁平化、无缝化,信息技术的发展与应用成为整个时代系统升级的核心。

第1节 互联网拓展人类生存时空

移动通信、智能终端、大数据等信息技术的发展创造了一个全新的数字化生存时空,它在改变人们生活、学习和工作方式的同时,也改变着人们的思维方式。通过应用程序(APP)可预约车辆,通过慕课(MOOC)平台可选学适合自己的课程,通过网络平台可合作完成任务,网络把全世界各地的人、物、事连接了起来。以前我们只熟知自己周围小范围的信息,因为互联网的出现我们的生活圈子变广了,可以认识全世界各地的人,熟知全世界各地的物,了解各个地域发生的事情,网络空间已成为继陆地、海洋、天空、外空之外,人类生存的又一空间。

一、新空间：网络力量的神奇与伟大

计算机和互联网让世界上万物互联，人机共生得以实现。有人说互联网是20世纪最伟大的发明之一。其实它的伟大之处并不只是在于一种新技术的发明，更在于它通过与各个领域的联结给人们的生产生活带来了巨大变化，拓展了人们的学习时空、生活时空、工作时空，并给各行各业的创新带来了历史机遇，创造着一个又一个的神奇。

2007年，萨尔曼·可汗(Khan, S.)成立了非营利性的"可汗学院"网站，他用微视频讲解不同学科内容，解答网友提出的问题。除了视频授课，可汗学院还提供在线练习、自我评估及进度跟踪等学习工具。2009年，可汗学院获得微软技术奖，2010年可汗学院获得盖茨基金会和谷歌公司的资助。2013年，可汗学院发布了西班牙语版本，随后发布葡萄牙语、法语、土耳其语版本，2015年可汗学院推出了移动端多终端平台的升级版本。

目前，全世界已有一千万学生在可汗学院的网站中学习。比尔·盖茨说，"可汗是互联网教育的一个先锋，他借助技术手段，帮助大众获取知识、认清自己的位置，他引领了一场教育革命"。

互联网为可汗学院的成功奠定了基础。可汗学院正是借着互联网对人们生存时空的拓展掀起了教育行业革命的浪潮，成为在线教育的生力军。在可汗学院教育模式的引领下，一系列"类可汗学院"的网络学校如雨后春笋般在世界各地建立起来（如图1.1-1所示）。目前，我们足不出户就可以学到国内外优秀的

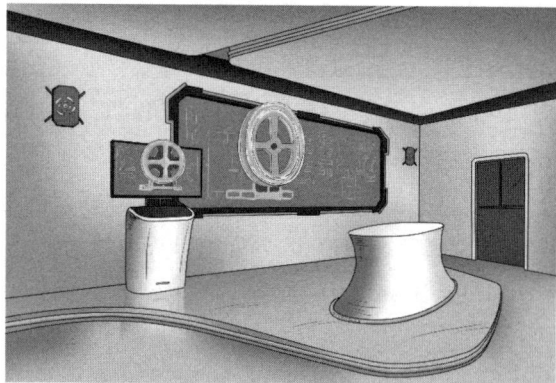

图1.1-1　网络学校

课程,和国际一流的专家进行沟通交流,网络拓展了我们的学习时空。

2018年1月8日来自武汉、新疆、弗尼吉亚三地的医务工作者借助"基于混合现实技术的远程会诊系统"成功完成一例远程会诊手术(如图1.1-2所示)。手术实施过程中,在武汉协和医院骨科医院、美国弗吉尼亚理工大学的远程医生通过佩戴特殊头盔,将患者病灶部位的全息投影成像精准地"悬浮"在眼前,同时远在新疆博州人民医院的主刀医生戴着同种类型的头盔,通过远程会诊系统与远程专家举着模型并肩而站,一边演示一边标注手术路径,类似于真实现场医疗合作,共同完成手术。混合现实技术打破时空局限,将远程专家带进当地手术室,使得千里会诊成真。

图1.1-2 远程会诊手术

远程医疗借助通信技术、虚拟现实技术以及计算机技术拓展了医务工作者的医疗时空,医务工作者利用远程会诊系统可以协同对患者的病情进行诊断,提供治疗建议和相关医学指导,节省大量费用、时间和精力,提高了医疗工作效率,促进了医疗资源共享,推动了整个医疗行业的发展。

在能源行业,油气田、管道等项目中,每天有大量数据需要精确分析,靠传统的人工管理不仅费时耗力,而且其准确性与科学性也不能满足管理需求。油气行业与信息化结合,是油气行业长期以来的发展需求。如今,信息技术发展已为这种需求提供了现实解决方案。

华为技术有限公司为中亚天然气管道提供的"数字化油气管道"集成通信解

决方案(如图1.1-3所示),该方案针对管道沿线不同场景,综合运用光纤震动入侵检测、泄漏检测、视频监控等技术综合监控,融合集群、车载应急、视频监控、视频会议等多种通信系统和终端,实现互连互通,及时应急响应,有效地将管道与压缩机、计量站、主控中心实时连接,管理人员在北京就能实时了解千里之外的管道现实情况,为高效决策、合理制订检修计划提供支持。物联网助力能源产业,"数字技术"建设油气"丝绸之路"。

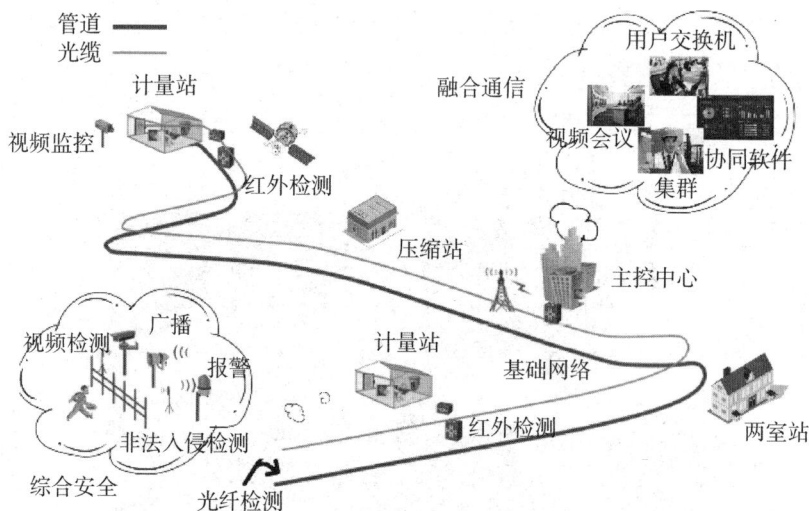

图1.1-3 "数字化油气管道"集成通信解决方案

借助物联网技术,工业企业可以将机器等生产设施接入互联网,构建网络化物理设备系统,使各种设备能够自动交换信息、触发动作和实施控制。物联网技术有助于加快生产制造实时数据的传送和分析,推动了生产资源的优化配置,大幅度节约运维资金。随着物联网在工业中各个环节的应用,将会给现有的生产方式带来颠覆性或革命性的变化。

二、新动力:信息技术的创新与发展

预测未来并不是件容易的事情,但是透过那些即将或已经到来的新兴技术,我们就有可能对整个时代有一个更准确的感知,而这些新兴技术也将在未来与我们的生存有着千丝万缕的联系(杨晓哲,2016)。这些最新的技术不仅被我们看到、触摸到、使用到,更是引发了我们对生存时空变化的认识和对未来的感知。

1. 可穿戴技术的发展与应用

20 世纪 60 年代,美国麻省理工学院媒体实验室提出了"可穿戴技术"的理念,利用这种理念可以把多媒体、传感器和无线通信等技术嵌入人们的服装中,可支持手势和眼动操作等多种交互方式。可穿戴设备的"内在联通性"有助于实现信息的快速获取,实时分享,高效地保持交互通信,摆脱了传统的手持设备,而获得无缝的网络访问体验。可穿戴技术的实现加强了现实空间与虚拟空间的融合。

2012 年 6 月,谷歌通过 I/O 产品发布会展示了一款"拓展现实"(expand reality)眼镜,如图 1.1－4 所示,该设备由一块右眼侧上方的微缩显示屏、一个 720p 画质摄像头、一个位于太阳穴上方的触摸板,以及喇叭、麦克风、陀螺仪传感器和可以支撑 6 小时电力的内置电池构成。它具有和智能手机一样的功能,可以通过声音控制拍照、视频通话和辨明方

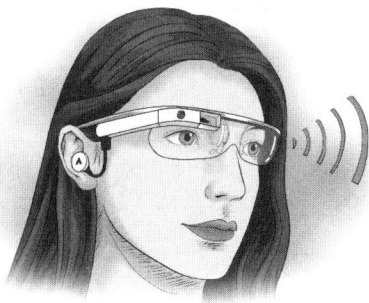

图 1.1－4　谷歌眼镜

向,以及上网冲浪、处理文字信息和电子邮件等。这款新技术传达出"穿戴式计算将成为未来的趋势"。对于这项新技术,《纽约时报》的专栏作者尼克·比尔顿说,"当这项技术成熟,我们就能获得解放。可穿戴技术将使我们摆脱紧盯 4 英寸屏幕的生活。我们不再需要无时无刻看着设备,相反,这些可穿戴设备会'回过来看着'我们"。

可以想象一下,如果在学习过程中,学生们戴着这样的"眼镜",教师问的所有记忆性问题,例如"氢气的分子式是什么",相关答案就可随时显示在眼镜上,学生以此给出正确答案,我们是否能认为这种眼镜增加了"学生大脑的记忆"呢?或者说学生是否增加了一个"外脑"呢?

2013 年,美信公司研制出了嵌有多种传感器、能测量生命体征数据的 T 恤。该公司称之为"Fit 衫"(如图 1.1－5 所示)。它利用内嵌的传感器来测量用户的心电图、体温及活动量等,供医疗机构用来持续监测使用者的生命体征,同时还可将所测得的心率、活动量及心电图等数据通过所配备的蓝牙通信功能发送到

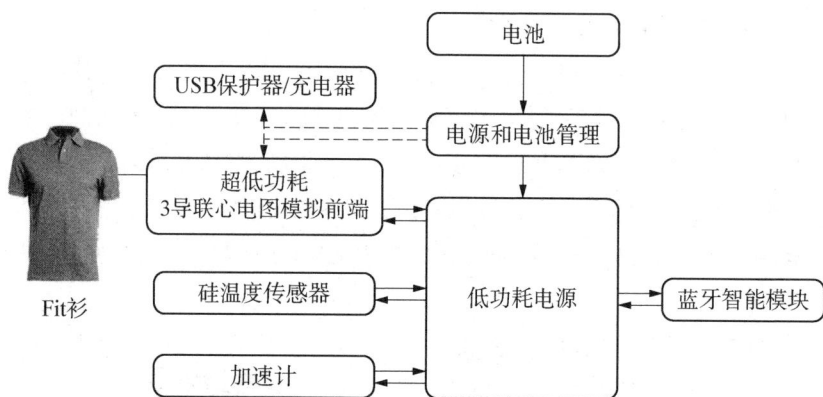

图 1.1-5 "Fit 衫"

外部设备上进行存储和显示。这种穿戴舒适,甚至无感的设备可以随时随地对身体进行保健治疗,它正从"信息收集"向"直接干预"发展,对保护人们的身体健康具有重要意义。

可以想象一下,在数字时代,如果每一个人都穿着类似的"Fit 衫",这种服装随时随地采集着我们的生理数据,通过远程医疗系统诊断用户的健康情况,提供相应的咨询报告,那么,我们是否能够认为"Fit 衫"就是每位用户身边的一个"医生"呢?或者是否可以说"Fit 衫"延伸了医院的边界呢?

2015 年 1 月,微软公司发布了可穿戴全息投影设备 HoloLens。戴上 HoloLens 眼镜之后,用手轻轻一挥,一个虚拟窗口出现在墙壁上,然后就可以进行交互,用户可以使用手势和语音在空间中看到全息影像,也可以完成复杂的操作,包括直接通过双手对呈现在空间中的虚拟物体进行旋转、移动等(如图 1.1-6 所示)。其效果不像虚拟现实那样强迫用户进入一个由计算机生成的虚拟世界,而是采用了增强现实技术,将虚拟物体叠加到真实世界的场景中,实现对真实世界的增强感,让用户在不脱离周边环境的情况下享受数字生活。

从技术上来看,HoloLens 设备内置高端 CPU 和 GPU(图形处理器),拥有全息透视镜头,并搭载全息处理芯片,可以在无线模式下运作,这种技术最大的优势就在于它能够一边看着实体空间场景,一边看着增强虚拟信息,两者之间具有了更进一步的关联。关联得越紧密,就意味着我们可以用多个不一样的视角去观察生活中的事物。

图 1.1-6　可穿戴全息投影设备 HoloLens

可以想象一下,学习建筑专业的学生戴上 HoloLens 设备分析某一建筑物的特征时,可以像设计这个建筑物的设计师一样来理解其中的结构部分。这种可穿戴设备能更好地在现实情境中帮助我们体验事物的创新设计,那么它是不是帮助我们延伸了个人的"思维"呢? 或者说,是不是共享了社会上智慧的"大脑"呢?

2. 云存储与云计算技术的发展与应用

随着计算机技术的发展以及互联网技术尤其是移动互联网技术的普及,每个人都成为海量数据的生产者,全球数据量呈现爆炸式的增长,仅在 2015 年就达到 8.6ZB 左右。据 IDC(互联网数据中心)预计,到 2020 年全球数据量将增加到 40ZB(张山,2016)。爆炸式的数据生产,使得人们对大容量、易扩展、低价格的存储方式产生了强烈的需求。

云存储是在数字时代下,应对新的存储需求而发展起来的一种新模式。数据量的快速生成要求数据库能够高并发读写,要实现对海量数据的高效率存储和访问,不仅要满足数据库高可扩展性和高可用性的要求,还需要满足非结构化数据处理能力的要求。

2016 年 10 月 13 日,在杭州·云栖大会上,杭州市政府联合"阿里云"公布了一项计划：为这座拥有2200多年历史的城市，安装一个人工智能中枢——杭州城市数据大脑。"城市大脑"的内核采用阿里云人工智能技术，可以对整个城市进行全局实时分析，自动调配公共资源，修正城市运行中的问题，最终将进化成为能够治理城市的超级人工智能（如图1.1-7所示）。

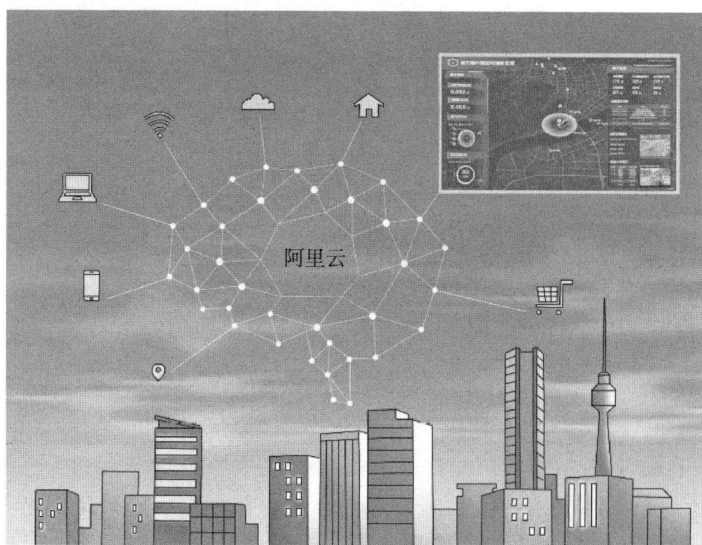

图 1.1-7　城市大脑

"城市大脑"是将交通、能源、供水等基础设施全部数据化，通过"云"连接散落在城市各个单元的数据资源，打通"神经网络"。以交通为例，数以百亿计的城市交通管理数据、公共服务数据、运营商数据、互联网数据被集中输入杭州"城市大脑"。这些数据成为城市大脑智慧的起源。目前，杭州"城市大脑"已经接管了1300个路口的信号灯、4500条道路的视频，将杭州市在交通管理、公共服务等领域的百亿级的数据汇聚起来，搭建完整的城市交通动态网，准确应对复杂的交通状况，最终实现对交通的优化。很多杭州人发现经常拥堵的路段通畅了，家门口的车不再排长队了，享受着"城市大脑"带来的福利。

严格说来，云存储并不是一种存储媒介，而是一种服务，它不是指某一个具体的设备，而是指一个由许许多多个存储设备和服务器所构成的集合体。使用者使用云存储，并不是使用某一个存储设备，而是使用整个"云存储系统"带来的数据访问服务。云存储和物联网已紧密联系在一起，物联网的应用和发展需要

"云"来运行和执行。当数以万计的产业、行业通过互联网实现互联,接入到"云端"后,云存储必将会和物联网一起不断壮大、发展。可以想象一下,"云存储"的建设使得大家更方便地从"云"中获取和应用"资源",谁还能认为这只是简单的存储呢? 所以,如果我们能充分地利用好"云存储"的服务,它是不是可以成为我们的一个"移动智囊团"呢?

3. 三维打印技术的发展与应用

三维打印技术,也称 3D 打印技术。它是一种以数字模型文件为基础,运用粉末状金属或塑料等可粘合材料,通过逐层打印的方式来构造物体的技术。3D打印通常是采用数字技术材料打印机来实现的。常在模具制造、工业设计等领域被用于制造模型,后逐渐用于一些产品的直接制造。当前该技术在工业设计、建筑、汽车、航空航天、医疗产业、教育等领域都有所应用。21 世纪以来 3D 打印技术逐渐走向成熟,初步形成一项新兴产业,并显示出巨大的发展潜力。

2014 年 8 月,上海张江高新青浦园区 10 幢 3D 打印建筑打印成功并交付使用,作为当地动迁工程的办公用房(如图 1.1 - 8 所示)。这些"打印"出来的建筑墙体是用建筑垃圾制成的特殊"油墨",按照计算机设计的图纸和方案,经一台大型的 3D 打印机层层叠加喷绘而成,10 幢小屋的建筑过程仅花费 24 小时。房子不大,最高不过两层,面积也就十来个平方,上上下下看不到一片砖瓦,墙体呈现出年轮蛋糕的结构,由一层层水泥材料堆叠而成,每层大约 2 米高。墙体是用一

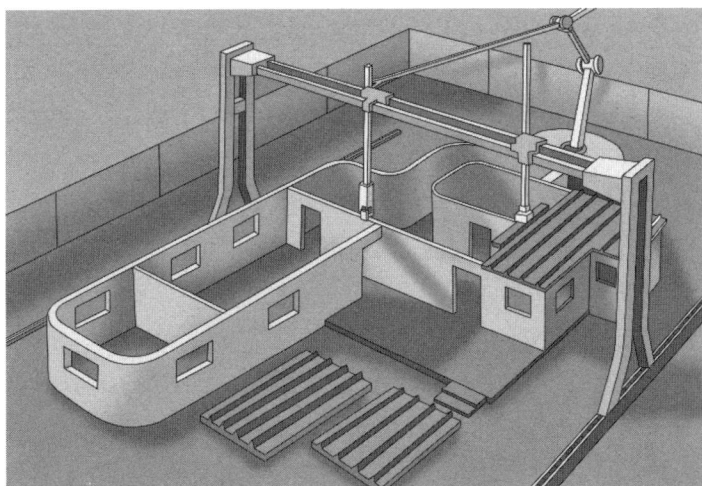

图 1.1 - 8　3D 打印建筑

种特殊的"油墨",根据电脑设计图纸和方案,在现场层层叠加"喷绘"而成。

2015年年初,硅谷Carborn 3D公司公布了一种全新的3D打印技术,能在液体中直接、迅速地打印,颠覆了过去几十年来逐层堆叠的3D打印理念,速度提高了25～100倍,并能打印许多前所未有的几何形状,这种新技术称为CLIP (Continuous Liquid Interface Production)。据该技术发明的工程师介绍这项技术可以打印精细的物品,精度小于20微米,与丙烯酸纤维或者一张纸的1/4厚度相当。这种技术为扩展3D打印适用的材料范围提供了蓝图,比如合成橡胶、尼龙、陶瓷和可降解生物材料等。

试想一下,随着3D打印技术的成熟与普及,它应用于我们千家万户时,是不是我们每个人都可以打印出自己设计的产品呢?我们每个人不仅是设计师,也可以成为工程师。甚至有一天我们网上购物时,实际传递给我们的只有一份有创意的电子文件,我们利用3D打印设备和相关材料完成文件内容的"打印"。3D打印技术是不是打破了行业的界线,真正能让我们跨行业工作了呢?

互联网飞速发展、数据存储和处理技术的巨大变革以及新工具的不断创新推动着信息社会的持续进步,这些新技术、新工具为我们提供了认识世界运行方式的新渠道,也让我们通过对它们的理解一窥未来。

三、新业态:社会生产升级与变革

信息技术发展拓展了我们生存的时空,这种发展已不只是一项技术或一个新工具的出现,当这些发展与我们的生活、学习、工作相结合时,相关领域就出现翻天覆地的变化。托马斯·库恩在《科学革命的结构》中认为,"一个稳定的范式如果不能提供解决问题的适当方式,它就会变弱,从而出现范式转移"(托马斯·库恩,金吾伦等译,2012)。在数字时代,新技术、新工具也冲击着传统生活、学习和工作方式,引发各种各样的问题,这些问题的解决也推进了新范式的出现。在全新的生存时空下,各行各业必定会产生新的发展业态。

1. 数字时代促进产业升级

信息技术与传统产业的结合使得现代制造业的管理柔性化、生产精致化,更能满足市场需求。很多企业为适应瞬息万变的市场而将生产制造设计放在云端,使得市场需求变化能够通过互联网实时传递到智能设计制造上,以最快速度完成制造并经过现代物流(或互联网传递)第一时间送达消费者。

无人机+ 物流

2016 年 3 月 25 日,Flirtey 公司在美国内华达州的霍桑市通过全自主的无人机完成城市快递服务,成为美国第一个联邦航空局(FAA)许可的合法无人机快递服务案例。

这架无人机按照预定的航线飞行,靠近目标后准确放下了投送的物品。Flirtey 公司的 CEO Matthew Sweeney 介绍该型号的无人机是按照一定负荷与运营里程进行设计的,通常可以负重 5.5 磅,飞行至 10 英里远。他们下一步目标是要进入到日常生活更典型的城市生活环境里去。

2018 年 3 月 27 日,在我国江西上饶召开的无人机航空运营(试点)许可证颁布大会上,民航华东地区管理局向顺丰旗下的江西丰羽顺途科技有限公司颁发国内首张无人机航空运营(试点)许可证,这也标志着"顺丰物流无人机"正式开始商业化运营。

图 1.1-9　无人机+物流

试想一下,当越来越多新技术、新工具应用在社会各行各业中,传统的生产、服务、运营方式在不断地被颠覆时,数字时代成长起来的一代该如何看待这个社会呢? 他们能生存在这个社会中吗? 也许是我们杞人忧天,他们自有他们的生存方式。但是我们应该为新一代社会成员提供认识与体验信息社会的机会,而不是用过时的想法与观点阻挡信息社会和新一代社会成员前进的步伐。

2. 数字时代激发创新引擎

信息技术的发展与应用促进了传统产业的变革,同时也创生出新兴产业,促进了实体经济持续发展。互联网+金融激活并提升了传统金融,创生出包括移动支付、第三方支付等模式的互联网金融,使用户足不出户就可以得到相应的金融服务。可穿戴技术的发展在使人们更方便地生活、学习和工作时,也重构了人们的生活方式,创生出新的企业。

2011年8月,TrialPay公司的创始人兼首席执行官艾力克斯·兰贝尔提出了"O2O"(Online to Offline)概念,将线下商家的商品或服务电子化,推送到线上完成线上营销引流,然后再进行线上交易确认。

2011年11月"O2O"概念被引入中国,在团购和生活服务类电商的推进下,到2012年,O2O商务模式逐步受到互联网从业者的关注,推出了多种"O2O"模式。将线下商户交易、在线支付、营销效果的监测这三件事结合在互联网上,让它们之间的不足得到互补。

"O2O"商业模式的推广使得消费过程由线上和线下两部分构成。线上平台为消费者提供消费指南、优惠信息、便利服务(预订、在线支付、地图等)和分享平台,而线下商户则专注于提供服务,在服务过程中实时获取服务数据,分析营销效果(如图1.1-10所示)。这一模式平台的创新从根本上解决了"互联网"与"实体店"对立形式,服务商销售商品也不只是为卖商品而卖商品,而是在消费过程中实现了增值,获取了服务的数据,提高了服务质量。

"互联网+"下的创新与升级,就是社会各领域以移动互联网、云计算、大数据、物联网为代表的互联网新技术、新思维、新模式进行的商业创新和管理变革(李亿豪,2015)。通过互联网,各领域构建起"以用户为中心、线上线下结合、数据驱动"的全新运营模式,在新的运营模式下大幅度提高服务创新能力、运行效率和治理水平,降低服务成本,增强竞争力和社会效益。在这样一个生产与发展转型时期,新时代的社会公民同样需要进行思维和行为的转型,适应乃至引领信息社会的发展。

门店智能化管理，连接线上平台线下实体

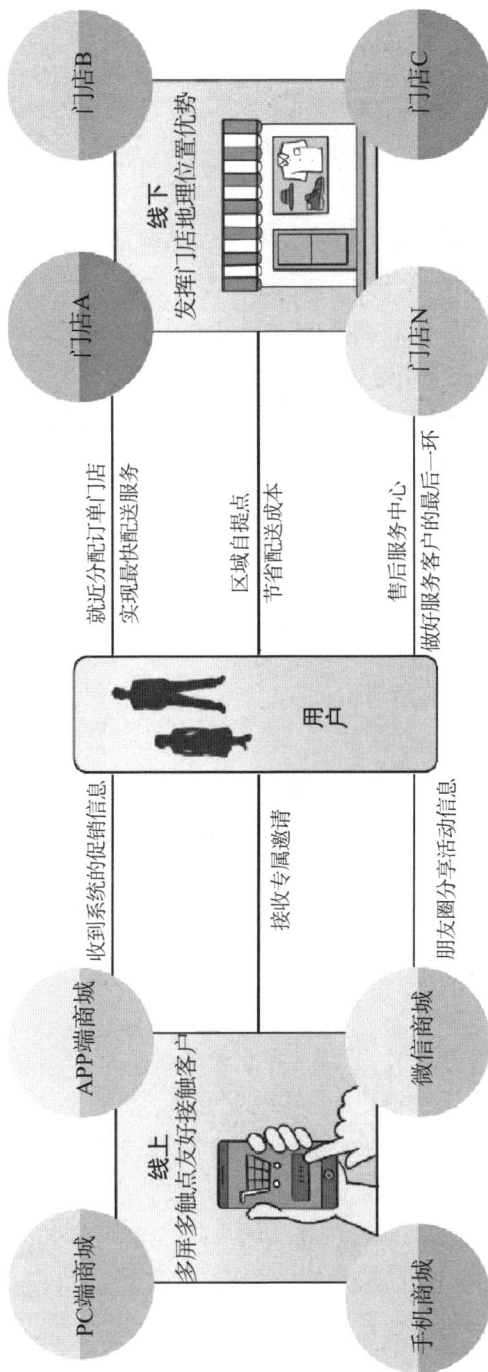

图1.1-10 互联网＋"O2O"模式

第2节 大数据成为一种重要资源

数字时代给我们带来的好处是显而易见的,我们口袋里揣着智能手机,书桌上放着笔记本电脑,办公室里安装着无线网络,这些技术让我们交流更方便,工作更高效。在这样的环境下,我们更多地关注了技术的应用功能,强调技术工具的操作。但是,我们在使用这些技术过程中产生了什么呢?所产生的内容又是如何影响着我们的呢?所以,当技术工具与我们生活、学习、工作结合越来越紧密,人们生存的整个生态环境也随之发生了改变。现在是时候需要从关注技术(T)本身的应用转换到关注使用技术所产生的内容——数据(D),未来一个国家对数据的占有与控制将会成为海权、陆权、空权、太空权之外的另一种国家核心资产(杨旭,汤海京,2017)。

一、新资源:大数据潜力与价值

无论是现在还是未来,大数据都具有举足轻重的作用。用数据说话,不仅仅是因为数据的客观特征,更因为全样本的数据往往能够让我们看得更全面,大数据分析让我们看清纷繁复杂的现象背后的内在逻辑。

大数据与个性化学习

大数据在教育平台中的应用,通过分析每一位注册学习者的特征为学生提供与之相适应的学习内容。Knewton 的大数据公司开发了一个数字平台,该平台通过自适应学习系统分析了几百万学生的学习过程,并基于这一分析来设计更加合理的测试题目和更加个性化的课程目标(如图 1.2-1 所示)。

该公司与 Houghton Mifflin Harcourt 建立了合作关系,开发出 K-12 阶段的个性化数学课程,还与法国创业公司 Gutenberg Technology 合作开发了智能数字教科书。这些课程和教科书能够适应每个学生的差异。学生可以按照自己的节奏来控制学习进度,而不会受其他学生的行为的影响。该系统会给教师反

ALTS社交化自适应学习系统

图 1.2-1 ALTS 社交化自适应学习系统

馈,告知哪个学生在哪个方面有困难,并给出全体学生表现的整体分析数据。

大数据的应用使得"互联网＋教育"不再是简单地将线下内容数字化,通过互联网在向学生传送学习信息的过程中,也持续地收集着学生产生的数据,它在改变传统教育模式时,也通过数据分析发现教育中的"痛点"与"热点",针对学生学习特征寻找最优化的教育资源配置,让每一位教师既可以站在社会的肩膀上获取教育资源,也可以站在每一位学生身边传道授业解惑,为教育行业的创新带来了力量。

大数据与精准医疗

大数据为医疗服务行业带来了新的服务模式,"精准医疗"成了医学界的研究热点。精准医疗是应用现代遗传技术、分子影像技术、生物信息技术,结合患者生活环境和临床数据,实现精准的疾病分类和诊断,制定具有个性化的预防、治疗方案。

根据国家卫健委消息,我国目前正在制定"精准医疗"战略规划,该规划或将被纳入到"十三五"重大科技专项。精准医疗将利用先进的科学理论和技术手段,改变传统的疾病诊断、治疗模式,将医学发展水平推向新的高峰。图 1.2-2 分析了从"经验医疗"到"循证医疗"再到"精准医疗"的转变过程。

医疗模式的转变

	过去	现在	未来
数据	基于症状	基于临床个体	基于大数据
举措	经验医疗	循证医疗	精准医疗

（中间箭头：数据整合 分析规律 预测危险因素）

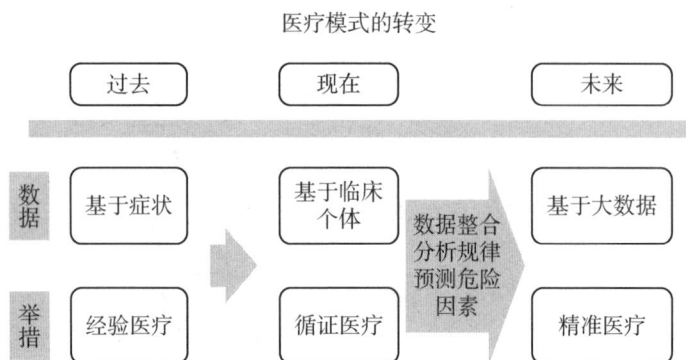

图 1.2-2　大数据支持下的医疗模式转变

根据精准医疗计划,我国将会研发一批国产新型防治药物和医疗器械,形成一批国内定制、国际认可的疾病诊疗指南、临床路径和干预措施,提升重大疾病防治水平,针对肿瘤、心脑血管疾病、糖尿病、罕见病分别制定 8 种至 10 种精准治疗方案,并在全国推广。

每个人的基因不同、身体素质不同,对药物的疗效性和抗药性也应该是不同的。以前,我们很难有效地获得每个患者的数据,用药的情况也只能根据大多数人的情况采用类似于"一日三次,一次两片"的医嘱。如今通过信息技术能全面地收集每个患者的相关数据,针对数据为每位患者制定个性化的医疗方案和用药处方也就成了可能,精准医疗普惠百姓健康。医疗服务作为人类最基本的需求之一,在实施过程中可以产生庞大的数据量。当大数据和医疗服务结合后,一个崭新的智能医疗时代也就到来了。

联合国大数据研究:"全球脉搏计划"

2009 年联合国启动了"全球脉搏计划"(如图 1.2-3 所示),旨在运用数据相关的创新方法和技术,帮助决策者快速应对全球性危机,推动全球发展,追踪全球发展趋势,保护世界上的弱势群体,强化对全球性经济危机的应对能力。其主要关注点是全球民生与经济问题,以及异常情况的处理。

"全球脉搏计划"的研究内容包括:研究创新性的实时数据分析方法与技术,以便在早期发现全球发展过程中潜在的隐患;组建免费和开源的技术工具

图 1.2‑3　全球脉搏计划

集,分析实时数据和共享科学推理及假设;建立一个统一的、全球性的 Pulse Lab 系统,在国家层面上引导全球脉搏计划的推进。"全球脉搏计划"通过对相关数据的整合和集成,可以从不同侧面反映人类世界的情况,帮助联合国给全球把脉。

联合国发布的《大数据促发展:挑战与机遇》大数据政务白皮书,总结出各国政府如何利用大数据更好地服务和保护人民,指出大数据对于联合国和各国政府来说是一个历史性的机遇,探讨如何利用包括社交网络在内的大数据资源造福人类。

当"全球脉搏计划"通过各地的实验室有效地采集和分析各地的数据时,根据药物销售量可以预测疾病发展趋势,根据各地粮食产量情况分析不同地域援助需求,有效地把控全球的发展动态。大数据的产生与应用使得越来越多的政府、企业机构开始意识到数据正在成为组织最重要的资产,数据分析能力正成为组织的核心竞争力。很多国家都把大数据上升到国家战略的高度,把国家拥有数据规模、活性及解释运用的能力作为综合国力的重要组成部分。

二、新模式:大数据分析与应用

世界著名咨询公司麦肯锡在研究报告中称"数据已经渗透到当今每一个行业和业务职能领域,成为重要的生产要素。人们对海量数据的挖掘和运用,预示着新一波生产率增长和消费者浪潮的到来"。如今,数据作为信息社会中新形式的"水、电、煤",同样也需要通过各种各样的"管道"将这种"水、电、煤"输出给社会各个领域,将数据转化为用户更优地做决策和行动的依据,赋能社会发展。

1. 全数据模式的应用

在信息处理能力受限的时期,由于缺少数据采集与分析的高性能技术与工具,为了能处理数据,"随机采样"数据处理方法应势而生。如今,计算机技术、移动互联技术、传感器技术的发展,让数据获取与分析变得越来越简便。感应器、手机导航、社交网络都在不停地收集着大量的数据,这也使得从整体来收集数据成为可能。从样本数据到全数据的研究,可以把握更多细小的发展和变化,产生新的观点。全数据模式一方面表现在数据体量巨大,数据采集技术的提高,网络带宽的成倍增加,社交网络迅速发展,使数据的产生量和存储量迅速增长;另一方面,体现出数据的完整性,通过高性能的信息技术工具能实时动态更新数据,全过程地反映事物的发展状态。

"谷歌流感趋势"平台是谷歌用于预警流感的即时网络服务。它不是依赖于对随机样本的分析,而是分析了整个美国几十亿条互联网检索记录,以此提高微观层面分析的准确性,甚至能够推测出某个特定城市的流感状况。谷歌在美国九个地区就这一观点做了测试,发现它比联邦疾病控制和预防中心提前了7~14天准确预测了流感的爆发。尽管该平台在后期数据使用和分析中存在着误差(这也正是大数据技术在应用过程中需要不断改进之处),但基于全数据模式的社会治理已成为社会公民健康监测的一项重要手段。

"百度迁徙"平台利用百度地图 LBS(Location Based Service,LBS,基于地理位置的服务)开放平台,对其拥有的 LBS 大数据进行计算分析,采用创新的可视化呈现方式,实现全程、动态、即时、直观地展现中国人口大迁徙的轨迹与特征(如图 1.2-4 所示)。通过它可以了解当前及过往时间段内,全国以及各省、市的人口流动情况,以便直观地确定流入人口的来源和流出人口的去向,为交通部门的政策和服务提供参考,为网民、企业提供生活和生产参考,从而实现更大的社会价值。

通过全数据模式,我们可以发现抽样样本分析中无法捕捉到的微小细节,拥有了全部(或几乎全部)的数据,就可以从不同角度,更细致地观察和研究数据的方方面面,挖掘出有价值的信息。可见,大数据技术的发展与应用是建立在掌握全数据(或尽可能多的数据)的基础上进行的,这样就摆脱了随机抽样分析方法中模拟整个事物的不足,通过持续采集与分析全数据,发现和预测事物发展趋势(维克托·迈尔-舍恩伯格等,盛杨燕等译,2013)。

图 1.2 - 4 "百度迁徙"平台的全数据

2. 用户画像技术与应用

随着互联网上用户访问数量的迅速增长,用户创建与访问的数据量呈指数级递增,通过大数据技术快速捕捉海量的用户行为数据,精准分析用户人群的偏好,针对用户需求特征提供有针对性的服务已经成为可能。作为精准服务的基础,相比于传统社会调研中的问卷调研、用户访谈、实际观察,用户画像技术具备更精准描述用户特征的优势。

用户画像技术是通过对用户的社会属性、个人爱好、生活习惯和应用行为等数据的采集和积累,按照一定的算法将用户多种类型的数据抽象成一个具有标签化特征的用户模型,以此为用户建立一个"虚拟代表"。这种技术的关键工作就是提炼出用户的特征标识,也就是给用户打"标签",挖掘用户深层次需求的信息(如图 1.2 - 5 所示)。

例如,某高校通过智慧助困系统采集到学生家庭经济及成员信息、学生本人及受资助信息、学生所在生源地经济水平信息、学生日常消费评价等涵盖 4 大类、40 余个小类的上千万条数据。通过分析在校生日常消费特征,给每位学生建立"用户画像",以此处理学生在校内的消费数据,例如食堂饭卡、超市消费、乘坐校际班车、水卡等,分析学生的消费水平,自动生成家庭经济困难学生建议名单。除了消费数据,系统还结合学生的勤工助学、获奖学金情况、社交特征、行为轨迹、借阅兴趣、历史特征等多个维度进行综合分析挖掘。这些数据经过整合与清洗后,通过计算机一系列精密的算法,系统判定学生的困难指数(例如 1～9 级)。

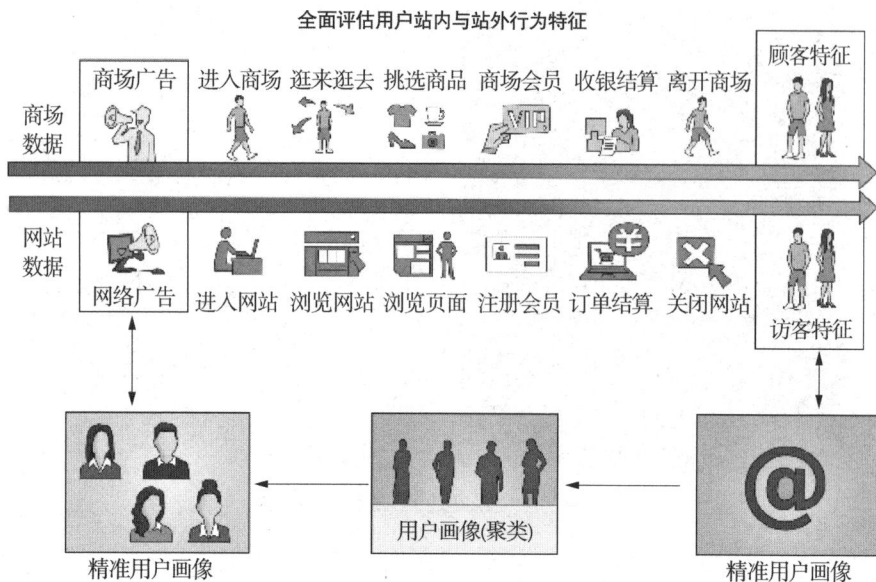

图 1.2-5　用户画像与服务

通过"用户画像"靠大数据分析反映学生经济情况,有针对性地对经济困难学生进行关心和补助。

通过"用户画像"技术,当世界上每有一个"真实"的用户时,是不是也能通过网络环境产生着一个"虚拟"的用户呢? 通过抓取"真实"的用户留下的数据,刻画出"虚拟"用户,进而更富有个性、精准化地服务真实用户,是不是因为大数据技术的发展而形成新的服务方式呢?

3. 个性化推荐系统与应用

随着互联网发展规模的不断扩大,网络信息总量快速增长,相比于过去的信息匮乏,如今面对海量的信息,对用户的最大困扰是如何从海量信息中筛选和过滤出对他们有用的信息。搜索引擎的研制与应用一定程度上解决了信息筛选的问题,但是对于那些无法准确描述自己需求的用户,搜索引擎也较难对他们有所帮助。如何根据用户的行为特征或前期的经历将其需求转化成关键词,针对关键词为用户提供推荐服务将成为越来越多网站的一种新特征(如图 1.2-6所示)。

个性化推荐系统是互联网和电子商务发展的产物,它是建立在海量数据挖掘基础上的一种高级商务智能平台,向顾客提供个性化的信息服务和决策支持。

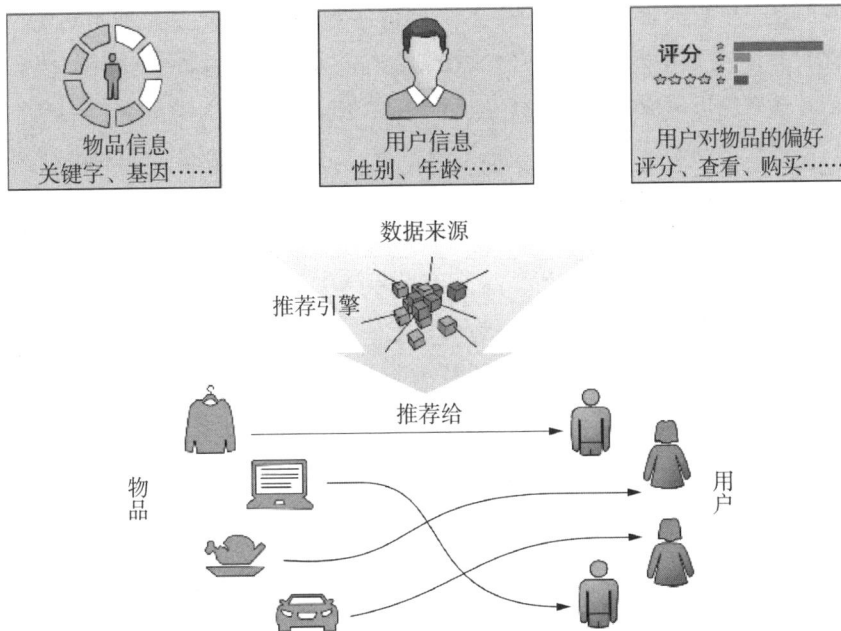

图 1.2-6　个性化推荐系统

1995 年 3 月,卡耐基·梅隆大学的罗伯特·阿姆斯特朗(Armstrong,R)等人在美国人工智能协会上提出了个性化导航系统 Web Watcher;亚马逊个性化推荐通过收集用户行为数据、分析用户在线行为特征、个性化推荐营销服务、统计用户反馈数据加强了对用户的个性化服务,提高了商品的销售量。"潘多拉"音乐电台作为一个高度个性化的"私人电台",它不设置音乐播放列表,而是通过分析用户对所需播放歌曲的反馈行为推送基于用户习惯的音乐,它推送的歌曲符合听众的个性化需求,用户在享受"潘多拉"所提供的特色推荐的同时,他们的互动其实也在帮助"潘多拉"更好地改进推荐系统。

可见,个性化推荐的任务就在于联系用户和信息,一方面帮助用户发现对自己有价值的信息,另一方面让信息能够展现在对它感兴趣的人群中,从而实现信息提供商与用户的双赢。

三、新秩序:大数据开放与安全

大数据可以帮助我们深刻地理解现状,预测未来走势,从而采取应对策略,它在打造一个更安全、更高效的社会时，也应注意到用户个人数据在不知不觉地被他人采集与应用过程中，也在侵蚀着人之所为人的重要内涵——平等、隐私与自由。大数据可以成为社会集体选择的工具，但不能成为人类放弃自由意志的借口。数据治理是进入智慧社会的重要一环，数据安全是维护智慧社会秩序的必备条件。大数据技术有效应用更需要良好的共享与安全环境。

1. 数据开放

大数据是信息社会发展的一种重要资源，尽管人们可以通过网络访问到大量的数据，但是很多有价值的社会数据被某些公司或机构牢牢控制于其所管辖范围之内，形成了新的数据垄断，影响了数据的流动性。制定明确的数据共享制度，建立完善的数据共享体系，是实现数据共享的前提条件。

变"人跑"为"数据跑"

据报道，2013年，一位北漂小伙小周为办护照，返回老家衡水武邑县达6次，多跑了3000公里。每次他都是无功而返，原因是材料不齐。其中一次他自认为让准备的材料都备齐了，应该没有问题了，结果办事人员又发现了新问题。原来小周的身份证是在其他省读大学时办的，不是本地的，他要在这里办护照，必须提供本地的身份证才可以。后来他补齐了身份证信息，不曾想当他来到公安局办理时，办事人员又让他提供新材料，还得要他们公司营业执照。如果政府机关的这些数据能够相互共享，小周的麻烦可能就会大大减少。

2016年底，"最多跑一次"改革在浙江省政务改革中被提出。通过"互联网+政务发展"实现省内政务数据共享，例如：居民去社会参保单位办理参保登记，以前这件事情办理要交6份材料，现在只要交一份材料，即单位社会保险登记表，其他的材料可通过数据共享获得，不再需要当事人提交了。因为数据共享，缩短了办理时间，原来按"天算"现在按照"分钟算"。数据孤岛被打破，各个不同部门之间得以协同办公，"数据跑路"代替"群众跑腿"。

在数字时代，数据作为一种新的基础设施，将和物理基础设施同等重要，政府在大型公共基础设施的建设中发挥了主导作用。2018年1月，中央网信办、国家发改委、工信部联合印发《公共信息资源开放试点工作方案》，确定在北京、上海、浙江、福建、贵州五地开展公共信息资源开放试点，要求试点地区结合当地实际情况制定具体实施方案,明确试点范围,细化任务措施,着力提高开放数据质量,促进社会化利用,探索建立制度规范。

2. 数据安全

大数据技术应用于社会各个领域时,社会随之发生了相应的变化,它在改变人们的行为与思维方式时,也推动着人类信息管理准则的重新定位。在新的社会形态下,如果缺少了有效管理机制和约束方法,大数据不仅不能造福人类,甚至还有可能给人类带来无穷的烦恼。

数十年来,社会隐私规范是由人们自己来决定是否、如何以及经由谁来处理个人的信息,把这种隐私权放在人们自己手中,这也是隐私规范的基本准则。在数字时代,这个基本的准则却在演变成"告知与许可"的公式化系统(维克托·迈尔-舍恩伯格等,盛杨燕等译,2013)。当这种公式化系统机械地应用于人们生存的新空间时,人们也就不经意间将个人隐私权授权给了他人。

脸书(Facebook)是美国的一个社交网络服务网站,创立于 2004 年,截至 2012 年 5 月,该网站已拥有约 9 亿用户,成为世界著名的社交网站,并为越来越多的人所使用。2018 年 3 月 16 日,Facebook 被曝光有超过 5 000 万名用户的资料遭某数据分析公司非法利用。这些数据被数据分析公司用于一个分析模型,精确地瞄准用户的"心理特征",获得他们内心的需求,并将此分析结果应用于政治活动中,精准发送个性化政治广告,影响民众的选举。

Facebook 数据泄露事件曝光后,引发了人们对该网站对注册用户隐私权保护的怀疑,该网站也承认在保护用户数据方面出现漏洞,受该事件的影响,Facebook 的股价曾一度下跌,在两个交易日之内蒸发了近 500 亿美元。

其实,Facebook 此次"数据门"事件并非突然发生,在互联网快速发展的时代,人们的数据越来越多地暴露于网络之中,衣食住行、社交习惯都能在其中有迹可循。与此同时,个人信息泄露的风险增加,使恐慌在公众当中发酵,被曝光的案件及个人数据泄露的数量大幅上升(如图 1.2-7 所示),人们在享受互联网带来的优势与便利的同时,也被互联网记录着越来越多的个人数据。

在数字时代,随着人们生存时空的拓展,新的社会秩序也在不断地建立,这就需要全世界人民联合起来共同针对这些新的社会秩序建立起新的行为规范和法规,2015 年 12 月,来自全球 120 多个国家(地区)和 20 多个国际组织的 2 000 多位代表,参加第二届"世界互联网大会——乌镇峰会"。与会代表在"互联互通 共享共治——构建网络空间命运共同体"主题下,围绕"互联网建设、发展和治

图 1.2 - 7 数据泄露

理"等问题展开讨论。经过参会专家咨询委员会的讨论,大会组委会提出《乌镇倡议》,指出要"尊重网络空间国家主权,保护网络空间及关键信息基础设施免受威胁、干扰、攻击和破坏,保护个人隐私和知识产权,共同打击网络犯罪和恐怖活动"。可见,生存于不断拓展网络时空中的人们也要有意识地注重个人数据安全,保护好个人相关数据,维护好新时空的社会秩序。

如今,数据作为一种"生产资料"的重要性已得到充分认识,数据应用于社会生产中,就需要通过合适的方式提供给不同类型的用户,为社会发展提供多样化、普惠性的数据赋能,改变社会的生产方式,推动着社会的进步。当然,在数据公开、数据交换、数据共享和数据利用已成大势所趋时,不论是政府机构、企业还是个人,都在创造数据、管理数据和使用数据,每个公民都应形成基于数据思考问题、解决问题、作出决策的思维方式,掌握获取数据、分析数据、运用数据分析结果解决问题的基本技能,形成在这样的过程中遵守法律和尊重伦理道德的素养(熊璋等,2019)。

第3节 人工智能推动智慧社会发展

信息社会是一个科技、产业和资本之间高度耦合、深度叠加的时代,随着人工智能与其他科技的加速融合创新与聚变发展,人类社会正在日益逼近新一轮变革的临界点,社会形态将全面系统演进,智慧社会将作为信息社会的一个发展阶段,是继农业社会、工业社会之后的一种更为高级的社会形态,人们的生产生活方式出现以智能化为标志的新变革,国际产业链布局和分工体系受智能化引导形成新格局。

一、智慧社会: 未来已来

智慧社会是信息技术的发展和普及带来的,回顾信息技术推进社会发展的历程,数字化、网络化和智能化是三条相辅相成、相融相生的主线。数字化奠定基础,实现数据资源的获取和积累;网络化构造平台,促进数据资源的流通和汇聚;智能化展现能力,通过大数据的融合分析呈现信息应用的类人智能,帮助人类更好地认知复杂事物和解决问题。当前,智能技术的发展与应用使数字时代进入了新阶段,即以数据的深度挖掘和融合应用为主要特征的智慧社会(梅宏,2018)。

20 世纪 90 年代以来,智慧城市的概念在世界各地悄然兴起,许多国家都在积极开展和策划智慧城市的建设。我国城市建设开始从"数字城市"建设的基础上转向"智慧城市"建设的探索。智慧城市是在物联网、云计算等新一代信息技术的支撑下,形成的一种新型信息化的城市形态。

2013 年 1 月,我国住房城乡建设部公布首批国家智慧城市试点名单,首批试点共 90 个,其中地级市 37 个,区(县)50 个,镇 3 个。自此加快了推进中国智慧城市建设的步伐,智慧城市的建设成为提升现代城市科技实力、总体实力、综合竞争力和品牌影响力的战略制高点。

随着技术的发展,智慧城市先后经历了以"PC + 互联网为基础、电子政务和电子商务为主要应用场景"的 1.0 时代,以"智能手机 + 移动互联网为基础、移动支付为主要应用场景"的 2.0 时代,再到以"物联网为城市神经网络、人工智能为城市大脑"的 3.0 新时代(如图 1.3 - 1 所示)。智慧城市 3.0 涉及大数据、人工智能、5G 互联网、物联网和云计算等多方面的整合。以人工智能为驱动,无人驾驶技术正在成为被关注和发展的焦点。

面对新一轮技术革命和产业变革,建设智慧社会也是我国在新时代把握信息化带来的重大机遇、以信息化推动经济社会发展的战略部署。我国也正在充分利用物联网、云计算、大数据、人工智能等新技术,将数字化、网络化、智能化应

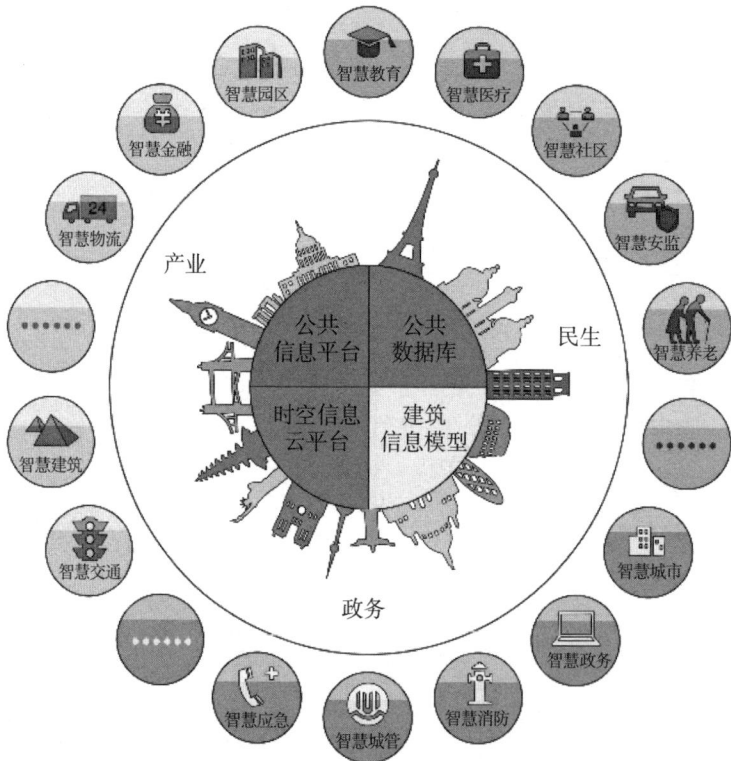

图 1.3-1 中国智慧城市

用于人们的日常生活、生产和服务中,构建立体化、全方位、广覆盖的社会信息服务体系,推动经济社会高质量发展。

加强和创新社会治理,推进社会治理精细化,构建全民共建共享的社会治理格局可以有效解决"人民日益增长的美好生活需要和不平衡不充分的发展之间的矛盾",实现"让人民生活更加幸福美满"。治理精细化包含从系统到细节的各种层次,而智能化则是治理精细化在全过程和在各种层次的技术基础和保障。

根据行业统计,截至 2018 年 6 月,中国网民规模达到 8.02 亿人。中国智能手机保有量超过 10 亿,再加上其他类型的智能终端,智能终端总量在 11 亿上下。智能终端就是铺路石之一,它不仅仅提供了人们新的社交方式,在各类社会综合治理和综合服务系统中,它就是社会治理精细化的一个终端。民情民意可以通过智能终端和社交网络即时通达治理决策者的终端,政府决策过程和治理措施又很快通过智能终端公示全社会,这样就构成了双向全通的宽阔大路。

例如,作为国家扶贫工作重点县,上饶县通过优化数字化资源配置,通过智能化手段加强教育治理,利用"互联网+"模式开展农校共建系列活动,通过网络发送"给家长的一封信",只需要后台一点,瞬间几千名家长都能收到学校的通知。班主任不仅能在后台看到哪位家长没有阅读,还可以进行点对点的信息传输,使家校沟通更加便捷。

人工智能与传统产业的融合发展构成了新的智慧产业体系,借助移动互联网技术,传统制造商可以在制造领域的工业产品上增加网络软硬件模块,实现用户的远程操控、数据自动采集分析等功能,改善工业产品的使用体验;基于云计算技术,一些互联网企业打造了统一智能产品软件服务平台,为不同生产商提供技术支持,优化用户的使用体验;运用物联网技术,生产部门可以将生产设施接入网络,实现生产设备的自动交换数据、触发动作的实施控制,智能工具赋能社会各个领域,引发了国家竞争实力的重新定位。

上海洋山深水港"智能码头"

2017年12月10日,由我国自行设计建设的全套装备全球最大、智能化程度高、具有完全自主知识产权的上海洋山深水港区四期自动化码头正式开港,这标志着中国港口行业在运营模式、技术应用以及装备制造上实现了跨越式升级与重大变革。

全智能是洋山自动化码头最大亮点。在忙碌而井然有序的码头上,一批穿梭不停的智能自动引导运输车(也被称为 AGV 小车)通过智能控制系统自动工作。AGV 小车可以根据实时交通状况选择最优路线,遇到运行路线拥堵,系统便会重新规划路线。除了无人驾驶、自动导航、路径优化、主动避障外。一个集装箱从远洋货轮转移到陆路运输需要多个环节,而这一切都由"桥""台""吊"组成的"巨型机器人"协同完成。

洋山四期投产 10 台岸桥,最大载荷 65 吨。其中 7 台主要用于大型干线船舶作业,起升高度 49 米,外伸距可达 70 米,并支持双吊具作业;"台"是岸桥中转平台,在这里安装机械臂和传送装置后,可以对集装箱锁钮进行全自动拆装;"吊"是轨道吊,主要用于堆场作业,与 AGV 小车和集装箱卡车进行作业交互。自动化码头可实现 24 小时作业,通过远程操控、自动操控,不仅码头效率比过去有质的提升,还能实现二氧化碳排放下降 10% 以上。

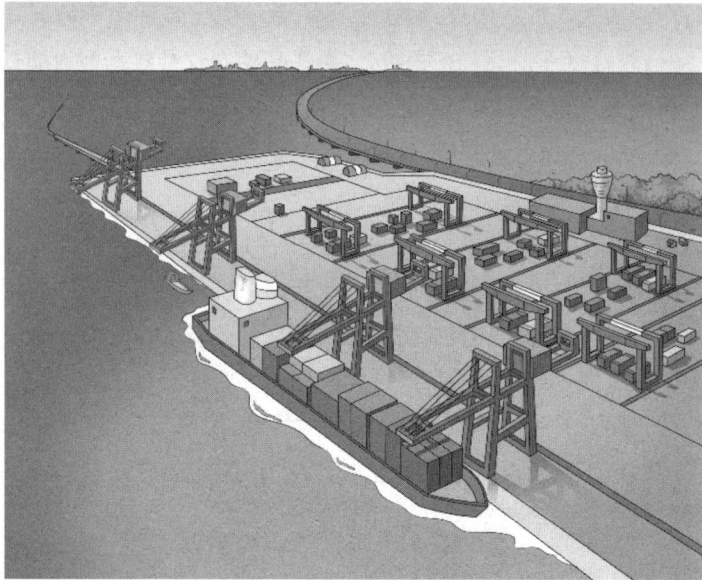

图 1.3 - 2 洋山深水港码头

智慧社会是一种基于新一代信息技术的新型社会,是人类社会发展进程中的一次全方位、系统性变革,深刻改变着个人、企业、政府、社会之间的互动关系,重建着社会治理模式。生活于其中的每一位成员都应了解智慧社会的发展特征,理解智能工具的特征与作用,掌握智能工具的应用方法,学会与智能工具打交道。

二、人工智能：赋能新时代

人工智能作为新一轮产业变革的核心驱动力,在催生新技术、新产品的同时,对传统行业也具备较强的赋能作用,引发经济结构的重大变革,实现社会生产力的整体跃升。人工智能帮助人类准确感知、预测、预警基础设施和社会安全运行的重大态势,作出决策反应,显著提高社会治理能力和水平。

1. 智能平台助力行业间的协作

人工智能创新平台逐步成为智慧经济中最富活力的组成部分,很多新兴技术产业正在由产业链一体化向平台一体化演进。目前,在很多人工智能平台中的开源智能工具研发取得了很大的成果,对深度学习领域有很大影响。开源智能工具使得开发者可以直接使用已经研发成功的智能工具解决生活、生产中的问题,减少二次开发,提高效率,促进人工智能与产业界紧密合作和交流。国内外的产业部门也意识到通过开源技术建立产业生态的优势,纷纷抢占新兴产业的"制高点"。

2017 年 11 月,我国科技部召开的"新一代人工智能发展规划暨重大科技项目启动会"确立了"百度、阿里云、腾讯、科大讯飞"首批国家新一代人工智能开放创新平台,这也标志着我国新一代人工智能发展规划和重大科技项目进入全面启动实施阶段。

例如:百度人工智能平台对外开放百度开发的人工智能技术,提供 EasyDL 定制化训练和服务平台、对话系统开发平台 UNIT、自定义模板文字识别等 AI 定制化平台,帮助用户能够更快速地使用智能工具、应用人工智能的技术去发展,2017 年百度人工智能开放平台成为国家公布的首批新一代人工智能开放创新平台(如图 1.3 - 3 所示)。

图 1.3 - 3　百度人工智能开放平台

百度人工智能平台开放的智能工具被广泛地应用在文化娱乐、企业服务、教育培训、金融等各个行业当中。例如一项非常基础的人工考勤或门禁的功能,应用就非常广泛,包括进楼通行都有人脸的闸机,食堂、咖啡厅、面包店都可以用人脸进行支付。再如用文字识别去自动录入一些票据,使得报销、财务的工作量大幅度减少。此外,被广泛应用的呼叫中心场景,百度人工智能可以自动检查客服和客户对话过程中语言是否恰当,或者智能外呼,机器和客户做比较固定的对话流程,这些都可以大幅度减少企业管理和运营的成本。

2. 机器翻译搭建人类沟通的"桥梁"

机器翻译是利用计算机将一种语言自动翻译为另外一种语言。近年来,随着深度学习的研究取得较大进展,基于人工神经网络的机器翻译(Neural Machine Translation)逐渐兴起,该技术是通过拥有海量结点(神经元)的深度神经网络,可以自动地从语料库中学习翻译知识,一种语言的句子被向量化之后,在网络中层层传递,转化为计算机可以"理解"的表示形式,再经过多层复杂的传导运算,生成另一种语言的译文。实现了"理解语言,生成译文"的翻译方式。这种翻译方法最大的优势在于译文流畅,更加符合语法规范,容易理解。

科大讯飞在语音识别、语音翻译领域取得了较好的成绩。讯飞翻译机 2.0 支持中文与英、日、韩、法、西、德、俄等 33 种语言进行实时准确翻译。通过自研的 INMT 翻译引擎技术,以句式文法、词模文法、关键字等多重机制,可准确识别语音内容,匹配用词和语句的习惯,使上下文的语义理解,更为准确、真实地表达出翻译效果,并且实时同步时下最流行的新词汇,与相关词库里的句式、关键词等,使得准确率高达 95% 以上。

"讯飞翻译机 2.0"成为博鳌亚洲论坛指定翻译机,2018 年投放了 500 台左右的翻译机,参会人员可在论坛分发地点凭大会相关证件领取,翻译机的使用覆盖了大会现场、入住酒店、外宾通道等重点翻译场景,产品取得了较好的应用效果。在 2018 年两会上,"讯飞翻译机 2.0"听见转写系统在中文直播字幕基础上创新升级,大会工作报告作直播字幕支持,进一步推出了中英文实时字幕。智能语音翻译让更多的人享受到快速、便捷的语言沟通。

互联网将全世界联接在一起,语言障碍已经成为 21 世纪社会发展的重要瓶颈,实现任意时间、任意地点、任意语言的无障碍自由沟通是人类追求的一个梦想。在社会快速发展的进程中,机器翻译将扮演越来越重要的角色。

3. 认知智能技术促进人机的融合

20 世纪 80 年代,美国发明家雷·库兹韦尔(Ray Kurzweil)提出了"技术奇点(Technological Singularity)"一词,将此定义为"人工智能与人类智能兼容时刻",在此时刻人工智能发展达到与人类同等程度的智能,实现人工智能与人类协调发展。从人工智能发展来看,早期阶段的人工智能是运算智能,机器具有快速计算和记忆存储能力;大数据时期的人工智能是感知智能,机器具有视觉、听觉、触觉等感知能力。随着类脑科学的发展,人工智能也在向认知智能层面发展,即机器能理解、会思考。

2018年,一家公司生产的超仿真机器人索菲亚(Sophia)在电视节目上与人类自由交流,成为"网红"机器人。对话中,索菲亚流露出的喜悦、惊奇、厌恶等表情真实地反映"人"的特征。就是这个机器人,不但获得了沙特国籍,而且被联合国开发计划署亚太局任命为有史以来第一位"非人类"创新大使,这个创新大使随后在联合国还发表了就职演讲,引起社会轰动。写稿机器人、客服机器人、陪伴机器人等具有认知特征的智能工具开始越来越多地出现在我们的身边,更进一步深入到人类的存在方式中去。认知智能的发展使得人工智能与人类的相处模式,将会发生本质的变化。

三、进入智慧社会:生存与发展

信息技术与社会各领域的融合与创新,推动人类社会进行着一次全方位、系统性的变革,加快了人类进入智能社会的进程。在此过程中,各种各样的智能工具改变着人们的生产生活方式,重构个人、企业、政府、社会之间的互动关系,给人类社会的发展走向带来持续且深远的影响。生存于智慧社会中的公民就需要理解智慧社会,提升信息素养,学会和智能工具打交道,从容地生活在智慧社会中。

1. 人工智能带来社会建设的新机遇

社会经济的快速发展加剧了社会问题的产生,大气污染、全球变暖、交通拥堵、恶性流行疾病等使人们对未来世界充满了担忧。人工智能的发展与应用,为智慧社会的发展创造了条件,利用信息科技使人们高效利用资源、促进成本和能源的节约,改进服务交付和生活质量,减少对环境的影响,支持创新和低碳经济,实现智慧技术高度集成、智慧产业高端发展、智慧服务高效便民,持续创新,推动各个行业的变革。

人工智能与制造、农业、物流、金融、商务、家居等行业的融合创新,提升了各个产业发展的智能化水平。智能制造、智能农业、智能物流、智能金融、智能商务、智能家居等推动了人工智能与实体经济的深度融合,优化了产业发展环境,形成数据驱动、人机协同、跨界融合、共创分享的智能经济形态。可以说,人工智能的发展和应用为社会各行业提供了"换道超车"的新机遇。

"虚拟试衣"——人工智能助力服装产业

当前线上购物的一大痛点在于,无法直接抚摸、触碰到商品,消费者对于商品的认知来源于拍摄图片,无法即刻试穿试用。尤其是服装的网销,受尺码不统一和图片色差的影响,会导致退换货的问题。

近几年人工智能技术的迅猛发展正在逐渐解决这些难题。"虚拟试衣"帮助用户找到更适合于他们的服装。"虚拟试衣"的核心是通过人体形态数据收集、算法推理,打造一个与自己身材一样的3D模特,同理衣服实体也通过数字化模拟,两者的结合,能够形象地展示虚拟穿衣效果,并且合理推荐尺码、搭配等要素(如图1.3-4所示)。

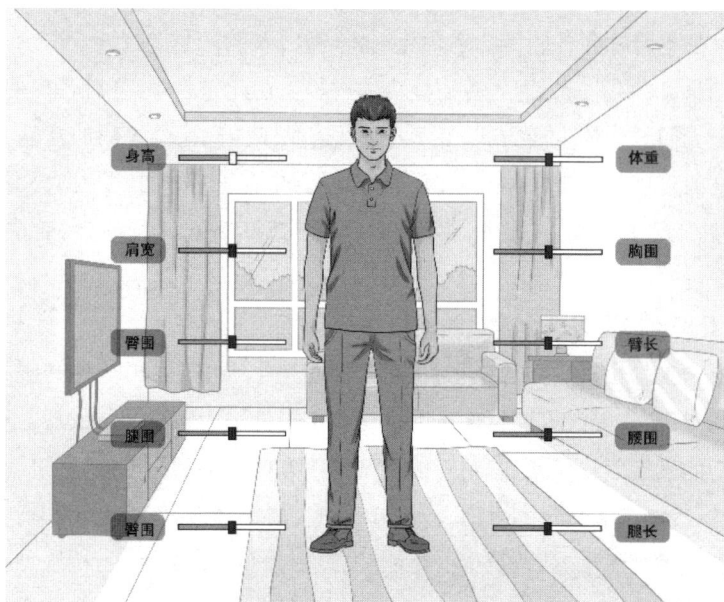

图1.3-4 虚拟试衣系统

从智能应用发展来看,"虚拟试衣"其实只是一个开始,在进行虚拟试衣的同时,还可获得更贴合用户的数据,包括身材数据、喜好数据、尺码匹配数据等等,在用户允许的情况下,利用这些数据,将对服装行业产生根本性的影响。尤其是目前行业中的一些存在迫切需求的部分,例如预售、导购、个性化定制、智能打版、服装设计等，虚拟试衣不只是"试"，而且通过人工智能为整个服装产业创造了机遇。

2. 智慧社会让每个社会成员面临新挑战

智慧社会的快速到来给国家治理和个人发展带来一系列新挑战。互联网带来的个人隐私信息泄露、网络权力的不对等以及人工智能对就业的冲击也都会引发新的问题。例如，今天还存在的行业用工职位，明天就有可能被人工智能所取代；网络用户无意中留下的个人数据，也有可能成为不良分子的诈骗工具；个人的网络存储空间的信息成为"黑客"用来交易的资本等等。可见，信息技术在为人类提供着这样或那样的便利时，也对每一位社会成员提出了挑战。

2017年5月，一种名为"WananCry"的勒索病毒袭击全球150多个国家和地区，影响领域包括政府部门、医疗服务、公共交通、邮政、通信和汽车制造业。勒索病毒文件一旦被用户点击打开，就会连接至黑客的服务器，进而上传本机信息并下载加密公钥和私钥；然后，将加密公钥私钥写入到注册表中，遍历本地磁盘中的 Office 文档、图片等文件，对这些文件进行格式篡改和加密；加密完成后，还会在桌面等明显位置生成勒索提示文件，指导用户去缴纳赎金。

勒索病毒真正的威胁程度可以说是超出了我们的想象和理解，如果用一句话来说是"极其恐怖"。这次勒索病毒的爆发，也给我们敲响了警钟，让我们可以对网络攻击引起足够的重视，在以后的网络现代化生活中，我们应该具备信息安全的意识与能力，养成经常备份自己关键资料的习惯，以防被网络攻击，而且也不要过多地依赖于网络。

如今，信息技术作为先进生产力的代表，已经成为世界很多国家经济发展的重要支柱和网络强国的战略支撑。信息技术的快速发展深刻影响着社会的经济结构和生产方式，加快了全球范围内的知识更新和技术创新，推动了社会信息化、智能化的建设与发展，催生出现实空间与虚拟空间并存的信息社会，并逐步构建出智慧社会。全新的社会环境重塑了人们沟通交流的时间观念和空间观念，不断改变人们的思维与交往模式，深刻影响人们的生活、工作与学习，信息技术已经超越单纯的技术工具价值，为当代社会注入了新的思想与文化内涵。提升社会公民的信息素养，增强个体在信息社会的适应力与创造力，对个人发展、国力增强、社会变革有着十分重大的意义（熊璋，2016）。

第二章

聚焦数字胜任力

信息技术的普及推动了经济社会各领域的深入发展。在全新的数字化环境中，人们的科学发现模式、技术应用模式、经济发展模式、社会交流模式不断地发展变化。当然，信息技术在促进社会经济发展、推动社会进步的过程中，也引发了新的危机，信息安全的挑战、隐私的泄露、网络诈骗、恶意攻击等等，不仅危害到了个人安全，甚至危及到国家安全。加强公民信息技术教育，全面提升公民信息素养是保证个人生存和国家安全的基石。

第1节　数字时代赋予信息素养新内涵

信息技术作为当今先进生产力的代表，已成为国家经济发展的重要支柱和网络强国的战略支撑，自20世纪计算机问世以来，信息技术沿着以计算机为核心、到以互联网为核心、再到以数据为核心的发展脉络，深刻影响着人们的生存方式。人们的一天从早上起床就开始接受信息技术的影响，早间新闻是利用数字技术采编、网络技术传播的刚刚发生在全球的事情，职业发展课程是在线开设的，使用的工作设备是数字化的，如何面对和理解新的生存环境，这也考验着每一位社会公民的信息素养，数字时代需要与之相适应的合格数字公民。

一、信息技术推动了学习变革

信息技术拓展了学习者的学习空间，丰富了学习资源，加强了线上与线下学习的融合，创造了一个全新的数字化学习环境。但是，如何发挥好数字化学习环境的作用，关键还在于学习者本身，他们要有能力在这种环境中开展学习，要具备在这种环境下发展的信息素养。2018年4月我国教育部印发的《教育信息化2.0行动计划》明确指出要"充分认识提升信息素养对于落实立德树人目标、培养创新人才的重要作用，加强学生课内外一体化的信息技术知识、技能、应用能力以及信息意识、信息伦理等方面的培育"。因此，当数字化学习环境日趋成熟时，加强学生信息素养教育，提高他们在数字化环境中的学习能力，就显得尤为重要。

电子书包是利用信息化教学的一种便携式终端，除了家校沟通功能，电子书包还提供教育信息功能，比如数字化教学资源，学生成长过程记录等。目前电子书包已在全国很多城市的中小学开始运用。

相比于纸质课本和传统教具，电子书包具有多媒体解析功能，通过视频、音频、动画、图片等多种媒体的配合展现，将问题情境直观生动地呈现给学生，让学生在形象生动的问题情境中，积极探究，大胆质疑，在很大程度上提高了教学效率和学生学习的主动性、积极性（如图2.1-1所示）。

图2.1-1　电子书包的应用

此外,电子书包的网络功能让学生在课堂上可以查到相关问题的数据资源、背景资料等。因此,电子书包的使用能够拓展学生的视野,实现学生的个性化学习,满足学生的个性化发展需求。

数字化、网络化和智能化赋予了数字时代学习的新特征。数字化使得学习资源的存储简易、传输可靠。网络化支持学习资源的共享,突破学习时空限制,创设出生动有趣的学习情境。智能化加强了对学习者个性化指导,能及时发现学习者学习过程中的不足,有针对性地提供学习支持。信息技术工具在教育中的应用推动了学习者体验式学习、智能化学习和混合式学习的开展。

1. 体验式学习

虚拟/增强现实技术(VR/AR)、可穿戴技术与网络技术结合在一起的时候,学习者通过穿戴设备就能直接感受到学习内容的存在空间,将自己作为那个空间的一部分,体验新的学习空间,把整个学习资源变得更加立体。信息化资源从最初的网络单向传递,到在线交互生成,再到线上线下体验建构的方式得以不断发展。在这种全新的数字化环境中,体验式学习是数字化学习的一种新特征。

VR教学将传统的单向教育转化为认知交互和沉浸式体验模式,学生被带入微观或宏观的虚拟世界中,身临其境地观察、探究,激发了学习兴趣和好奇心,增强了学习主动性。它还将学科的复杂知识和抽象结构形象展现,帮助学生更好地理解知识。

2014年,某中学在选修课中将VR技术应用于教学过程中。利用VR单机设备,学生可以进入人体血液循环系统,观察了解细胞以及亚显微镜下的细胞结构(如图2.1-2所示)。在学习过程中,每个学生进入一个全仿真的学习环境中,可以根据自己的理解来感悟视频中呈现的内容,学生投入度更高,课堂个性化教学效果会更好。

该中学的教师介绍,在带学生做VR项目的时候,他发现学生对两件事特别感兴趣,一件是微观世界的无限放大,像血细胞、分子结构;另一件是天体运动、万有引力这类宏观世界的探索。"学生都是想着做一个太阳系,以AR的形式把太阳系虚拟出来,放在桌面上。"还有一些更基础的化学分子结构,给学生代码和基本的技术操作方案后,学生都可以实现。

2. 智能化学习

大数据技术发展,使得每一位学生一旦登录到在线学习空间,网络教育平台就可以刻画这个学生的学习过程和学习行为,发现学生学习结果与教学目标的

图 2.1-2　VR 环境下的体验式学习

差异,预测哪些地方还需要弥补,哪些资源适合这位学生学习,在基于大数据分析的基础上,就可以把学生学习发展成一种精准式的学习,使学习更加智能化。

　　互联网的开放、共享和互动,创造了一个开放时空,大数据与人工智能的发展也促进了智能学习平台的开发与应用,智能学习平台通过"人机结合"方式为学习者提供自适应学习(如图 2.1-3)。智能学习平台里记录着每位学员的所有

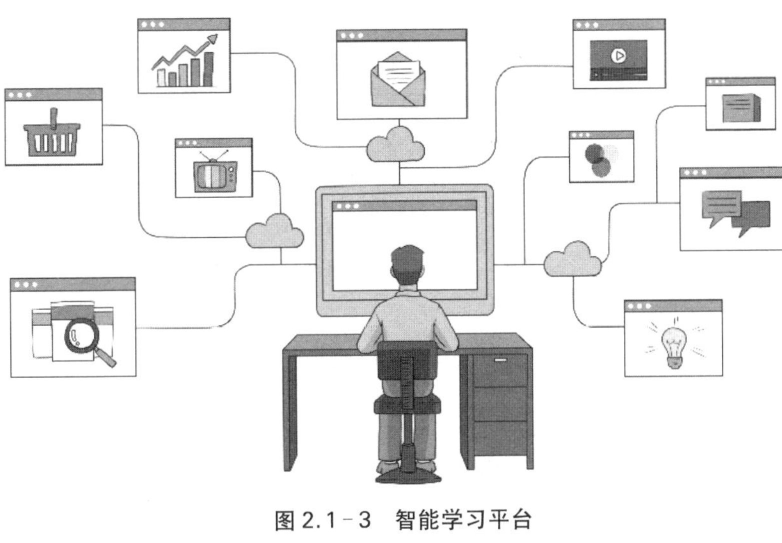

图 2.1-3　智能学习平台

学习行为,系统基于学员的学习行为开展数据采集与数据分析,给出实时的动态调整建议;智能学习平台的教学专家则基于系统推送的信息调整教学计划,结合学员的实际情况,为学员制定个性化的学习计划。

智能学习平台贯穿"学、练、改、测"整个学习流程,在"学"环节为学员提供基于知识图谱的任务清单式学习,在"练"环节提供基于推荐引擎的智能练习,在"改"环节提供机器智能批改加精细化批改,在"测"环节提供基于智能算法的仿真测评与考分预测,在"评"环节则是开展实时的智能学习评价反馈。

3. 混合式学习

现实和虚拟学习环境相互交织、数据和智能技术日趋成熟为线上线下混合学习创设了条件。在全新的数字化学习环境中,数字时代要求学习者不仅要具有在课堂上进行资源学习、学习活动交流、自我管理和个人学习评价的能力,还要具有在网络学习环境中进行网络教学资源学习、在线活动交流、网络自我管理以及数据支持自我评价的能力。掌握混合式学习的工具与方法,在线上线下学习环境中更从容地开展混合式学习。

混合式学习将线下学习方式和在线学习的优势结合起来,通过线上线下的学习理论、学习资源、学习环境、学习方式的混合,提供有针对性的关注点、灵活的学习安排、丰富的学习材料,从而达到预期的学习效果(如图2.1-4所示)。信

图 2.1-4 技术工具支持混合式学习

息技术的发展也为混合式学习提供了很多学习工具,印象笔记是学习者常用的一种线上线下协同学习的工具。

印象笔记可支持主流的平台系统,一处编辑,平台之间可以同步。它支持web版和移动网页版,通过网络终端可在浏览器中打开进行操作。利用印象笔记可以剪辑网页,保存网页到印象笔记账户里。文字、图片和链接全都可以保存下来,还可以添加高亮、箭头等标注。它的共享笔记本功能,允许不同用户之间共同编辑一个笔记,实现团队协作办公。

此外,随着数字化学习工具的发展,思维导图、云笔记、Google Classroom、Video Notes等信息技术很好地支持了混合式学习。在混合式学习过程中,学习者也要不断地改进自己的学习方法和工具。

信息技术在教育中的应用赋予了学习新的特征,也创新了学习方式。为更好地适应数字时代学习方式变革,新时代学习者就需要不断提升个人信息素养,掌握相应的信息技术知识与技能,能够在全新的学习环境中根据需要选择合适的学习资源和学习方式开展学习,利用信息技术的学科方法实现数字化学习与创新。

二、信息技术丰富了劳动手段

信息技术创新成果与经济社会各领域深度融合,推动技术进步、效率提升和组织变革,提升实体经济创新力,形成更广泛的以互联网为基础设施的经济社会发展新形态,催生出新的生产方式和服务业态,促进了传统产业升级改造,加速了社会经济的发展。生产方式和服务业态的变化对于其中的服务者信息技术应用和创新能力提出了更高的要求,信息素养成为了数字时代社会各领域从业人员的必备素养。

1. 现代农业需要具有信息素养的"新农人"

信息技术在农业领域的深度融合提升了农业生产、经营、管理和服务水平,培育出一批网络化、智能化的现代生态农业新模式,形成示范带动效应,加快了新型农业生产经营体系的建立,培育出多样化农业互联网管理服务模式,逐步形成了农副产品、农资质量安全追溯体系,促进农业现代化水平明显提升。农业现代化的发展对新时代农业工作者的从业技能提出了更高的要求,加强新时代农业工作者的信息素养教育,为现代农业的转型与发展做好优秀劳动者的储备。

"新农人"弄潮互联网

有一位湖北的农民在没有自建系统开发团队,无须购买服务器的情况下,利用"移动互联网＋农业"实现香稻嘉鱼大米与移动互联网连接,改变了农业的生产业态。

这位农民采用了与外部移动互联网平台资源进行合作的"借力"方式,贴上"决不食品联盟"免费提供的"决不食品标志",实现香稻嘉鱼大米的互联网＋农业。"决不食品标志"内含有二维码,手机一扫,就会进入香稻嘉鱼大米的互联网页面,页面上有食品安全公开承诺视频、实时种养基地实时监控视频、食品安全责任险保单图片、食品安全有奖监督基金的公开信息等等(如图2.1－5所示)。

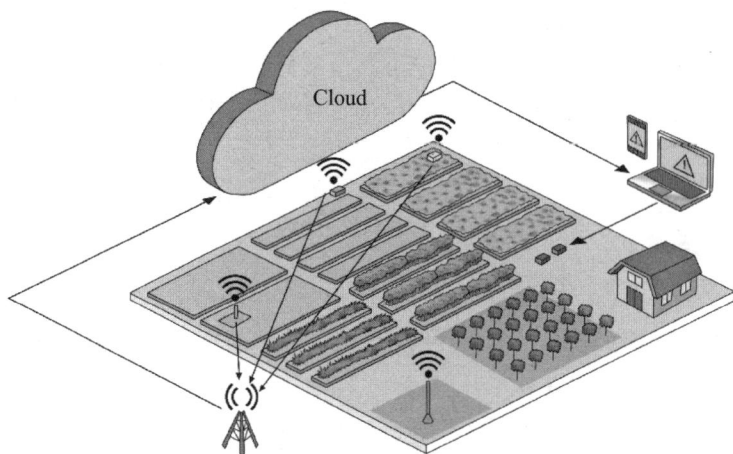

图 2.1－5　新农业与新农人

互联网＋农业不仅要让农产品更酷、更有附加值,也提高了农民兄弟们对现代农业生产方式的新观念。这位湖北农民的故事无疑是"新农人"弄潮数字时代的成功个案,他的信息素养、实践经验和典型做法是现代新农人的典范。

为充分发挥"互联网＋农业"的生产优势,提高互联网环境下农业生产管理的质量,拓宽农民新型就业和增收渠道,就需要大力提高农民对互联网应用的技能,帮助他们掌握"互联网＋农业"实现的方法,以此推动现代农业生产方式的变革和发展。

2. 现代工业需要具有信息素养的"新匠人"

工业互联网作为新一代信息技术与制造业深度融合的产物,正日益成为新工业革命的关键支撑和深化"互联网＋制造业"的重要基石,它对未来工业发展产生全方位、深层次、革命性影响。在传统产业优化升级的过程中,新时代匠人在继承传统匠人品质时,转换工作模式的意识与思维,能够将信息技术工具与传统制造业相融合,通过提升个人的信息素养,对传统制造业推陈创新,将传统产业发扬光大。

互联网思维+工匠精神

2006 年,山东滨州博兴县湾头村诞生了第一批网店,村民们开始在网上销售传统草编产品,并以网络私人定制的个性化生产服务代替旧版服务模式,销售渠道也实现了从过去的实体店、路边摊到电商平台的转变。这套几乎被"闲置"的民间手工技艺,通过互联网焕发了新的生机。

互联网让传统手工艺得以活态传承,也让这些传统匠人凭借技法发家致富。甚至,这些匠人还借助电商平台的大数据分析,通过收集消费数据掌握市场动向,在保护和传承传统手工艺的基础上不断调整工艺、努力创新。

互联网带动了传统手工艺产业的发展,催生出了一批"电商化匠人"。身处"互联网＋"时代,匠人需要具备"互联网＋"思维,才能拥有更多机会从幕后走向前台,也让传统手工艺品从小圈子走向大市场。

在"互联网＋"大潮中,越来越多的传统产业通过"触网"找寻新的出路。当然,这种"触网"并不是简单地改变销售渠道,更是一种经营思维和生产方式的变革,当新时代"匠人"具备良好的信息素养,就能更深刻地领会信息技术在产业变革中的作用,将信息技术与传统产业进行深度融合,在传统产业的基础上进一步地创新和发展。

3. 现代服务业需要具有信息素养的"新员工"

信息技术与社会各领域的融合不仅对经济发展有重要作用,也改变着行业的服务方式。互联网技术的扁平化特点提高了公共资源的利用效率,降低了消费成本,加快了基于互联网的医疗、健康、养老、教育、旅游、社会保障等新兴服务的发展,创新了服务模式,提升了个人服务的科学决策能力和管理水平。新的服务环境对服务业人员的专业技能也提出了新的要求。

数字化革命为办公室员工带来更加智能化的交流、互动与合作方式,最终推动工作环境和组织的创新。未来办公室将也从技术工具、交流方式、统一接口、智能管理等 4 个方面重构数字化办公空间,实现网络化办公空间到数字化办公空间的变革。

其一,利用云计算技术构筑高数的 ICT 基础设施,"公有云"服务方式来提供,基于一点接入、全球覆盖,构建跨时空的团队组织。

其二,利用全新沟通协作工具构筑基于活动的办公室空间,低成本一体化终端让小型会议室也能快速变身远程协作空间。

其三,利用智能终端构筑移动化的办公空间,将移动设备打造成统一入口的移动化办公空间。

其四,利用人工智能技术构筑智能协作体验,个人的虚拟助理让低成本的全员效率提升成为可能。

在信息社会大背景下,人们的办公环境也走向了数字化、网络化和智能化。通过运用云计算、新一代通信与协作、移动办公和人工智能等信息技术,重新定义了企业办公空间和企业员工工作方式。全新的办公环境和办公模式,对其中的工作人员数字化办公提出了新的挑战。

三、信息技术改变着生活方式

信息技术在生活中的应用也改变着人们的生活方式。当身处陌生环境时,我们会用智能手机上的电子地图进行自我定位,通过查询交通路线来规划到达目的地的方式;当预订车票时,我们可能会利用订票 APP 查询相应车次,利用网络进行车票的预订和付款;当进行信息交流时,可以通过即时交流软件与朋友进行即时沟通,实现信息的共享与互动。

乌镇的数字化生活

乌镇江南水乡的韵味已经与现代互联网气息融合共生,成为企业互联网创新的"展示窗",数字化、网络化、智能化也逐渐成为这里的主题词。

进入乌镇景区,"刷脸技术"代替了人工验票;免费 WiFi、支付宝收费码成了每个商铺的"标配";4G 网络全覆盖;游览车和摇橹船上安装了 GPS 和北斗双模定位系统,游客可手机"扫码"一键呼叫;智慧停车场内,进门可知剩余车位,车牌自动识别,移动扫码支付停车费;智慧垃圾桶通过网络设备实时监测(如图 2.1 - 6 所示)。

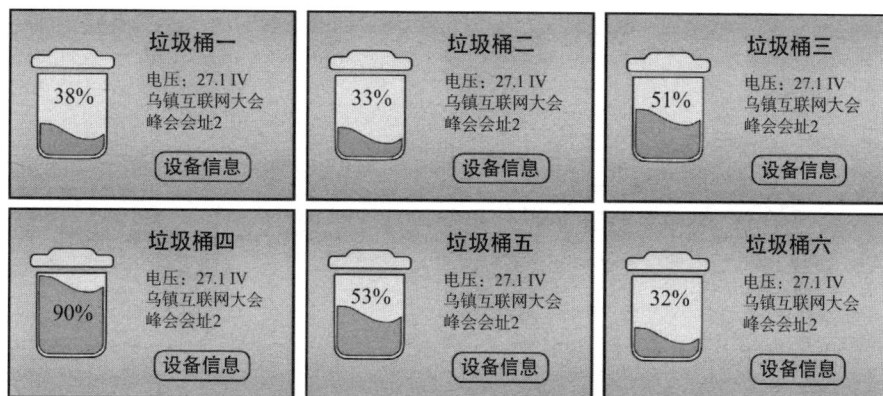

图 2.1-6　智慧垃圾桶

数字化乌镇体现的是一种现代生活形态,民宿、茶馆、饭店,现代化设施日趋成熟。乌镇依托旅游的发展优势,借力互联网,已连续不断引入乌镇互联网医院、众创空间等互联网项目近 150 个,在乌镇的每一个人都感受着信息技术给人们生活带来的影响。

1. 数字出行需要基本的信息应用技能

数字出行方式已被越来越多的消费者所接受,在线约车、共享单车、电子地图等技术已广泛应用于人们的日常出行。无人驾驶、无纸客票等新生事物也正逐步得以实现,数字化出行改变了人们以前"路边扬招""纸质地图"等传统的出行和路线判断方式,这也就需要信息社会公民逐步提升自己的信息素养,逐步接受和适应数字出行,更好地生活在数字化社会中。

电子客票推动绿色出行

据报道,中国铁路总公司决定于 2018 年第四季度铁路电子客票业务试点运营,实现乘客刷手机、刷身份证就能直接进站乘车。

电子客票是旅客通过互联网订购车票之后,到达高铁站,无需换取纸质车票,可持二代身份证等有效身份证件通过进站口和验票闸机直接乘车,也就是说身份证、手机将会成为你的全国通行卡(如图 2.1-7 所示)。电子客票的使用与推广,一方面解决了排队取票耽误时间的难题,另一方面也节约了大量的打印纸张,推动了社会的绿色出行。

图 2.1-7　电子客票推动绿色出行

2. 远程交流需要相互尊重与理解

根据中国互联网络信息中心(CNNIC)第 42 次《中国互联网络发展状况统计报告》,截至 2018 年 6 月 30 日,我国网民规模达 8.02 亿,普及率为 57.7%。在网络应用方式中,"网络即时通信"使用率最高,达到了网络总数的 94.3%。随着互联网用户持续增加,互联网拉近了人们的社会距离,缩小了交流时空,为人们创设了便利的交流环境。新的交流环境丰富了人们社交的手段,但"匿名"的网络交往也产生了潜在的危机。

随着网络社交的发展,青少年使用手机和互联网的频率增大,以电子邮件、个人主页留言、即时信息、数码照片等形式的网络欺凌时有发生。"网络欺凌"成为比较严重的社会问题,对青少年的身心成长造成较大的影响(如图 2.3-8 所示)。

图 2.1‑8　网络欺凌

　　所谓"网络欺凌",即指利用互联网做出的针对个人或群体恶意、重复、敌意的伤害行为。有媒体报道美国一位10岁女孩因和同学发生冲突,她的相关视频被上传至网络,由于无法忍受长期被同学的网络欺凌,这些网络视频也令她饱受嘲笑,她最终选择在家中自杀。近期,澳大利亚一女孩也因遭受网上欺凌选择自杀,该事件震惊澳大利亚全国。

　　研究人员认为,网络欺凌在心理上甚至比身体欺凌更伤人。一个原因是:目标往往不知道谁是欺负者,或者他们为什么被攻击;此外,网上的骚扰事件可能迅速扩散,只需敲击几下键盘或点击几下鼠标,许多人就能参与进来,或者至少能发现这次攻击。

　　社交网站为人们创造了一个新的交流空间,也可能会引发一些网络不良行为。受网络"匿名"情况的影响,网上威吓、羞辱,甚至折磨他人的行为,有可能会逃脱执法人员或社会机构的监管范围,给信息社会的发展带来了不稳定的因素。作为信息社会中的一员要不断提高个人信息素养,合理地使用网络进行交流,保护个人隐私,尊重和理解网络交流者,共同创造良好的网络社交环境。

3. 在线购物需要提高网络安全意识

　　电子商务产业的发展使得越来越多的实体零售商通过网上商店、移动支付、智能推送等新技术开展线上线下结合的社区服务。基于互联网的文化、媒体、旅游等服务方式培育出形式多样的新型业态使得老百姓足不出户就能享受便捷高效的服务。全新的数字化服务与消费模式为人们提供了消费的便利,但是作为一种线上"虚拟"的空间,其中新的商业模式也存在着潜在的危机,提高社会公民信息素养,保护好个人网络消费权益,合理健康进行数字化消费,才能更好地推动信息社会的发展。

网络购物为用户提供了时空的便利,但是也为不法分子提供了诈骗的时机。在网络活动过程中,每位用户都需要具有信息安全和法律保护意识,避免造成不必要的损失。

有一在线用户在网络购物中下订单后,卖方称发不了货,要求提供相关信息退款,由于该用户没有意识到可能存在的危险,而将个人银行卡账户信息、身份证件信息以及消费验证码告诉卖方,导致其银行卡上资金被转走 10 万余元。

案发后受害人在第一时间进行了报案,警方在了解案情后,启动防电信诈骗应急机制,同时部署应对措施,在此过程中发现受害人的被骗钱款被转账到某基金公司账户,尚未转出取走,被骗款仍在转付过程中。警方在银行、基金公司的紧密配合下,通过不断跟进的技术措施,锁定犯罪嫌疑人,侦破了案件,为受害人挽回了经济损失。

线上线下融合的经营模式与消费方式引发了服务者、用户、经营环境等因素关系的变化,产生了新的服务方式和商业秩序,新环境下也需要新的规章制度、法律法规来保障,生于其中的每一位社会公民在具备信息技术应用能力的情况下,不仅要知法、守法,还要提高个人信息安全意识,掌握必要的个人保护方法,利用法律手段应对网络购物中的突出事件,维护好信息社会的新秩序。

第 2 节　将"数字原住民"培养成"数字公民"

近十年来,移动通信、大数据、云计算等新技术的发展使得信息技术工具与社会各领域融合更加紧密,现实空间与虚拟空间相互交织形成了一个全新的社会环境,信息技术在改变人们的生活与学习方式时,也转变着人们的思维品质与文化特征。信息技术教育的对象特征也在悄然发生变化,从早期的"数字移民"教育发展成了"数字原住民"教育。希冀通过信息技术教育,引导新一代的"数字原住民"成长为合格的"数字公民"。

一、"数字移民"的信息技术教育

20 世纪 70 年代微型计算机技术的发展,使得计算机逐步走出专业技术领域,成为人们日常生活、学习和工作中的重要工具,ICT 素养逐渐为人们所关注,并随着技术革新,其内涵也得以不断丰富。1981 年,苏联计算机教育学家叶尔肖夫(A. P. Ershov)曾指出"计算机文化反映在人们是否具有编排与执行自己工作程序的能力,现代人除了传统的读、写、算的能力以外,还应该具有一种可以与之相比拟的程序设计能力"(王吉庆,1999)。该观点把程序设计作为一种特别的文化,通过发展社会成员的程序设计能力,更好地适应新的生活与学习方式。此后,信息技术工具多样化的发展和在社会各领域的广泛应用,进一步加强了信息技术工具性特征。

随着信息社会的到来,人们的生活方式、学习方式、工作方式因为信息技术的广泛使用开始逐步发生变化,人们也逐步适应着从非数字化环境转入到数字化环境的生存方式,这也就是所说的"数字移民"。为加强人们对社会生存环境转型期的适应和发展能力,世界上很多国家也在加强和丰富学校相应的教育课程。

1998 年,美国图书馆协会(American Library Association,ALA)和教育传播与技术协会(Association for Educational Communications & Technology,AECT)从信息技能、独立学习和社会责任三方面联合发布了《K-12 信息素养标准》,指出信息素养(information literacy)不仅是信息获取、检索、表达、交流等技能,也包括学习态度与方法,能够将已获得的信息用于信息问题解决、进行创新性思维的综合信息能力。

2000 年,英国教育部将信息与交流技术(ICT)正式列入国家中小学课程,其教育目标界定为:了解和使用信息技术;学习利用信息技术开展各学科学习;培养学生利用信息技术解决问题的能力,以此提高学生应用信息技术进行信息处理的能力。

2003 年我国教育部颁发了《普通高中技术课程标准(实验)》。提出我国普通高中信息技术课程的总目标是提升学生的信息素养。学生的信息素养表现在：对信息的获取、加工、管理、表达与交流的能力；对信息及信息活动的过程、方法、结果进行评价的能力；发表观点、交流思想、开展合作并解决学习和生活中实际问题的能力；遵守相关的伦理道德与法律法规，形成与信息社会相适应的价值观和责任感。此外，日本、德国等国家也将发展学生信息素养作为学校教育的一个重要目标。

可见，信息素养成为了继"读、写、算"之外又一项重要的社会生存能力。但是在具体实施过程中，如果将信息素养教育简单等同于技术工具的操练，甚至为机械的符号记忆，这不仅不能培养学生的信息素养，甚至还会降低学生对信息技术课程的学习兴趣。显然，如果在教学过程中过于强调技术工具记忆或操作性的内容，教材也就只能沦落成了某些软件的"培训教程"，在教学过程中也就很难发展学生的信息素养。

Windows 操作系统菜单中"…"的功能，你还记得吗

当越来越多的软件学习进入到中小学课程中时，中小学生信息技术教育也就有可能成为"记忆命令"和"应用操练"的过程。翻开我国 20 世纪 90 年代末和 21 世纪初的中小学信息技术教材，其内容很多是对软件的操作应用，有些还要求学生记住菜单栏中的菜单项和快捷键，教材还明确要求学生记住菜单的特殊标记，例如 Windows 菜单中（如图 2.2－1 所示）：

带有"▶"的标记，表明此菜单为级联菜单——菜单下还包含有菜单；

带有"…"的标记，表明执行此菜单命令将显示一个对话框；

带有"√"的标记，表明该菜单是一个复选菜单，并正处于选中状态；

带有"●"的标记，表明该菜单为单选菜单，在菜单组中，同一时刻只能有一项被选中。

针对于教材中的内容，信息技术考试题中也就出现了：

Windows 菜单选项常用特殊符号表示约定的含义，这些符号有（　　　）。（多选题）

A. "…"　　　　　　B. 向右的黑色三角形　　　C. 左侧出现"X"

D. 左侧出现"勾"　　E. 左侧出现"＊"

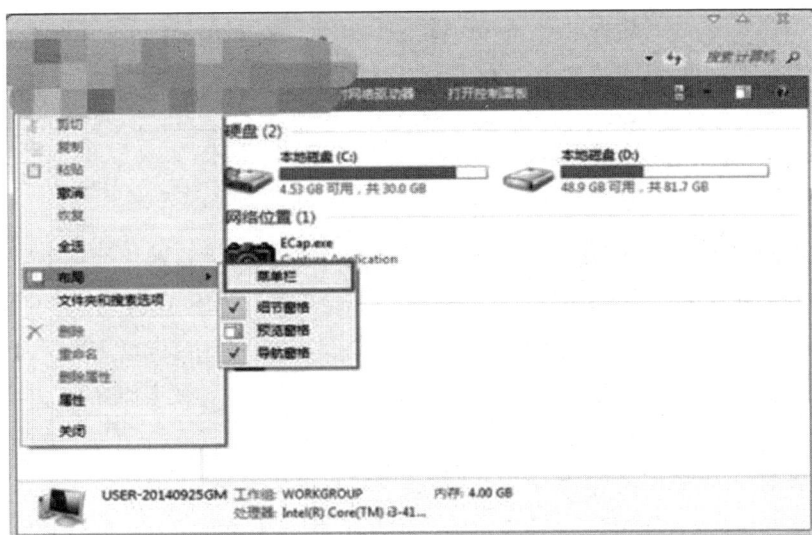

图 2.2 - 1　菜单项中的特殊符号

　　早期信息素养教育提高了人们的信息技术应用能力,加强了信息技术在社会各个领域的应用,推动了信息社会进步,为工业社会逐步发展为信息社会准备了信息化人才。但是,从教育内容来看,该阶段信息技术教育主要还是停留于技术工具使用与操作层面,尽管人们能够掌握某些应用软件和硬件工具的使用,但是人们对信息技术如何改变社会、如何有效地理解与掌握信息技术方法等方面还存在不足。

　　事实上,从英文原意来看,"literacy"具有"能读、能写、有文化"之意,是一种常识性的文化素养。基于"literacy"的信息技术教育主要是指信息技术常识教育,它将"信息处理能力"与"读、写、算"作为同等重要的生存技能,强调了信息技术工具的掌握和信息处理方法。这种将信息处理的知识技能、过程与方法融入到学生解决问题真实情境之中,帮助学生养成良好信息技术应用习惯的常识教育,无疑为学生认识"信息高速公路的路标,掌握其中的规则",在信息社会中健康成长创造了条件。但是,基于"literacy"的信息技术教育主要强调的还是信息技术工具的操作和一般解决问题过程中信息技术的应用,它并没有从信息系统的角度分析人、技术、社会之间的关系,淡化了技术工具应用中的潜在功能和方法特征。事实上,忽视学生对信息技术学科思维方法的理解,缺乏学生批判性分析能力的培养,也就容易造成"当学生微笑地享受着信息环境中的娱乐,却不知为何而微笑时,当学生控制着'电游'操作杆,却被'电游'所控制时,其世界就已不再是美丽新世界(尼尔·波斯曼,章艳译,2009)"的问题。

二、"数字原住民"的信息技术教育

伴随着新一代数字化工具成长起来的"数字原住民"潜移默化地具备"更快利用网络获取信息,善于并行工作,适合图形学习"(Prensky, M. , 2001)的社会优势。但是,同样因为"数字原住民"一代过于依赖数字化工具,也出现了"沉迷手机、网络上瘾",甚至导致"网络自闭症"的心理问题,可见"数字原住民"并不能简单等同于数字公民。

针对"数字原住民"在生活中对"现实空间与虚拟空间"认识层面的误区,信息技术教育就不应局限于一种应用常识的教育,同样需要培育学生的计算思维,引导他们像"信息技术学科专家"一样,从学科方法层面思考"人、技术、社会"的关系,合理应用信息技术处理信息问题,实现从"数字原住民"向合格的"数字公民"的发展。即发展学生的信息技术学科核心素养(Core-Competence)。2012年美国计算机教师协会在社会调研的基础上明确指出信息技术教育已不只是"技术工具功能的掌握",更应从"计算思维""合作与交流""计算实践与编程""计算机和交流设施的应用""社区,全球化和伦理道德"(ACM & CSTA,2011)等方面发展学生"核心素养",帮助学生更好地理解和生存于信息社会中。

从英文原意来看,Competence具有"技能(Skill)"的一般含义,同时更突出利用技能解决问题的"综合力""胜任力"的特征,涉及了学生内在品质和外在行为的发展(任友群等,2014)。基于Competence的信息技术教育注重"综合应用"和"问题解决"等高层次能力的发展。其一,强调综合能力发展。突出信息知识、技能、情感态度的综合发展,注重学科方法的掌握,而非割裂地教育某一方面。其二,强调信息技术的情境性教育。突出在具体情境中开展信息技术教育,发展学生利用学科方法解决问题的能力,而非简单的机械操作。由此可见,基于Competence的信息技术教育不仅是要提高学生掌握基本的信息技术知识与技能,也关注学生在具体情境中利用信息技术解决问题的能力和学科特有的科学方法,强调学科核心素养培养,要求学生在信息活动过程中理解人、技术与社会的关系,希望学生能够像"信息技术专家"一样思考、理解信息社会的问题,引导新一代的"数字原住民"成长为合格的"数字公民"。

可见,从 Literacy 到 Competence 的信息技术教育是从"一般信息技术应用常识"到"学科核心素养"的发展。Literacy 关注的是信息技术的应用能力,是一般常识性的教育。Competence 强调的是信息技术特有的学科方法以及应用学科方法解决问题的能力,是技术环境胜任力的培养。面向学科核心素养的信息技术教育,一方面可从"量"上减少专业知识的学习内容,减轻学生学习负担;另一方面可从"质"上强调学科方法学习,避免"学了一公里宽,只有一英寸厚"的问题。

三、信息技术教育:从"数字原住民"到"数字公民"

作为在数字化环境中成长起来的"数字原住民",他们具有较强的数字技术接受能力,能自发地应用技术工具、较好地适应数字化环境特性(UNESCO,2011)。但是,在信息社会中,教育者也应注意到数字技术的广泛应用不仅创设出丰富的技术应用环境,也潜移默化创生着新的学科概念、关键能力以及独特的技术应用行为规范。作为合格的"数字公民"不应局限于技术应用与工具操作层面,还应该理解数字技术在社会应用中的核心概念、学科方法以及具有学科特征的交流形式,合理应用学科方法解决现实问题,按照信息社会行为规范、负责任地开展信息活动,具备在信息社会适应、生存与发展的基本素养。

在以互联网为基础的虚拟世界里,传统的国与国之间的边界已被打破,无时无刻不在的互联,贡献着无时无刻不在的商机,也暗藏着无时无刻不在的危机,"阿里巴巴"们可以把中国制造销售到世界各地,"斯诺登"们则能够轻易窃得全球各方位的信息。为了在推动社会进步和发展的同时,抑制和抵抗信息技术普及和发展带来的各种危害,加强网络信息管理,推进互联网治理体系和治理能力现代化是当务之急。而长治久安之道则是不断增强公民自身的信息素养。

2016 年 9 月《中国学生发展核心素养》在北京发布。学生发展核心素养指学生应具备的,能够适应终身发展和社会发展需要的必备品格和关键能力,是关于学生知识、技能、情感、态度、价值观等多方面要求的综合表现。学生发展核心素养体现为文化基础、自主发展、社会参与三个领域,表现为人文底蕴、科学精神、学会学习、健康生活、责任担当、实践创新六大素养。如图 2.2-2 所示。

学生发展核心素养是对素质教育内涵的具体阐述,可以使新时期素质教育目标更加清晰,内涵更加丰富,也更加具有指导性和可操作性。此外,核心素养

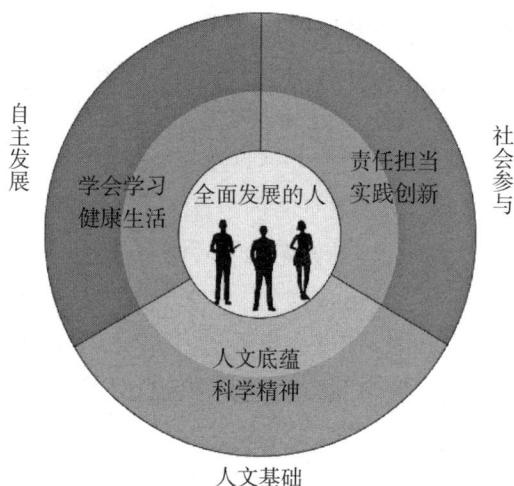

图 2.2－2　中国学生发展核心素养

也是对素质教育过程中存在问题的反思与改进。全面系统地凝练和描述学生发展核心素养指标,建立基于核心素养发展情况的评价标准,有助于全面推进素质教育,深化教育领域改革。

　　从信息社会发展需求来看,信息素养的内涵并不是始终不变的,它会随着信息技术的发展及其对社会的影响,不断地丰富和完善,新时代信息素养随着数字环境和发展需求的变化而发展。依据《中国学生发展核心素养》,新时代的信息技术教育就需要根据"数字原住民"和信息社会发展的特征,实现要从"一般信息技术应用常识"到"学科核心素养"的发展。"基本常识"关注的是信息技术的应用能力,是一般常识性的教育。"关键能力"强调的是信息技术特有的学科方法以及应用学科方法解决问题的能力,是数字环境下胜任力的培养。从课程理论来看,指向核心素养信息技术的课程设计是在综合考虑学科内容、学习者特征和社会需求的基础上将信息技术的"知识技能""过程与方法"与"情感态度价值观"的整体考虑和综合组织,为"数字原住民"向合格的"数字公民"发展创造条件。

第二部分
国际中小学信息技术教育的改革与发展

　　信息社会发展引发信息技术教育的改革，人们对学校信息技术教育的潜力寄予厚望。但是，信息技术作为学校一门课程，一直以来存在这样的争论：独立学科倡导者主张独立学科设置，认为不但应教授学生信息技术的应用，还要让学生了解"信息""数据"等概念，学习编程技能，思考信息社会的道德伦理问题；另一些学者则主张信息技术工具论，认为重要的是学习信息技术应用，认为信息技术教育应以综合课程的方式整合到其他课程的学习之中。"他山之石，可以攻玉"，本部分内容分析了国际中小学信息技术教育发展的势态，希望从中得到启发和借鉴。

第三章

国际中小学信息技术教育的比较与分析

随着信息技术的发展和在社会各领域中的广泛应用,世界很多国家和地区开始对中小学信息技术教育进行重新审视,无论是从提高社会生产力角度,还是从人的发展角度,人们对信息技术课程的潜力寄予厚望。美国、英国、澳大利亚等国家纷纷出台中小学信息技术课程的深入发展战略。在社会信息化、经济全球化背景下,把握信息技术课程的国际发展动态,有助于推动我国中小学信息技术课程的发展。

第1节　信息技术课程标准的比较

一、课程标准比较的设计

1. 比较的背景

2010年以来,信息技术学科内外部环境发生了深刻变革,具体体现在信息技术快速发展使人类社会从工业社会向信息社会转型,学科的内在学术价值——计算思维和数据意识被关注和挖掘,被称为"数字原住民"的当代学生在丰富的信息技术环境中成长起来。信息化的发展对信息技术课程改革提出了新的诉求和挑战,在这场以信息技术为主导的新一轮科技革命中,为了应对这些变化和挑战,世界很多国家或地区纷纷修订中小学信息技术课程标准或推出一系列教育改革举措,期望通过信息技术教育变革来满足社会发展需求和提高学生在信息社会中生存与发展的能力。

2. 比较的范围

课程标准是以纲要的形式规定了有关学科教学理念、内容、方法等的标准性文件,它是教材编写、教学实施和评估考试的依据,是国家管理和评价课程的基础。信息技术学科是一门与当下社会发展、科技进步和日常工作生活联系紧密的学科,在一些发达国家或地区,每隔五年就会对中小学信息技术课程标准进行修订,以回应社会发展、学科发展和学生发展的现实需求。这里,我们选择美国、英国、澳大利亚、新加坡和我国台湾地区在 2010 年至 2016 年期间修订的信息技术学科相关课程标准(如表 3.1-1 所示)。

表 3.1-1　各国和地区的课程标准概览

	美国	英国	澳大利亚	新加坡	中国台湾地区
标准名称	1. 美国面向学生的教育技术标准(简称美国 ET·S 标准) 2. 美国 K-12 计算机科学课程标准框架(简称美国 K-12 CS 框架) 3. 美国 CSTA K-12 计算机科学标准临时版(简称美国 K-12 CS 标准临时版)	计算学习计划:一到四学段(Computing programmes of study: key stages 1-4)	技术课程·数字技术(Technology·Digital Technology)	1. 计算机应用课程大纲(Computer Application Syllabus)(适用普通技术课程、普通学术课程) 2. 计算课程大纲(Computing Syllabus)(适用大学预科)	十二年基本教育科技领域课程纲要(含资讯科技)(简称台湾地区科技领域·资讯科技课程纲要)
标准制定者和发布时间	1. 美国国际教育技术协会(ISTE),2016 年 6 月 2. 美国 K-12 计算机科学框架指导委员会,2016 年 10 月 3. 美国计算机科学教师协会(CSTA),2016 年 9 月	英国教育部 2013 年 9 月	澳大利亚课程、评估和报告局(ACARA)2015 年 1 月 5 日	新加坡教育部课程规划和开发部,2011 年	中国台湾地区教育部门 2016 年 2 月

需要说明的是,美国、英国、澳大利亚和新加坡的中小学信息技术课程标准文献翻译时使用了中国大陆习惯的表达方式,而中国台湾地区的中小学信息技术课程标准文献保留了原著者的表达方式,它们与大陆的表达存在这样一些对

应关系：资讯科技即信息科技、运算思维即计算思维、实作即实践、演算法即算法、程式设计即程序设计、资料即数据。

3. 比较的方法

在对国际上中小学信息技术课程标准的比较研究过程中，我们（采用文本分析方式）首先从课程标准文档所涵盖的诸多方面（如课程理念、课程目标、课程内容等）来确定中小学信息技术课程标准国际比较的编码体系，包括课程定位（课程描述、课程理念、编制/修订背景或缘由）、课程结构（学科知识、外在行为、学科思想、社会发展）、课程目标（总目标、阶段目标）、课程设置、教学实施建议和学习评价六个方面，然后再进行国别（或地区）横向对比的方式进行文本分析，从而了解国际中小学信息技术课程标准的修订情况，把握各国/地区对未来数字公民培养所关注的主要内容和发展目标。

二、课程定位的比较

课程定位直接回答着"这门课程是什么""为什么要开设这门课"以及"开设这门课的现实意义"等问题。各个国家或地区课程标准对这些问题的回答结果也影响着信息技术课程的目标确立和内容设计。表3.1－2从课程描述、课程理念和编制/修订缘由三个方面对美国、英国、澳大利亚、新加坡和中国台湾地区最新相关标准的课程定位进行了比较。

从学习领域和学科分类看，澳大利亚和中国台湾地区把数字技术/资讯科技视为更宽泛的技术领域中的组成部分，它与另一部分——设计与技术/生活技术（中国大陆地区称劳动技术或通用技术）交叉融合，既共享统整的人才培养目标，又聚焦各自的学科侧重点。而其他国家视计算机科学、计算和计算机应用为独立学科，并为它们编写课程标准。前一种方式突出了学科的统整，后一种方式则体现了学科的科学性特征，关注了学科本质。

在课程描述方面，各国/地区主要从计算机科学和信息技术应用（或教育技术）的双重视角来认识信息技术课程，关注到它们对社会各行各业创新和成为所有学生接受高质量教育组成部分的重要价值，并且比较倾向于计算机科学学科和强调计算思维。例如，英国充分认识到计算教育对培养学生的计算思维和创造力来理解和改变当今世界的重要性。澳大利亚认为数字技术是学生使用计算思维和信息系统来定义、设计和实现数字解决方案的学科。新加坡则对计算机应

表 3.1-2 课程定位的比较

	美国	英国	澳大利亚	新加坡	中国台湾地区
课程描述	-美国 K-12 CS 框架指出，计算机科学是使计算机的使用成为可能的学科，推动了每个行业和研究领域的创新。计算机科学也正在为我们许多现实世界上最艰巨的挑战提供解决方法。 -美国 K-12 CS 标准临时版指出，计算机科学对学生和社会的益处在于使其作为所有部分的高质量教育中应具有应有的地位。它处在于计算教育的高质量教育中应有的地位。	计算教育能让学生使用计算思维和创造力来理解和改变世界。计算的核心是计算机科学，包括计算思维与计算的原理，数字系统和程序设计。它的益处在于组成教育的高质量教育中应具有应有的地位。	数字技术是学生使用计算思维和信息系统来定义、设计和实现数字解决方案的学科。	1. 计算机应用（CPA）是所有学生的必修科目。 2. 计算的核心是问题解决。它为学生提供了发展计算思维的机会。它是一种解决问题的方法，可以补充数学和工程。这将是 21 世纪的核心技能，是每个人都会有用的一个基本技能。	科技领域课程将科技内涵纳入科技与工程之课程规划，从而强化学生的跨领域学科，如科学、科技、工程与数学等知识整合运用的能力。
课程理念	1. 美国 ET·S 标准 -利用技术进行学习变革，让学生参与到一个互联网的数字世界中并茁壮成长。 -教师巧妙地指导和激励他们成为自己学习的代理人，而应该使用不应该是孤立的，技术应该成为所有技能和学科领域学习过程中的一个完整部分。 2. 美国 K-12 CS 框架 -所有学生批判性地参与地参与计算机	基于计算机科学知识与理解，让学生运用信息技术来创造程序、系统等。计算机教育也能确保学生具备数字素养，让学生能应用并通过 ICT 表达自己的想法，使他们的水平以适应一定的水平以适应未来工作，并成为数字社会的积极参与者。	数字技术是我们在以知识为基础的社会中一个重要的问题解决工具。 -数字技术通过对应用当代新兴技术和实践来满足当前和未来需求的影响，来塑造成为富有创造性的决策者； -数字技术为学生提供了使用设计思维的实际机会，可以帮助学生生成为数字解决方案的创新的创造者。	1. 计算机应用课程初级阶段课程侧重于培养学生具备基本的 ICT 技能，以支持其他学科的学习，并在他们的个人生活中有用。 -高中阶段课程侧重于高阶思维技能。关注解决问题和媒体的 ICT 技能。这将进一步好学习相关课程以及工作场所和未来学习做好准备。	资讯科技课程以运算思维为主轴，透过电脑科学相关知能的学习，培养逻辑思维、系统化思考等运算思维，并借由资讯科技之设计与实作，增进运算思维的应用能力、问题解决的能力、团队合作以及创新思考的能力。此外，资讯科技课程亦须透过资讯科技相关之社会人文与自然议题，建立资讯社会中公民应有的态度与责任感。

	美国	英国	澳大利亚	新加坡	中国台湾地区
编制/修订背景或缘由	科学问题;并创造具有实用性的个人的或社会需求的计算制品。 —计算机科学不仅是为了"天才"或"荣誉"学生,而是为进入高等教育学习计算机科学或从事计算机科学的职业,所有学生都可以从中受益。 3.美国K-12 CS标准临时版对计算机科学的基本理解,技术使教育受过的技术使用者,以及能够设计技术以改善每个人生活质量的创新者。 1.美国ET/S标准对2007年学生标准的更新,它不仅要反映当前的教育状况,还要反映未来的发展趋势。该标准的修订考虑了如下因素: —被赋权的学生主要为未来做好准备; —人类生活不再单一:数字的或实体的,它是混合的; —学生标准是关于用于教学的,而不	随着时代的发展,英国实施多年的原ICT课程受到质疑和批判。 —英国中小学生对于原ICT课程普遍不满意,认为ICT课程是枯燥的、无趣的。 —信息技术产业界	创造者、数字系统的有效地使用者和借由数字系统传达信息的关键消费者。 —数字技术给学生提供真实的学习机会,培养他们的好奇心、信心、坚持力、创造力,尊重和合作,并帮助学生成为能够积极和合法地沟通和协作的区域和全球公民。	—所有学生都将移使用易于获得的互联网技术和工具。动手实践活动仍然是这个基于技能的学科的主要特征。学生将有机会通过动画和游戏性开发项目进行创造性的工作。 2.计算大纲 计算的设计重点是学科性,这在很大程度上围绕上围绕问题解决和计算思维演变。它为计算机科技和应用领域的进一步研究提供了基础。	背景:移动互联网、大数据、物联网、数字化制造,智慧城市等科技快速发展,加速了"工业4.0"概念和"先进制造"发展战略为代表的产业创新。身为信息社会公民的年轻一代应该数字化工作与生活方式,具备掌握、分析和运用科技的基本素养。

美国	英国	澳大利亚	新加坡	中国台湾地区
是工具的; -成为全球的公民不再是可选择的; -学生要关心他们的生活和科学,还要关心其中技术的作用。因此,该标准为学生实现学习转型,远离工厂模式提供路线图,它将引领变革,承认转型,并作为教育技术有效整合的灯塔。 2. 美国 K-12 CS 框架 -随着计算已成为我们世界的一个组成部分,公众对计算机科学教育的需求很高。今天的许多学生将在未来的职业生涯中使用计算机科学,不仅在科学、技术、工程和数学(STEM)领域,而且在非 STEM 领域。 3. 美国 K-12 CS 标准临时版 -目前该标准是临时文件草案,代表了对以前标准的修改,以应对计算机科学教育前景的最新变化,如美国 K-12 CS 框架的推出,创客运动的兴起以及国家对网络安全的关注。	人士普遍认为,英国中小学要教授更加严肃的计算机科学课程。			-单独设立科技领域,藉此落实生活科技与资讯科技课程,进而强化未来人才的竞争力。此规划符合国际潮流和学生需要,同时使科技领域的课程与教学正常化。 -资讯科技课程纲要的修订重点是培养学生运算思维以及有效运用资讯科技解决问题,沟通表达与合作共创之能力。

用和计算两个方面并重,前者作为必修课程面向全体学生,后者适合大学预科层次。

在课程理念方面,各国/地区都关注了理解计算机科学知识、掌握信息技术、利用信息、创新实践、解决问题、做出决策、表达想法、参与信息社会的重要性。美国面向学生的教育技术标准(ET·S)强调学生要能够利用技术进行学习变革(leverage technology for learning transformation),并成为自己学习的代理(be agents of their own learning)。澳大利亚将数字技术作为重要的问题解决工具,它可以提供使用设计思维、面对真实的学习挑战的机会,帮助学生塑造改变,使他们成为"数字解决方案的创新创造者、数字系统的有效使用者和借由数字系统传达信息的关键消费者",以及"积极和合法地沟通和协作的区域和全球公民"。中国台湾地区强调信息科技的设计与实践,增强学生计算思维的应用能力、问题解决能力、团队合作以及创新思考的能力,以及建立信息社会中公民应有的态度与责任感。

在标准编制/修订的背景、缘由方面,各国/地区都关注到社会、教育的现状以及变革教育回应社会发展需求的必要性。美国面向学生的教育技术标准认为面向学生的教育技术标准"不仅要反映当前的教育状况,还要反映未来的发展趋势"。美国K-12计算机科学框架注意到公众对计算机科学教育的高需求与"不是所有人都能获得学习计算机科学的机会"之间的落差。为解决这些问题,美国K-12计算机科学课程标准(临时版)认为修改课程标准可以应对计算机科学教育的最新变化,如创客运动的兴起以及国家对网络安全的关注。英国编制新的计算课程学习计划是由于英国教育部门在对中小学课程调研中发现原信息与通信技术(ICT)课程呆板、无趣,其信息技术产业界人士要求学校教授更加严肃的计算机科学课程。中国台湾地区将世界范围内信息技术快速发展导致的各行各业深度融合,催生产业创新的趋势(如德国"工业4.0"概念和美国"先进制造"国家战略)与培养年轻一代,使之具备掌握、分析和运用科技的基本素养加以联系,并且把修订资讯科技课程纲要的重点放在培养学生运算思维以及有效运用资讯科技解决问题、沟通表达与合作共创之能力。

三、课程结构的比较

学科课程结构包括了课程标准学习要求的维度层次,直接反映出学科的体系架构,它指明了该学科的主要学习领域和基本学习指向。从课程建设的角度来看,学科课程结构通常受学科知识、学生认知(包括外在行为与内在思维)和社会发展等因素影响。表3.1-3从这几方面对美国、英国、澳大利亚、新加坡和中国台湾地区中小学信息技术课程标准的课程结构进行比较。

在课程结构设计中,各国/地区特别强调了学生内在学科思维的发展,并把计算思维作为首要发展的学科思维方式。例如,美国K-12 CS标准(临时版)指出计算思维是一个解决问题的方法,将计算机科学的领域扩展到所有学科,它提供了一种独特的分析和开发解决方案的方法,并以计算方式解决问题。计算思维是计算机科学的一个核心要素,它在K-12学习的各个层次交织在一起,其重点是抽象、自动化和分析。美国K-12 CS框架则从计算机科学实践与计算机科学概念的双重视角来诠释计算思维,即抽象、建模和分解的计算思维实践,与算法、自动化和数据可视化的计算机科学概念交叉在一起。美国ET·S标准提出学生要成为计算思维者(computational thinker),开发和采用计算策略来理解和解决问题,利用技术方法的力量开发和测试解决方案。澳大利亚提出要培养学生的批判性和创造性思维,具体包括系统思维,设计思维和计算思维。

关于学科知识和外在行为,各国/地区主要聚焦了学科核心概念与学生实践表现。例如,美国K-12 CS框架提出了五个核心概念(计算系统、网络和因特网、数据和分析、算法和程序设计、计算的影响)和七个核心实践(培育包容的计算文化、围绕计算的合作、识别和定义计算问题、开发和使用抽象、创建计算制品、测试和优化计算制品、有关计算的交流);中国台湾地区则提炼六个学习内容(算法、程序设计、系统平台、数据表示与处理及分析、信息科技应用、信息科技与人类社会)和四个学习表现(计算思维与问题解决、信息科技与合作共创、信息科技与沟通表达、信息科技的使用态度)。这些概念/内容、实践/表现交织起来,呼应了学科内在思维——计算思维,凸现了信息技术学科的大概念(数据、系统、算法与程序设计)和学生学习的重要行为表现(创新实践、问题解决、合作共创、交流表达)。

关于社会发展因素,各国/地区强调了学生参与信息社会过程中的权利、责任和态度。美国ET·S标准提出学生成为数字公民,要求学生认识到在互联的数字世界中生活、学习和工作中的权利、责任和机会,他们以安全、合法和合理的方式行动和示范。美国K-12 CS框架把"计算的影响"作为五个核心概念之一,认为一个有知识和负责任的人应该了解数字世界的社会影响,包括公平和对计算的使用(equity and access to computing)。澳大利亚将技术、个人、社会关联在一

表 3.1-3 课程结构的比较

	美国	英国	澳大利亚	新加坡	中国台湾地区
学科知识	美国K-12 CS框架提出五个核心概念(学生应该知道什么),它代表计算机科学领域的主要内容: (1) 计算系统 (2) 网络和因特网 (3) 数据和分析 (4) 算法和程序设计 (5) 计算的影响	计算机科学: 根据计算机科学科学领域来被解释,包括算法、数据结构、程序、系统架构,设计和问题等原则。	数字技术知识和理解:数字系统和数据的表示。	1. 计算机应用大纲 强调基本知识和技能,包括对文字处理、计算机绘图和图像编辑、电子表格演示和文档、游戏设计、编程等软件应用程序包的理解和使用,以及互联网上的应用程序。具体包括六个模块: (1) 计算机基础 (2) 媒体元素 (3) 文档处理 (4) 电子表格 (5) 多媒体通信 (6) 媒体计算 2. 计算大纲 三个模块: (1) 算法和设计 (2) 接口和交互 (3) 系统工程学	必修课的学习内容: (1) 演算法 (2) 程式设计 (3) 系统平台 (4) 资料表示、处理及分析 (5) 资讯科技应用 (6) 资讯科技与人类社会 加深加广选修课程的学习内容: (1) 进阶程式设计 -程式语言 -数据结构 -演算法 -程式设计实作 (2) 机器人程式设计 -机器人发展 -机器人控制 -机器人专题实作 (3) 资讯科技应用专题 -资讯科技应用原理 -资讯科技应用实作
外在行为	1. 美国ET·S标准 知识建构 创新的设计 有创意的交流	信息技术:为满足用户的特定目的而组装、配置数字化	数字技术过程和制作技能:收集、管理和分析数据;创建数字解决	综合课程任务 动画项目 游戏设计项目	必修课学习的学习表现: (1) 运算思维与问题解决 (2) 资讯科技与合作共创 (3) 资讯科技与沟通表达

	美国	英国	澳大利亚	新加坡	中国台湾地区
	有效协作 2. 美国 K-12 CS 框架提出七个核心实践(学生应该做什么),它代表来用来充分与计算机科学素养的核心概念互动的行为: (1) 培育包容的计算文化 (2) 围绕计算的合作 (3) 识别和定义计算问题 (4) 使用抽象方法 (5) 创建计算制品 (6) 测试和优化计算制品 (7) 有关计算的交流	设备。	方案(定义、设计、实现、评估、协作和管理)。		(4) 资讯科技的使用态度 加深加广 选修课程的学习表现 (1) 运算表达与创作 (2) 资讯科技创作 (3) 资讯科技的使用态度
学科思想	1. 美国 ET·S 标准首次提出计算思维者,要求学生开发和采用策略来理解和解决问题,利用技术方法的力量开发和测试解决方案。 2. 美国 K-12 CS 框架科学实践(3)—实践(6),诸如上述实践(3)—实践(6)。诸如抽象、建模和分解的计算思维实践,与诸如自动化和数据可视化的计算机科学概念交叉在一起。 3. 美国 K-12 CS 标准—临时版指出计算思维是一个解决问题的方法,将计算科学的领域扩展到所有学	计算思维	批判性和创造性思维,包括系统思维、设计思维和计算思维		计算思维

	美国	英国	澳大利亚	新加坡	中国台湾地区
	科，它提供了一种独特的分析和开发解决方案的方式，并以计算机科学解决问题。计算思维是计算机科学的一个核心要素，它在 K-12 学习的各个层次交织在一起，其重点是抽象、自动化和分析。				
社会发展	1. 美国 ET·S 标准 数字公民。学生认识到互联的数字世界中生活、学习和工作中的权利、责任和机会，他们以安全、合法和合理的方式行动和示范。 2. 美国 K-12 CS 框架 核心概念之一：计算的影响。一个有数字概念的人应该了解数字世界的知识和负责的社会影响，包括公平和对计算的使用。	数字素养：自信、安全和有效地使用计算机的基本技能和能力。	安全地和合乎道德地利用信息系统（人员、数据、过程、数字系统）及其相互作用的能力，从而系统地将数据转换为解决方案，以满足个人、社会、经济和环境的需求。	负责任地使用信息，理解计算机应用程序的范围和力量。	透过资讯科技相关之社会、人文与自然议题，建立资讯社会中公民应有的态度与责任感。

起,提出学生应该具备安全地和合乎道德地利用信息系统(人员、数据、过程、数字系统及其相互作用)的能力,从而系统地将数据转换为解决方案,以满足个人、社会、经济和环境的需求。

四、课程目标的比较

课程目标是依据课程定位和课程结构阐述的课程整体目标、学段目标以及根据课程结构列出的表现性标准。课程标准中目标的呈现方式和清晰程度直接影响着学校课程实施和教师教学活动。表3.1-4对美国、英国、澳大利亚、新加坡和中国台湾地区中小学信息技术课程标准的总目标和阶段目标(小学示例)进行了比较。

通过比较发现,各国/地区都采用两级目标(整体目标和阶段目标)方式来规定课程的具体内容要求和表现性要求,一般涵盖了知识/技能、能力与态度三方面。例如,英国计算学习计划包括四点总目标:①让学生理解和应用计算机科学的基本原理和概念,包括抽象、逻辑、算法、数据表示;②能使用计算术语来分析问题,并具备为解决这些问题编写计算机程序的实践经验;③能评价和使用信息技术,包括新兴的或不熟悉的技术,分析性地解决问题;④成为有责任心、有能力、自信的、有创造力的ICT使用者。这些总目标使用了"理解""应用""分析""编写""解决""评价""使用"等行为动词,并与"原理""概念""问题""计算机程序""信息技术"组合,明确了课程的内容要求和表现性要求。又如中国台湾地区的资讯科技总目标包括以下两点:①透过资讯科技课程的学习,学生能利用运算思维与资讯科技有效解决生活与学习问题并进行沟通与表达,且能以团队合作的方式进行资讯科技创作;②资讯科技课程亦协助学生建立资讯社会中应有的态度,透过对资讯科技与人类社会相关议题之了解,养成正确的资讯科技使用习惯,遵守相关之伦理、道德及法律,并关怀资讯社会的各项议题。虽然没有单列知识与技能的要求,但这两点总目标涵盖了三维目标要求,表述得比较精炼、全面。再如,美国ET·S标准是非学科性的课程标准,它从合格学习者和公民的角度拟定了总目标:①被赋权的学习者;②数字公民;③知识建构者;④创新的设计者;⑤计算思维者;⑥有创意的交流者;⑦全球合作者。使用了"被赋权""建构""设计""思维""交流"和"合作"一些行为动词,高度概括了对学生适应信息社会生存和发展的表现性要求。

表 3.1-4 课程目标的比较

	美国	英国	澳大利亚	新加坡	中国台湾地区
总目标	1. 美国 ET·S 标准 目的是在整个学生学术生涯（不同年龄、跨学科）中培养这些技能。学生将成为： -被赋权的学习者 -数字公民 -知识建构者 -创新的设计者 -计算思维者 -有创意的交流者 -全球合作者 2. 美国 K-12 CS 框架 所有学生都参与计算机科学的概念和实践。从最低的年级开始，持续到 12 年级，学生将发展利用计算机科学知识的基础，并学习利用计算思维的力量去解决问题的新方法，从而成为计算机科学者和创造者。把它作为在各种工具学习和表达的兴趣中学习和表达到一个愈来愈受技术影响的世界。 3. 美国 K-12 CS 标准临时版 理解计算系统、网络、数据与编程、算法、计算与影响等	-让学生理解和应用计算机原理和科学的基本原理和概念，包括抽象、逻辑、算法、数据表示等； -能使用计算术语来分析问题，并具备为不断地编写的计算机程序的实践经验； -能评价和使用信息技术，包括新兴的或不熟悉的技术，分析性地解决问题； -成为有责任心、有能力、自信的、有创造力的 ICT 使用者。	数字技术更具体地旨在发展学生的知识和技能，以确保学生独立地和协作地学习。学生能够： -设计、创建、管理和评估可持续的和新的数字解决方案，以满足现和未来的需求； -使用计算思维的关键概念：数据收集、规范、算法表示和实现来创建数字解决方案； -自信地使用数字系统，高效和有效地将数据进行自动化，并在不同的情境中的沟通和创造性地交流思想； -应用协议和合法的实践，支持与已知和未知的安全的、符合道德的和有礼貌的沟通和协作； -应用系统思维来监测	1. 计算机应用大纲 -获得使用各种相关软件来完成任务的技能； -提高对各种应用软件、学校、工作场所和社区如何使用计算技术的认识； -理解计算机在日常生活中的作用，并认识到计算机对社会和人们的影响； -发展批判性思维和解决问题的能力。 2. 计算大纲 发展学生的如下方面： -通过在各种问题情况下分析、设计和实现算法的计算思维； -了解使用计算机和信息通信技术有关的伦理、社会和经济问题； -通过规划、设计和创建商业、工程、教育或娱乐系统解决方案的项目管理技能；	-透过资讯科技课程的学习，学生能利用运算思维与资讯科技有效解决生活与学习问题，且能以团队合作的方式进行资讯科技创作； -资讯科技课程透过协助学生建立资讯社会中应有的态度，透过对资讯科技议题之了解，养成正确的资讯科技使用习惯，遵守相关法律，并关怀相关资讯社会的各项议题。

	美国	英国	澳大利亚	新加坡	中国台湾地区
阶段目标（小学示例）	基本概念，具有解决日常计算问题，应用信息技术进行合作交流的能力，培育计算文化。 1. 美国ET·S标准 4～7岁年龄段计算思维者的成就标准： (1) 学生在开发和采用策略来理解和解决问题，利用技术方法的力量开发和测试解决方案。 (2) 在教育者的指导下，学生识别问题并选择适当的技术工具来探索和找到解决方案； (3) 在教育者的指导下，学生分析年龄适当的数据以找到模式识别和类似之处，以便识别和解决问题； (4) 在教育者的指导下，学生将问题分解为部分并找出解决问题的方法。 (5) 学生了解如何使用技术使任务更容易或可重复，并可以识别真实世界的例子。 2. 美国K-12 CS框架 到5年级结束时，有关"计算系统"的成就标准：	第1阶段（KS1）内容标准： 一学生要理解算法的概念，以及相关算法和命令在数字化工具中是如何有效实施的； 一编制和开发简单的程序； 一使用逻辑推理预测简单程序的实施结果； 一有针对性地使用技术工具创造、组织、存储、应用和索引数字化信息； 一能够认识在学校及学校以外其他地方信息技术工具使用的共同性；	分析、预测和塑造信息系统内部和之间的相互作用以及这些系统对个人、社会、经济和环境的影响。 3～4年级成就标准： 一到4年级结束时，学生描述一系列数字系统（硬件和软件）及其外围设备如何用于实现特定的目的。他们解释如何以不同的方式表示相同的数据。 一学生使用涉及反复和用户输入的算法之简单的方法，设计和实现数字解决方案。他们解释他们在创建数字解决方案时的数字目的。他们应用信息和数字解决方案时的数据。他们处理不同的数据。他们使用商定的协议安全地使用和管理信息系统以识别所需的需求，并描述如何使用信息系统。	一基本生活技能，如判性和创造性思维、协作、沟通和自主学习。	小学的学习表现： 一运算思维与问题解决：能认识常见的资讯科技系统；能使用资讯科技解决生活中简单的问题；能应用运算思维描述问题解决的方法。 一资讯科技与合作共创：能认识常见的资讯科技工具的使用方法；能使用资讯科技与他人合作形成想法与作品。 一资讯科技与沟通表达：能认识与使用资讯科技以表达想法；能应用资讯科技与他人建立良好的互动关系；能认识基本的数位资源整理方法；能利用资讯科技分享学习资源与心得。 一资讯科技的使用态度：能了解资讯科技于日常生活之重要性；能建立使用资讯科技于日常健康的

美国	英国	澳大利亚	新加坡	中国台湾地区
(1) 设备：计算机设备可以连接到其他设备或组件以扩展它们的能力，诸如感测和发送信息。连接可以采取多种形式，例如物理或无线。设备和组件一起形成了为了共同目的而相互作用的相互依赖的部分的系统。 (2) 硬件和软件：硬件和软件一起作为系统来完成任务，例如发送、接收、处理和存储为位的信息单元。位应用作计算机系统中的数据表示各种信息，并且可以表示各种信息。 (3) 故障排查：计算机系统具有相似之处，如使用电源、数据和内存。常见的故障排除策略（例如检查电源可用、检查物理和无线连接是否正常工作以及通过重新启动程序或设备清除工作内存）对许多系统都有效。 3. 美国 K-12 CS 标准 3～5 年级： (1) 在使用或不使用计算设备的情况下，创建并执行包括顺	一合理使用技术，确保个人隐私和息安全，在使用因特网和其他在线工具时能确信所获信息的安全性。			数位使用习惯与态度：能了解并遵守资讯伦理与使用资讯科技的相关规范；能具备学习资讯科技的兴趣。

美国	英国	澳大利亚	新加坡	中国台湾地区
序、循环和条件的算法（一组指令）以独立地和协作地完成任务（算法定义计算—识别和定义计算与程序问题）。 （2）分析和调试（修复）包括顺序、事件、循环、条件，并行行序设计—的算法（算法与程序设计—测试与程序优化）。 （3）建立计算机系统工作原理的模型。[澄清：仅包括计算机系统的基本元素，如处理器、传感器和存储出、处理器、传感器和存储—输入、输出和存储—有关计算的交流）。				

在阶段目标方面,各国/地区设定的阶段等级不完全一致,美国分为四个等级(K—2年级、3—5年级、6—8年级、9—12年级)分别对应小学低年级、小学高年级、初中和高中。英国分KS1—KS4四个阶段,分别对应小学1—2年级、小学3—5年级、初中7—9年级和高中10—11年级。澳大利亚分5个阶段:F—2、3—4、5—6、7—8、9—10,分得比较细。中国台湾地区则与大陆类似,基本上从小学、初中和高中三个年段进行划分。基于不同的划分方式,各国/地区的阶段目标都比较具体,指向性比较明确,直接规定了"学什么"和"如何表现"。例如美国K-12 CS标准临时版从"算法与程序设计"—"识别和定义计算问题"这一概念与实践交叉的点上规定了创建算法完成任务的要求,如3—5年级要求"在使用或不使用计算设备的情况下,创建并执行包括顺序、循环和条件的算法(一组指令)以独立地和协作地完成任务"。这样的细化方式有利于教师对知识技能和实践表现的落实,但也可能因不够灵活导致教师教学的积极性降低。与之相比,英国的阶段目标(KS1)相对比较宽泛,如"学生要理解算法的概念,以及相关算法和指令在数字化工具中是如何有效实施的"。这需要教师在理解内容标准的基础上自主设计教学内容和过程,它在提高教师自主性的同时,也对教师的课程设计能力提出挑战。由此可见,如何通过课程标准实现教育"放权"与"控制"的平衡,是每个课程标准研制过程中都需要面对和思考的问题。

五、课程设置的比较

基础学校教育的课程设置主要包括有"单独学科""综合课程""领域合科"等方式。单独学科是指学校核心课程的单独开设;综合课程则是采用综合项目的方式,将不同类型的知识技能融合入综合实践学习活动中;"领域合科"则是指同一领域不同学习方向的内容组合为一门课程,如设计技术与信息技术组成技术领域。信息技术课程在各国/地区中有着不同的设置方式。表3.1-5对美国、英国、澳大利亚、新加坡和中国台湾地区的课程设置进行了比较。

通过比较发现,信息技术作为新兴知识与技能已逐渐成为学校的一门核心课程,"单独学科"是课程标准实施的一种有效方式。在多数国家和地区,初中和高中的信息科技课程设置为单独学科。而小学的信息技术课程设置表现不一,英国和澳大利亚将小学阶段的信息科技课程设置为单独学科,而在美国、新加坡和中国台湾地区则设置为综合课程,在其他学术学科的情境下通过跨学科进行学习。中国台湾地区从养成小学生使用信息技术的习惯和具备自主学习信息技术的能力的角度出发,建议小学阶段利用弹性学习课程(即综合课程)来实施资讯科技教育,依照学校与学生的特点,规划统整性的专题探究、社团活动与技艺课程或特殊需求课程。综合课程比较关注学生的学习特征和社会需求,更易在实践活动中激发学生思考"为什么学",而不限于引导学生知道"学什么"。单独学科一般善于挖掘学科内容的广度和深度,因此,在不同年段为学生提供多形态的信息技术学习机会,可以实现单独学科教学和课程整合学习的有机融合。

表 3.1–5　课程设置方式的比较

	美国	英国	澳大利亚	新加坡	中国台湾地区
小学	综合课程,在其他学术学科的情境下通过跨学科进行学习,但要达到国家(或州)课程标准要求	单独学科	单独学科	综合课程	综合课程(弹性学习课程),与其他领域进行统整
初中	综合课程或者单独学科。可以通过跨学科学习(学校根据情况决定,但要达到国家(或州)基本要求),也可以在独立的计算机科学课中进行	单独学科	单独学科	单独学科	单独学科
高中	单独学科,多以选修课的方式实施,如分 3A 和 3B 为所有学生和有计算机科学兴趣和专长的学生设置不同水平课程	单独学科	单独学科	单独学科	单独学科

六、教学实施建议的比较

教学实施是落实课程标准的基本途径,一般会以建议或案例形式给出在教学中落实课程理念、课程目标、课程内容的方法、策略等,帮助教师从课程标准文本到课堂教学实践的转化。表 3.1–6 对美国、英国、澳大利亚、新加坡和中国台湾地区的教学实施建议进行比较。

在教学实施建议中,各国/地区普遍使用了许多凸显建构性学习、学生为本的高频词,例如"参与""选择""自主""建构""制作""设计""创意创造""体验""经历""交流""协作""团队合作""问题解决""实践""监测""项目""任务""理解与应

表 3.1－6 教学实施建议的比较

	美国	英国	澳大利亚	新加坡	中国台湾地区
教学实施建议	1. 美国 ET·S 标准 －赋权式学习：激励学生更充分地参与他们自己的教育，允许他们选择他们的学习并鼓励自主学习。 －知识建构：学生批判性地管理各种资源，使用数字工具建构知识，制作用作和他人进行有意义的学习体验。 －创新的设计：学生使用设计过程中的各种技术，通过创建新颖的、有用的或富有想象力的方案来识别和解决问题。 －有创意的交流：学生为达到各种目的，使用与目标相符的平台、工具、风格、格式和数字媒体，进行清晰地交流和创造性地表达自我。 －有效协作：通过与本地或全球的团队有效协作，学生使用数字工具来拓宽视野和丰富学习。 2. 美国 K-12 CS 框架 －计算机科学实践与其他专	－同伴教学法和用于不插电计算机的学习活动。 －编码之前需要规划、阅读和编辑代码的重要性、发挥制作的作用、结对编程（同伴教学）的力量，充分利用调试和反馈之间的联系。	－整合不同主题的内容 －创建方案解决问题 －考虑影响决策的因素 －管理项目和协作	1. 计算机应用大纲 －鉴于计算机应用是一个基于技能的课程，具有大量的实践和基于实验室的工作，因此建议两名教师轮流教授课程的一部分，从而及时向学生提供帮助，并有效地监测学生的学习和进步。 －问题集（Problem Sets）是为教师制定的一套精心设计的任务，它让学生经历中学 1~4 年级的学习目标。问题集中的任务还将让学生获得利发展 21 世纪的能力，如（a）批判的能力；（b）解决复杂、多学科和非常规问题；（c）创造性和创新思维；（d）沟通和合作；（e）对财务负责任的公民责任。 －项目 中学 1 年级和中学 3 年级学生将投入创作动画故事和游戏。这些项目除了加强他们的创造力的提高学习，还将为学生提供渠道。 2. 计算大纲 －编程语言：计算的重点不是学习编程语言。更重要的是强调像计算机科学家一样思考问题、思考如何利用	－小学阶段以"资讯科技应用"为主轴，强调运用资讯科技工具处理生活与学习事务、学习基本运算思维，并养成使用资讯科技的习惯。主要利用弹性学习课程，可规划与其他领域进行统整性或主题统整性的探究性的课程。 －初中阶段以"资讯科技整合与创作"为主轴，强调资讯科技基础知识的学习，以及整合使用资讯科技进行沟通与创作，并以运算思维解决问题。 －高中阶段以"资讯科学内涵"为主轴，强调内化运算思维，从而发展创新思考与团队合作之能力。 －为落实科技领域的跨领域之教学理念，各校可规划资讯科技与生活科技协同教学之方式加深加广选修课程。 －科技领域之教学宜采用各种教学策略，灵活运用适当之教学方法，参考各类教学素材，并采用以学生为中心之教学设计。 －科技领域之教学宜以问题解决或自制作之方式进行，鼓励学生进行自主性、探索式的学习，以实践"设计与实作"与"运算思维"的课程理念。

续表

美国	英国	澳大利亚	新加坡	中国台湾地区
业领域（科学，工程以及数学）的实践交叉。 a. CS + Math b. CS + Sci/Eng c. CS + Math + Sci/Eng -使用"使用-修改-创作"的发展路径支持和深化学生的计算思维体验。			计算机解决问题和思考新的想法。因此，编程是学习和检查自己的思维和理解的手段。 -实践-理论：计算是一种动脑和动手的活动。理论和实践技能都很重要。要理解数据结构、算法和技术等理论，人们需要通过实际任务来应用它们。一旦理论在实践中扎根，人们将更有信心将它们应用于新的问题和情况。这种实践-理论-实践方法将是整个课程中安排学习顺序的关键方法。 -创意团队：为了使学习更具吸引力并鼓励创造力，学生应该获得创造的途径，利用他们所学到的知识和技能来创新和实现他们的想法。在可能的情况下，应鼓励他们提高他们的人际交往技能，沟通能力，自我管理能力和协作能力。	

用""跨学科交叉""统整""主题""探究"等。

除了偏向建构性学习,各国/地区推荐采用的教学方式各具特色。美国 K - 12 CS 框架重视计算机科学与 STEM 各学科实践的交叉、整合,提出了计算机科学与数学(CS + Math)、与科学/工程(CS + Sci/Eng)、与数学和科学/工程(CS + Math + Sci/Eng)几种整合方式,建议围绕抽象、模型、问题、原理、工具、制品展开实践。此外,还建议通过"使用—修改—创作"的发展路径来支持和深化学生的计算思维体验。新加坡针对计算机应用和计算两类不同的学习内容特点,分别提出适切的教与学建议,如建议计算机应用课程由两名教师轮流教授课程的一部分,及时向学生提供帮助,并有效地监测学生的学习和进步。建议计算课程采用"实践-理论-实践"双向互动的教学方法,通过实际任务的应用来促进学生理解计算机科学理论,进而提升学生将理论应用于新问题和情况的信心。中国台湾地区针对小学、初中和高中学生特点和学习内容的差异,分别给出了具体、适切的教学建议,如小学强调养成使用资讯科技的习惯,运用资讯科技工具处理生活与学习事务、学习基本运算思维,初中强调整合使用资讯科技进行沟通与创作,并以运算思维解决问题,高中强调内化运算思维,从而发展创新思考与团队合作之能力。

七、学习评价的比较

学习评价是依据教学目标对学生学习过程及结果进行价值判断并为教学决策服务的活动。一些国家/地区(如新加坡和中国台湾地区)的信息技术课程标准提出了学习评价建议,英国和美国专门设置了与大学入学招生衔接的信息技术考试,在此一并进行比较(如表 3.1 - 7 所示)。

各国/地区均采用了形成性评价和终结性评价两种方式,重视评价的检查、反馈、导向等功能,并综合应用纸笔书面考试、表现性任务或项目、档案袋、课程论文等多种评价手段。英国和美国将信息技术课程的学习评价与大学入学招生衔接,美国的 AP(大学预修)考试和英国的 A-Level 考试成绩已在世界上获得广泛的认可,被包括美国、加拿大、英国等国家和地区的许多大学作为招生入学的标准。2016 年起实施的美国 AP 计算机科学原理课程的评价将贯穿课程的表现性评价和课程结束后的书面考试评价相结合,不仅通过书面客观题考试来考察学生对知识的理解和应用,而且通过设置探究和创建的表现性任务来考察一些在

表 3.1-7　学习评价的比较

	美国	英国	新加坡	中国台湾地区
学习评价	AP计算机科学原理评价有两个部分。第一个部分是贯穿课程的持续性评价(也称为表现性评价),它包括两个绩效表现任务和创建任务效绩。第二部分是课程结束后的AP考试,由单一项选择题和多项选择题组成。所有这些都是终结性成绩评估,每一个成绩会用于计算最终的AP成绩,最终成绩AP成绩使用1-5的5个等级。	完成阶段三和阶段四(KS3和KS4)学习后,学生参加GCSE(普通中等教育证书)ICT考试或计算机科学考试。GCSE计算机科学考试的评价目标包括三部分。AO1:展示对计算机科学的关键概念和原理的知识和理解。AO2:应用计算机科学的关键概念和原理的知识和理解,作出合理的判断;设计、编程、评估和完善解决方案。考试评价的知识理解占80%,非考试评价占20%。GCSE ICT考试的评价目标包括三部分。AO1:回忆、了解和理解ICT的了解和理解。AO2:应用知识,理解和交流他们对ICT的了解和理解。AO3:分析、评估,作出合理的决策方案。AO3:分析、评估和提出结论的判断和提出结论。有大学升学准备的学生参加A-Level计算机科学或ICT考试。A-Level的ICT评价包括外部评价和内部评价,外部评价一般采用论文的形式。A-Level计算机科学评价采取书面考试的形式也包括课程论文和面书面考试。	1. 计算机应用大纲 -计算机应用大纲的重点更多在于技能,因此,评价更加面向任务、基于实验室。 -学校评价的目的是了解学生如何学习和如何能够执行期望他们完成的各种任务,以及确定内容和技能方面的差距。 -书面考试测试学生对所学概念和课程的终结性评价,一般包括书面作业、实验室作业和课程评价。书面考试包括知识(30%),理解(40%)和应用(30%)。课程项目是对所学技能的终结性评价。中学2年级测试创建动画,中学3年级学生设计和开发游戏。 -建议书面考试与基于实验室的工作的比例大约为3:7。 -提供针对不同情况下保持各大约3:7可能的情况下保持各模块的实验室作业。 -提供基于设计,技能和媒体元素的课程项目评价标准。 2. 计算大纲 -基于学校的评价应该在很大程度上是形成性的,以支持学习和教学。这些评价将包括书面测试、书面作业,以及学习和作业和档案袋作业。 -档案袋作业:实验室任务被结构化为支持学习,并且这些任务的扩展可以用以构成档案袋元素和档案袋。 -档案袋作业还可能需要应用先前学习的概念和技能,以及一些个人研究和反思。教师将对档案袋作业和实验室任务进行评价。	-学习评量应包涵科技知识、科技态度、操作技能,并兼具形成性和终结性的评量。 -科技知识方面的评量宜涵盖不同认知层次,评量之设计应以灵活、富创意、情境化与多样化为目标,并尽量以开放式问题训练学生之思辨能力。 -科技态度方面的评量宜涵盖兴趣、态度等不同面向,并透过教师日常观察、学生评量与同侪互评等方法为之。 -操作技能方面的评量宜涵盖不同技能层次,并透过实作测验、专题制作、学习历程档案或专题作业日常表现与行为之考查学生日常表现与习之增进改进。 -统合能力方面的评量宜涵盖设计、创新、批判思考、解决问题团队合作,实作等面向,并透过实地观察、面谈、实作评量、专题制作、学习历程档案等方式为之。

美国	英国	新加坡	中国台湾地区
		—创意途径：学生还将参与数据库项目和网络应用程序的开发。数据库项目和网络应用程序将为学生提供创意渠道，同时发展 21 世纪的能力。数据库项目将单独完成，而网络应用程序将是一个团队项目。	

纸笔书面考试中难以反映的方面。中国台湾地区对学习评价的不同侧面考虑得比较全面,涵盖科技知识、科技态度、操作技能与综合能力,并针对不同评价侧面的特点给出了采用形成性和终结性的不同建议,例如科技知识方面的评价以情境化、开放性为设计思路,训练学生的思辨能力;科技态度方面的评价需通过教师日常观察、学生评价与同伴评价相结合;操作技能的评价需通过实际操作测验、项目制作、学习档案袋并考察学生日常表现与行为习惯;综合能力通过观察、面谈、作品和项目的制作来评价学生的设计、创新、解决问题、团队合作、批判思考等各个方面。新加坡的两门课程(计算机应用和计算)的评价都包括学校评价和国家考试,学校评价采用形成性评价,通常包括书面测试、实验室操作、课程项目和作品档案袋任务等,学生需在课程学习中创建动画、设计和开发游戏、参与数据库项目和网络应用程序的开发。

第 2 节　中小学信息技术教育的取向分析

早在 20 世纪 70 年代,美国、英国等一些国家或地区的中小学在当地大学和研究机构的支持下开设计算机课程,推动学校的信息技术教育开展。同时,由于受不同教育制度和管理方式的影响,国际上教育研究协会和教育管理部门根据专业需求和当地实际状况制定了与之教育理念相符合的信息技术教育标准,指向不同的教育目标,表现出多样性的教育取向。分析国际中小学信息技术教育发展现状,其教育目标取向主要可分为:信息素养、教育技术和计算机教育。

一、信息素养取向的信息技术教育

1. 信息素养教育的历史背景

从历史发展来看,信息素养这一概念是从图书馆检索技能发展和演变而来的。最初它表达的是人们利用传统信息资源(例如图书馆资源)解决日常生活和学习问题的能力。20 世纪 80 年代,随着现代信息技术的快速发展,社会信息量呈几何级数增长,"信息扫盲"成为信息化社会的迫切需要,利用信息技术有效获取信息、评价信息、合理应用信息就成为学校图书馆教育的热点话题。

美国教育督导和课程开发协会（The Association of Supervision and Curriculum Development，ASCD，1991）针对现实需要提出"信息素养应该成为每位学生教育经历的组成部分，各级各类学校都应将信息素养教育综合到日常教学中去"的教育建议。掌握信息技术应用方法，发展学生信息素养成为学校教育的重要内容。

1998 年，美国图书馆协会（American Library Association，ALA）和教育传播与技术协会（Association for Educational Communications and Technology，AECT）联合发布了 K－12 信息素养标准，该标准从信息素养、独立学习和社会责任三方面制定了学生的九类学习目标，丰富了信息素养的技能、态度、品德等方面的内涵。艾森堡（Eisenber，M.）和博克奥兹（Berkowits，B.）博士提出的"Big 6 技能标准"（The Big 6 Library Skills）也得以广泛推广，调研报告显示"六项技能已为美国上千所中小学所采用，在学校课堂和图书馆教学中得以有效地实施"。K－12 信息素养标准的研制和实施推动了美国中小学信息素养教育。

1998 年，英国教育部以立法形式规定所有中小学信息技术课程由原来的选修课程改为必修课程，2000 年发布了信息通信技术的课程标准，将发展学生信息素养、培养学生信息技术能力作为课程的目标，此外，日本作为信息教育开展较早的国家，也强调了学生信息素养的培养，其学校信息教育的目标是培养学生运用信息的能力，对信息的科学理解和参与信息社会的态度（祝智庭，2002）

2. 信息素养教育目标的特征

国际中小学信息素养教育将传统的图书情报技能和现代信息技术结合起来，在要求学生掌握必要的信息技能时，也关注学生信息应用策略、问题解决能力和信息道德的发展。信息素养的教育目标主要表现为信息能力、信息工具、信息责任三个方面。

（1）信息能力是关键内容

信息能力是指学习者应用技术工具获取、分析、重构、发布、评价信息的方法与策略，它以解决问题为主要任务。艾森堡博士在 Big 6 技能标准中将这种能力贯穿于任务确定、策略分析、信息检索与获取、信息应用、信息生成、过程与结果评价的学习过程中。认为"信息能力不同于技术工具的操作技能，如果缺少了应用方法与策略的学习，这些特定的技能也不能为学生提供不同情形下的技术应用迁移，也就无法实现问题的解决"。美国的《21 世纪学习者标准》对学生信息能力的发展也提出了显著的要求，认为学习者要通过技术、资源和工具能够：①探究、批判性思考和获取知识;②分析信息,作出合理决策,并将知识应用于现实情境中,创造新的知识;③与他人共享知识,具有良好的社会民主意识。该标准拓宽了学生信息能力的批判性思维和学习技能,将数字资源、信息技能和技术工具等多元素养(multiple literacies)融入信息素养之中,确保信息应用的合理性和高效性。如同信息素养教育专家格瑞斯安(Grassian, E. S., 2009)所言,"帮助学生利用技术工具处理信息,掌握多元信息应用的方法和策略,提高信息的应用效率,解决现实问题才是信息素养教育的核心所在"。

(2) 信息工具是技术载体

信息技术的快速发展创造了多样的信息处理方式,掌握必要的信息知识与技能是提升学生信息素养的必要条件。美国的《21世纪学习者标准》也认为信息知识与技能影响着学生现在与将来的学习与工作,因此学习过程中应将信息工具与解决的问题结合起来。在技能(skill)指标中要求学生:①要熟练掌握获取信息和探究问题的信息工具;②要能应用信息分析与信息组织的工具;③要能使用知识(knowledge)组织和发布的信息工具;④要能使用收集和共享信息的社会网络和信息工具。此外,从具体知识内容来看,一些教育部门还细化了技能指标,指定相应的技术内容。例如:北达卡他州《图书馆和技术内容标准》要求6～8年级学生能够"创建电子邮件,给电子邮件增添附件""利用网络技术创建一个自己喜欢的读物'播客'""利用在线工具和应用软件对现有文档进行编辑和修改"(North Dakota Department of Public Instruction, 2012)等。虽然这些学习指标的要求规定了相应的信息知识与技能,但并没有构建完整的知识与技能体系;相反,更注重的是信息工具的实用性和有效性,要求学生根据信息处理的现实需要掌握必要的信息知识与技能,反映出信息工具处理问题的载体功能。

(3) 信息责任是教育导向

信息技术渗透到社会环境的各个层面时,它不仅改变着人们处理问题的方式,也创造着全新的社会生态环境。因此,理解该环境中各个要素的相互关系、遵守信息社会的法律法规、表现出良好的信息道德是每位社会成员的基本责任。《21世纪学习者标准》的研制团队将信息应用的伦理行为(ethical behavior)作为一项重要设计理念,在"内容标准"中明确指出在变化莫测的信息化世界中,学生要有多元文化视角,依据社会信息伦理收集和处理信息,负责任地、安全地使用信息工具。强调学生要:①尊重他人的知识产权;②通过多元视角进行信息收集和评价;③信息收集与应用过程中,要遵守信息伦理和法律准则;④在团队学习过程中,与他人交流与共享个人信息;⑤负责任地使用信息技术。基于这样的要求,一些教育部门还专门制定了信息责任的表现性标准。例如,2010年马里兰州《学校图书馆媒体课程标准》规定8年级学生要能"遵循技术应用的规定和相关文件拷贝的法律,正确引用他人资源,将'引用说明'作为个人作品中的重要组成部分,为学习团队贡献个人力量"等信息责任。可见,为了维护信息化社会秩序,建立良好的数字化环境,培养学生的信息责任是必不可少的导向性目标。

3. 信息素养教育目标的实施

分析国际上的课程框架和学习标准,可以发现在20世纪90年代和21世纪的第一个十年信息素养教育在国际上得到广泛的开展。美国、英国、日本还将信息素养教育以学校课程的方式予以实施,制定与信息素养相对应的教育标准,督促学区(校)信息素养教育的开展。例如,美国北达卡他州《图书馆和技术内容标准》从信息查询、媒介技术、个人学习和成长、信息和技术的应用责任四个方面设计了信息素养的表现性指标。英国2000年的信息通信技术课程标准强调了学生四个方面的发展:①发现知识;②发展思维;③交流和共享信息;④审查、修改和评价工作(祝智庭,2002)。从实施层面来看,学校信息素养教育主要表现为三种方式。其一,资源导向。学校图书馆通过分发《应用手册》、张贴《壁报栏目》等形式提供图书馆内的信息技术应用说明,学生利用这些资源自主学习信息处理方法与策略,提升个人信息素养。其二,研究性学习。学区教育管理部门分解信息素养课程标准,将其融入到数学、语言艺术、社会科学等学科中。学科教师依据标准设计研究性课程,通过研究性学习发展学生信息素养。其三,独立课程。图书馆管理人员或技术教师为学生开设独立的信息素养课程,从教学目标、教学内容、组织活动、学习评价等方面安排教学过程,通过课程教学的方式达成信息素养教育目标。在实际操作中,这三种实施方式都指向"学生信息素养发展,希望学生能够使用包括图书馆在内的各种信息资源解决现实问题,在信息化社会中更好地生活"。(Grassian, E. S. Kaplowitz, J. R. , 2009)

二、教育技术取向的信息技术教育

1. 面向学生的教育技术发展历程

20世纪90年代信息技术的快速发展推动了信息技术与课程的整合,很多学者认识到技术对教育改革和学生学习的潜在力量,呼吁学校强化教育技术的开展。1998 年,为引导学校建立以技术为支撑的学习环境,发展优质教育,美国国际教育技术协会(ISTE)研制了《面向学生的教育技术标准(ET·S)》。该标准从基本操作与概念,社会、道德与人文方面的关系,技术作为提高学习效率的工具,技术作为交流的工具,技术作为研究的工具,技术作为解决问题与决策的工具等六个方面提出学生应具备的学习技术素养,用以推动信息技术与课程的整合,实现一种学习活动满足两套标准的意图。2008 年该协会对此标准进行了完善和修订,突出技术应用和创新的新理念,希望通过数字化教学环境发展学生创造性、批判性思维和合作精神。国家层面的教育技术标准的研制和发展促进了美国学校信息技术与课程整合的规范化和制度化,确保了"每一间教室都能连上信息高速公路,所有学生都能在课堂中应用现代信息开展学习"(祝智庭,2002)教育目标的落实。

2. 面向学生的教育技术目标的特征

《面向学生的教育技术标准》的实施进一步推动了学校数字化学习环境的建设,在保持必要的信息技术知识与技能时,凸显技术创新与批判性思维的重要性。技术创新、数字化环境、技能与概念成为教育技术标准的关键词。

(1) 技术创造与革新是关键内容

技术创造与革新是指学生通过教育技术获取信息,综合思考、建构知识、开发作品的过程。"创造是信息分解和新观念碰撞的过程,革新是内容过滤与知识形成的过程,创造与革新的往复循环是新知识产生和社会发展的内在动力。"(Gurteen, D., 1998)可见,从知识转化过程来看,"知识"并不能简单地等同于"信息",信息收集也不能等同于知识的形成。学习过程中学生不仅要利用教育技术获取信息,还要利用教育技术分析信息、创新知识。2008 年版的 ET·S 标准将"创造与革新"放在突出位置,学生在技术支持下要能够:①应用现有知识生成新的观念、作品和过程;②以个人或团队的方式创作原创性作品;③通过模型或仿真的方式探究复杂系统和问题;④判断变化趋势、进行可能性预测。此外,为了更好地实现上述标准,教育技术协会还设计了不同年龄段学生"创造和革新"的表现性指标。例如,在 3～5 年级学生要表现出能够利用数字图片技术创造艺术作品,进行展示;9～12 年级的学生要能够设计、开发和测试与其他课程内容相关的学习游戏,设计符合要求的资源网站等。从上述分析可以看出,修订版的《面向学生的教育技术标准》超越了传统的学技术和用技术学的目标框架,应用信息技术创造与革新已成为关键内容。

（2）技术知识与应用是重要条件

现代教育技术发展彻底改变了传统的学习系统，数字化工具融入到教学的设计、开发、利用、管理和评价的各个环节，全新的学习环境对学生的技术素养提出全新的挑战。ET.S教育技术标准从交流与合作、研究与信息通晓、技术操作与概念三个方面强调了技术知识与应用。交流与合作要求学生能够应用数字化媒体和环境（包括远程学习环境）进行合作与交流，支持个人学习和帮助他人学习；研究与信息通晓目标指出学生能利用数字化工具收集、评价和使用信息；技术操作与概念强调学生要理解基本的技术概念、系统和操作方法。在具体表现方面，美国一些州在"国家教育技术标准"的基础上制定了具体的表现性标准。例如，亚利桑那州教育技术标准要求8年级学生能够"应用信息搜索策略，定位和分析信息，正确评价和使用权威（authoritative）信息以及二次处理信息"，"解释技术系统整合信息的过程，包括输入、输出和网络设备，定义和应用相关的技术术语知识"等。（State of Arizona Department of Education, 2009）显然，从信息技术在教育教学中应用角度来看，教育管理部门认识到在充满数字化技术的学习环境中，学生必须要理解这种学习环境，掌握必要的技术知识，将这种技术有效地应用于学习过程中。

（3）技术环境与数字公民是教育导向

尼葛洛庞蒂（Negroponte, N.）认为信息时代是一个数字化的世界，技术的普及与大众化使得每一个公民都不可避免地被裹挟于数字化洪流中。在这种形势下，理解数字化环境，批判性地认识信息时代中的各种现象也就成为教育技术的重要导向。NETS·S标准也充分注意到技术环境与数字公民的意义，建议学生在数字化学习环境中批判性地开展学习研究，管理项目、解决问题，深入理解人、技术、社会的关系，安全、守法、负责任地使用信息与技术。具体表现为在使用信息技术选择、获取和引用资源时，表现出合乎社会法规和伦理道德的行为，积极讨论当前技术对个人、社会和全球社区的影响等良好的数字化社会公民行为。可见，当数字化技术拓宽学校教育空间、将其延伸至整个社会环境时，教育技术目标就不应局限于帮助学生学习知识、解决问题，甚至也不应局限于创造与革新的层面上，还需要帮助学生理解技术与人类不断发展的关系，引导学生积极地、负责任地生活在数字化环境中。

3. 面向学生的教育技术目标的实施

2008 年 ET·S 教育技术标准公布后,美国的科罗拉多、亚利桑那、内华达、爱达荷、路易斯安娜等州教育部纷纷采纳此标准,并依据该标准制定州教育技术标准和表现性标准,用以推进数字化教学环境的发展。其中,爱达荷州 12 年级"交流与合作"的表现性标准就明确要求学生能够利用数字化技术与媒体跟他人交流和合作,确定问题、交流观点、作出决定、解决问题。在具体落实上,"课程整合"是教育技术实施的主要方式。国家和地方教育部门都倡导学校将教育技术标准融入至语言艺术、科学、数学、社会等课程中,发展学生利用信息技术创新学习的能力。例如标准中"当地鸟类的网站导航"整合教学案例,教育技术学习目标为"学生要利用多种教育技术资源,收集、综合信息,利用技术工具制作和演示最终作品";科学学科教育目标为"学生要根据鸟的行为动作、体型、歌声、颜色、栖息地和所需的食物,识别出 20 种或更多当地的鸟,评价当地鸟类的生活状况以及野生鸟的健康状况"。通过整合课程,两类教学目标在学习过程中同时达成,技术已不只是单纯的学习工具,像其他学科知识一样,成为学生需要理解和掌握的学习内容。

三、计算机科学取向的信息技术教育

1. 中小学计算机科学教育的发展过程

20 世纪 60 年代计算机技术的发展促进了国际中小学计算机教育的兴起,一些计算机教育专家认为程序设计语言可以帮助儿童理解现实世界,构建认知模型,在形式思维具体化过程中发展学生个人的组合思维(Combinatorial Thinking)。西摩·佩伯特(Seymour Papert)还通过 LOGO 语言让学生尝试绘制几何图形,帮助学生思考解决问题的过程,设计解决问题的模型,验证解决问题的方法。程序设计成为当时计算机教学的主要内容。计算机教育学家叶尔肖夫在《程序设计——第二文化》中也指出"现代人除了传统的读写算能力以外,还应该具有一种可与之相比拟的程序设计能力",这就是说具有第二种文化——程序设计文化;而教学计算机程序设计可以帮助人们从小培育一种程序设计意识与能力;也就是说教学计算机程序设计可以培育计算机文化(王吉庆,1999)。90 年代初,微型计算机逐步应用于社会工作的各个岗位,学校计算机教育的目标也发生了转向,以计算机基础知识和软件应用为代表的实用操作性内容更受学生的欢迎,计算机应用成为主要的教学目标。但是也存在着过于偏重计算机软件操作与应用,忽视计算机学科知识技能体系和计算思维教育的偏差。一些教育学者明确提出"计算机科学教育应该像物理、数学等学科一样保持完整的知识技能体系"(ACM&CSTA,2010)。2011年美国计算机教师协会(CSTA)和计算机协会(ACM)在全美中小学计算机教育调研基础上研制了"K-12计算机科学教育标准",从计算思维,合作,计算实践与编程,计算机和交流设备,社区、全球化和伦理影响等五个方面制定了不同学段学生需要达成的计算机学习标准,并建议以"核心课程(core course)"的方式在中小学开设计算机科学教育。2015年澳大利亚在其《国家数字技术课程标准》中,也提出发展学生计算思维,要求学生能够"掌握组织数据、分解问题、解释模型、设计和实施算法等方法,具备设计和实施解决问题的方案,利用数字化工具实施方案,解决问题的能力"(Australian Curriculum Assessment and Reporting Authority,2015)。

2. 中小学计算机科学教育目标的特征

(1) 计算思维是核心观念

计算思维是指人们运用计算科学的基本方法进行问题求解、系统设计,以及人类行为发展的一系列思维活动。数据抽象、模型建构和自动化处理是计算思维的内在本质(Wing, J. M. 2006)。近年来随着计算机应用的普及,人们已经真实地生活在一个程序设计的世界里,为了更好地感知、理解和生存于此世界中,其社会成员就有必要具有如同"读、写、算"能力一样重要的计算思维能力。2011年美国计算机教师协会研制的"K-12计算机科学教育标准"将计算思维放在核心地位,依此设计学生的表现性标准。例如3~6年级学生的计算思维能力要达成:①理解利用算法解决问题的基本步骤(例如,问题陈述和探究、样本检测、设计、实施和测试等);②通过"不插电计算机练习"(computer-free exercise,不插电计算机)来理解算法的基本概念;③说明怎样用一串比特代码来表示数码信息;④当讨论一个大问题时,能够将其细化为一系列小问题;⑤理解计算机和其他领域的联系。显然,随着以结构分析、嵌入模型、转化和仿真为特征的计算方法渗透到人们生活与学习的方方面面,计算机教育也就超越了传统的计算机基本知识与技能的学习,发展学生计算思维、设计利用计算机解决问题的方案、通过计算机验证与修订方案也就显得非常重要。

(2) 计算机知识与技能是内容体系

计算机科学作为一门学术学科,需要具备固有的知识技能体系,理解计算机科学特有的概念和技能就成为发展学生计算思维的前提和基础。"K‐12 计算机科学教育标准"以计算机实践与编程和计算机与交流设备两个模块对知识与技能的学习做了系统化的要求,例如,6~9 年级计算机实践与交流模块中要求学生能够达到:①理解算法,说明它们的实践应用;②应用程序语言(例如,循环、条件、变量、函数等)实现问题解决方案;③收集和分析计算机程序多次运行所产生的数据。在计算机与交流设备模块中则要求学生应能够熟练操作键盘和输入、输出设备;理解计算机普及和计算机的日常应用,应用原理策略判断技术使用过程中硬件和软件出现的简单问题等内容。分析上述内容可以看出"K‐12 计算机科学教育标准"构建了一个完整计算机软件和硬件系统的知识技能体系,该体系像数学、物理学科一样,有着自己独特的核心概念和技能体系,并希望通过知识与技能的学习发展学生的计算思维,促进学生智力发展。

(3) 计算机与社会伦理道德是文化内涵

计算机技术的广泛应用加强了计算机社会文化的形成。网络安全、软件版权、技术行为都对传统的社会道德和法律秩序产生了巨大的冲击。帮助学生理解计算机与个人、社会的关系,养成正确使用计算机的良好习惯也是繁荣计算机文化、推动和维护良好社会秩序的一种有效手段。"K‐12 计算机科学教育标准"以社区、全球化、社会伦理道德模块设计了计算机伦理道德的教育目标。例如,6~9 年级的表现性标准为:①能够合法、有道德地使用信息和技术,理解误用信息技术所产生的后果;②论述信息技术知识的变化,以及这些变化对教育、工作和社会的影响;③分析计算机对人类文化的消极和积极影响;④描述与计算机和网络相关的伦理道德问题;⑤讨论因为计算资源在全球经济分布的不平等而引发的一系列问题(例如:平等问题、接触信息问题、权力问题)。上述内容反映了计算机、人、社会三者相互作用产生的社会文化,以及这种文化对人类生存发展的影响。事实上,人们应用计算机解决问题的过程中,势必会影响到整个人类社会的生活环境,甚至由于计算机自动化的高度发展,导致人类行为被计算机控制的潜在危机。因此,计算机教育就需要引导学生理解计算机给整个社会带来的全方面的影响(包括正面的和负面的),认识到计算资源的平等、权力、规则、义务等问题,养成良好的计算机应用习惯。

3. 计算机科学教育目标的采纳与实施

"K‐12 计算机科学教育标准"是美国计算机教师协会 2011 年发布的计算机教育标准,其采用情况和实施程度还没有一个完整统计。当前弗吉尼亚、马萨诸塞、纽约、田纳西等州都制定有计算机教育标准,并将其纳入到学校核心课程之中。2012年弗吉尼亚州修订了新的计算机技术标准,从基本知识与操作、社会和伦理问题、应用技术解决问题的能力、技术交流与研究工具等方面规定了学校计算机开展的基本要求。从落实情况来看,不同学区采用不同的学习方式。"K-12计算机科学教育标准"分阶段设计了教学实施过程,建议在K-6年级,学校可将相应的学习内容设计成探究性活动,嵌入到社会科学、语言艺术、数学和科学中。7~9年级,学校可以根据情况设置独立的计算机课程,也可以将它们整合到其他的课程领域中。10~12年级则以必修课的方式来达成学习目标。近年来,随着美国教育部门加大对科学、技术、工程、数学教育(STEM)投入,"K-12计算机科学教育标准"的制定与发布一定程度上也推动了美国中小学计算机教育的开展。2013年英国教育部将中小学信息技术通信课程改为"计算"(Computing)课程,强调学生的计算思维教育,在修订后的课程标准中指出"计算课程的核心内容是计算机科学,在这门课程中学生学习信息与计算的原理,数字系统如何工作以及如何通过编程使得这些知识得以使用。基于这些知识与理解,让学生运用信息技术创造程序、系统等。计算教育也能确保学生具备数字素养,让学生应用并通过ICT表达自己的想法,使他们能达到一定的水平以适应未来工作,并成为数字社会的积极参与者"。

四、三种信息技术教育取向的比较分析

信息素养、教育技术、计算机科学分别从不同的视角诠释学校信息技术的内涵。虽然三者都强调以计算机与网络技术为代表的数字化技术对学生发展的作用,但侧重点各不相同。从知识本体来看:信息素养关注的是利用技术处理不同形式的信息,信息系统是信息素养的本体对象;教育技术强调的是通过技术达成学生学习的预期结果,信息技术与课程整合是其研究的主体内容;计算机科学将计算机系统作为该课程的学习对象,计算机知识技能是该系统的显性内容。从能力发展来看:信息素养强调信息的定位、获取、分析、评价、发布的能力;教育技术凸显以协同合作、互动交流、批判性思考为代表的解决学习问题能力;计算机科学则以发展学生独特的"计算思维"为己任。从情感方面来看,三者都强调了技术、人与社会的关系,培养合格的信息化社会公民是它们共同的教育导向。表3.2-1是三者教育目标取向的分析与比较。

表 3.2-1 信息素养、教育技术、计算机科学三种教育取向的比较分析

目标取向	学习内容	能力发展	情感态度
信息素养	信息系统	信息处理与应用能力,包括:信息的定位、获取、分析、评价、发布等	理解"技术、人、社会的关系",形成良好的技术伦理与道德行为
教育技术	整合系统	问题解决能力:包括协同合作、互动交流、知识创新等	
计算机科学	计算机系统	计算思维:包括数据抽象、模型建构和技术实现等	

综上,当前国际中小学信息技术教育是一个目标取向多样的教育领域。各行业协会、各州教育管理部门可以根据现实需要制定和采纳相应的教育标准,设置不同的教学组织方式。这在一定程度上增强了地方课程设置的灵活性,有利于促进社会多样性人才的培养。但是这也容易产生区域性技术教学差异,甚至出现数字化"鸿沟"(gap)的问题(ACM&CSTA,2010)。因此,在借鉴国际信息技术教育经验时,还需要从其历史的、地方需求的角度来考虑信息技术教育标准的现实性、可行性和优越性,以及存在的教育偏差,避免片面理解和盲目跟从,掉进"拿来主义"的陷阱。

第四章

信息技术教育的发展特征与前沿成果

本章主要分析了世界各国/地区中小学信息技术教育变革的主要趋势和特征,剖析了世界各国/地区中小学信息技术教育变革的时代背景、教育现状和思考,还从推进我国中小学课程改革的角度提炼了借鉴各国/地区有益经验的启示。

第 1 节　国际中小学信息技术教育发展特征

综合世界各国/地区对中小学信息技术课程标准的修订和各种教育改革举措,当前国际中小学信息技术教育变革呈现如下趋势和特征。

一、界定核心概念,凝练关键能力

一门充分发展的学科应有其独特的核心概念、逻辑结构和表达方式,以此反映学科的本体价值。近期世界各国/地区修订的有关中小学信息技术学科的课程标准(或框架、纲要)不再只关注学科逻辑结构本身,而是从学科核心概念和学生核心实践表现的双重视角去呈现信息科技学科的本体价值。例如,2016 年秋季生效的美国 AP(大学预修)计算机科学原理课程框架、2016 年美国 K - 12 CS 框架(Computer Science Framework)和 2016 年中国台湾地区资讯科技课程纲要都从核心概念和实践表现两个维度建构了信息科技学科的整体逻辑结构和学生所应具备的关键能力,如图 4.1 - 1 所示。

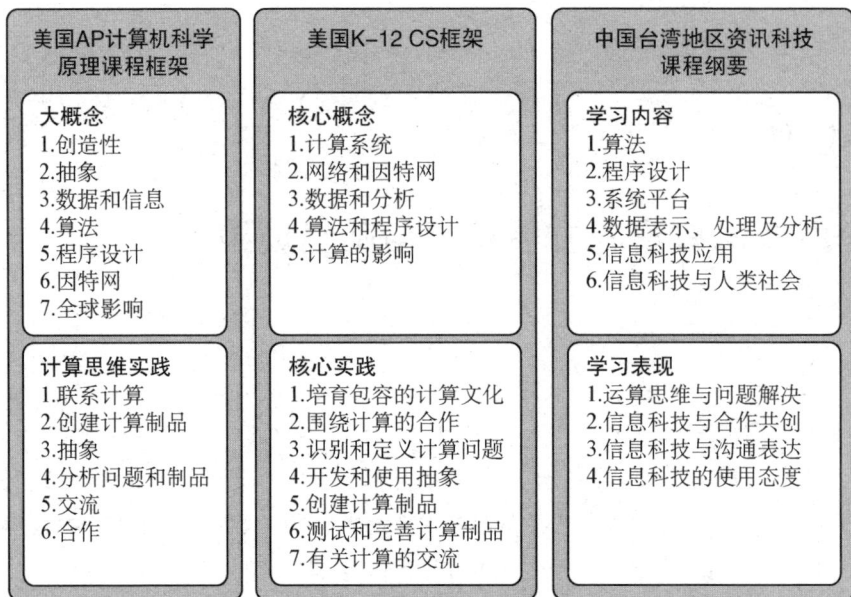

美国AP计算机科学原理课程框架	美国K-12 CS框架	中国台湾地区资讯科技课程纲要
大概念 1.创造性 2.抽象 3.数据和信息 4.算法 5.程序设计 6.因特网 7.全球影响	**核心概念** 1.计算系统 2.网络和因特网 3.数据和分析 4.算法和程序设计 5.计算的影响	**学习内容** 1.算法 2.程序设计 3.系统平台 4.数据表示、处理及分析 5.信息科技应用 6.信息科技与人类社会
计算思维实践 1.联系计算 2.创建计算制品 3.抽象 4.分析问题和制品 5.交流 6.合作	**核心实践** 1.培育包容的计算文化 2.围绕计算的合作 3.识别和定义计算问题 4.开发和使用抽象 5.创建计算制品 6.测试和完善计算制品 7.有关计算的交流	**学习表现** 1.运算思维与问题解决 2.信息科技与合作共创 3.信息科技与沟通表达 4.信息科技的使用态度

图4.1-1　不同课程标准中的学科核心概念和学生表现的关键能力

　　关于信息技术学科核心概念和学生实践表现的内涵和价值,世界各国/地区的课程文件都予以了说明,阐明了它们在学科中的侧重点。美国 AP 计算机科学原理课程框架规定了课程的整体架构,即大概念(Big Idea)和计算思维实践(Computational Thinking Practices)。课程的主要学习领域要围绕七个大概念组织起来,它们包含了学习计算机科学的最基本概念。所有这些大概念对未来大学课程学习和各种计算/STEM职业发展来说,都是最基础性知识。强调这些关键的大概念有助于学生建立稳固的理解,并灵活使用计算和计算思维。计算思维实践捕获到了在期望学生达到的能力水平上计算机科学家所参与工作的重要方面。计算思维实践有助于学生协调和理解完成任务和达成目标的知识。学生可以通过开发计算制品和分析表示计算应用的数据、信息或知识来投入到课程内容的学习中,例如学生使用计算工具分析和研究数据,使用大型数据集来分析、可视化和从趋势中得出结论。美国 K-12 CS 框架指出,可以通过概念(Concepts,即学生应该知道什么)和实践(Practices,即学生应该做什么)的镜头来阐明计算机科学的大观念。框架的核心概念代表计算机科学领域的主要内容领域。核心实践代表具有计算素养的学生用来充分与计算机科学核心概念互动的行为。

中国台湾地区中小学资讯科技课程纲要从学习内容和学习表现两个维度规定了课程的学习重点,学习内容是依据信息科技学科的基本内涵确定,并随着信息科技潮流和未来发展趋势而调整,主要包括资讯科技领域中的重要事实、概念、原理原则、技能、态度等内容。学习表现为非内容的维度,是依据信息科技课程理念来确定的,指学生在核心素养(知识、技能、情意、能力)方面的具体表现,即通过资讯科技理论与应用培养学生高阶思考能力与重要关键能力的方面(包括计算思维能力、问题解决能力、团队合作能力、创造力和沟通表达能力),以帮助学生应对 21 世纪生活与职业的挑战。

除了说明信息技术的学科核心概念和学生实践表现的内涵外,世界各国/地区的课程文件还对两者的关系进行解释,强调了它们之间的联系和整合。美国 AP 计算机科学原理课程框架指出,概念与实践的整合性理解可以被应用于学生未来对计算机科学的研究,并为学生成为接受良好教育和明智的社会公民(即理解计算机科学如何影响人类和社会)提供途径。美国 K-12 CS 框架也指出,概念和实践需要整合,为与计算机科学互动的学生提供真实的、有意义的体验。美国 AP 计算机科学原理框架认为计算思维实践与大概念同等重要,因此围绕七个大概念制定的每个学习目标都会标记对应的计算思维实践,将大概念与计算思维实践直接联系在一起。例如,"大概念 1——创造性"下的第一个学习目标(学生可以使用计算工具和技术来创建制品)被标记为 P2,表示该目标与"计算思维实践 2:创建计算制品"紧密关联。美国 K-12 CS 标准临时版也延续了这个思路,它参考美国 K-12 CS 框架所框定的五项核心概念和七项核心实践来制定各个年段的课程标准内容,每个标准内容都对应具体的概念与实践。如表 4.1-1 所示。

表 4.1-1　美国 K-12 CS 标准临时版中节选的 K-12 年段标准内容

年级	标准标识符	标准内容	框架-概念	框架-实践
K-2	1A-A-3-7	建构和执行包括顺序和简单循环的可以完成特定任务的算法(一组指令),以独立和合作方式完成,使用计算设备或者不使用计算设备。	算法和程序设计	识别和定义计算问题
K-2	1A-I-7-15	比较和对比有关计算技术改变和改善人们生活、工作和互动方式的例子。	计算的影响	有关计算的沟通

年级	标准标识符	标准内容	框架-概念	框架-实践
3-5	1B-D-5-13	通过使用计算机操作(例如,排序、汇总、求平均、图表、绘图)和分析数据来回答问题,数据可由班级或同学收集。	数据和分析	创建计算制品
3-5	1B-N-7-20	创建强密码的例子,解释为什么应该使用强密码,展示个人密码的适当使用和保护。	网络和因特网	有关计算的沟通
6-8	2-C-7-11	证明所选的用于完成任务(例如,比较平板电脑和桌面电脑的特征,在搭建机器人或开发移动应用中选择使用哪个传感器和平台)的硬件和软件是合理的。	计算系统	有关计算的沟通
6-8	2-C-6-13	使用系统化的过程来识别个人和联网设备中的问题来源(例如,遵循故障排除流程图,修改软件后,观察硬件是否工作,重启设备,检查连接,替换工作的组件)。	计算系统	测试和修改
9-10	3A-A-2-1	以团队协作的方式设计和开发一个软件制品。	算法和程序设计	合作
9-10	3A-A-5-4	设计、开发和实现一个对某个事件作出响应的计算制品(例如,响应传感器的机器人,响应文字消息的移动应用,响应广播的角色)。	算法和程序设计	创建计算自评
11-12	3B-A-4-13	比较和对比基本的数据结构及其应用(例如,列表、地图、数组、堆栈、队列、树和图)。	算法和程序设计	开发和使用抽象
11-12	3B-D-1-28	针对不同类型的问题使用各种数据收集技术(例如移动设备 GPS、用户调查、嵌入式系统传感器、开放数据集和社交媒体数据集)。	数据和分析	培育包容性的计算文化

(注:标准标识符的编码含义:年级层次-概念代号-实践序号-标准序号)

二、实现学段衔接，开展一体化课程设计

曾经被视为高深难学的计算机科学随着操作应用工具的门槛降低（例如编程工具以可视化图块拖拉式操作）和社会众多领域对计算机科学人才需求的日益高涨，在基础教育领域普及计算机科学已成为信息科技教育领域的热点和趋势。英美两国在这方面走在世界前列。英国教育部 2013 年 9 月推出的计算（Computing）课程标准，它要求每个英国孩子都从小学起学习计算，并建立了小学、中学一体化的课程标准。从学校课程发展来看，这是独特的、有远大目标的、世界领先的一步，它适应了数字时代的需求。计算课程以计算机科学为核心，将数字素养、信息技术应用融入其中，加强调编码、算法思维和计算机科学，而不只是数字素养、打字或基本软件技能，英国教育部期望为本国的中小学生提供高质量的计算教育，让他们在学习和生活中使用计算思维和创造力（creativity）来理解和改变世界。

之后，美国也积极筹划在中小学普及计算机科学，从小学开始就加强计算机科学的教育。2016 年年初美国白宫提出了"全民普及计算机科学"倡议（CS for ALL initiative），旨在让全美各地的学生均有机会在校学习既严谨又引人入胜的（serious and engaging）计算机科学。计算机科学已经成为一种经济机遇与社会流动所必需的新的基本技能。这项倡议主要包括两个方面。第一，加大计算机科学教育的投资力度。为全美教育斥资 40 亿美元以及将总统预算的 1 亿美元直接用于美国 K‑12 教育中的教师计算机科学培训，以扩大优质的教学资源，并建立有效的区域合作关系。第二，鼓励多方参与，拓展计算机科学教育覆盖面。呼吁更多的美国州长、市长、教育界领导、首席执行官、慈善家、创意媒体与技术专业人士等参与"全民普及计算机科学"倡议。

在世界各国推广计算机科学教育的过程中，美国非营利机构 Code. org 的影响力首屈一指，它在每年 12 月 5—11 日美国计算机科学教育周（Computer Science Education Week，简称 CSEdWeek）期间组织的"编程一小时"（Hour of Code）活动不断掀起一波全民学习计算机科学、学习计算机编程的全球性热潮，激励世界各地中小学生对计算机科学感兴趣、体验编程以改变世界的乐趣。

三、明晰学科方法,凸显计算思维

自从 2006 年美国卡内基梅隆大学前计算机系主任周以真教授(Wing,J. M.)提出计算思维(computational thinking)的概念以来,世界上很多国家/地区和相关教育机构都积极深入地研究基础教育领域内计算思维的定义、构成要素、培养途径、实施路线图、评价量表等,相继提出了各种计算思维框架,不断使计算思维的概念日益明晰,操作性更强。

为了便于计算思维在中小学中推广和实施,2011 年美国国际教育技术协会(ISTE)联合计算机科学教师协会(CSTA)基于计算思维的表现性特征,给出了一个操作性定义:计算思维是一种解决问题的过程,该过程包括明确问题、分析数据、抽象、设计算法、评估最优方案、迁移解决方法六个要素。除了明确计算思维的六个解决问题过程要素外,ISTE 和 CSTA 还提出了五个支持和增强解决问题技能的倾向(dispositions)和态度:处理复杂性的自信心、解决难题的坚持力、对歧义的容忍度、处理开放性问题的能力、与他人沟通和合作以实现共同目标或解决方案的能力。这六个解决问题过程要素以及五个倾向和态度共同构成了ISTE-CSTA 版的计算思维框架。

2014 年英国学校计算工作小组(CAS)推出了由计算思维概念构成的计算思维框架。计算思维概念包括:逻辑推理、抽象、评价、算法思维、分解、泛化(模式)。2015 年这个计算思维框架又增添了计算思维方法,计算思维方法包括:反思、编码、设计、分析、应用。CAS Mark 版计算思维框架首次把利用计算机解决问题的学科基本概念与实践方法整合在一起。在借鉴 CAS Mark 版计算思维框架的基础上,2014 年 CAS Barefoot 网站结合小学计算课程的特点,提出了包含六个概念和五个方法的计算思维框架,如图 4.1-2 所示。该计算思维框架结构清晰,将概念理解与实践表现相结合,使用简洁的术语和说明,操作性强,便于教师理解和应用。

英国广播公司 BBC 面向教育的 Bitesize 网站把计算思维归纳为四个关键技术(基石),如图 4.1-3 所示。具体说明如下:

① 分解-将复杂的问题或系统分解成更小,更易于管理的部分

② 模式识别-寻找问题之间和之内的相似性

③ 抽象-关注重要信息,忽略不相关的细节

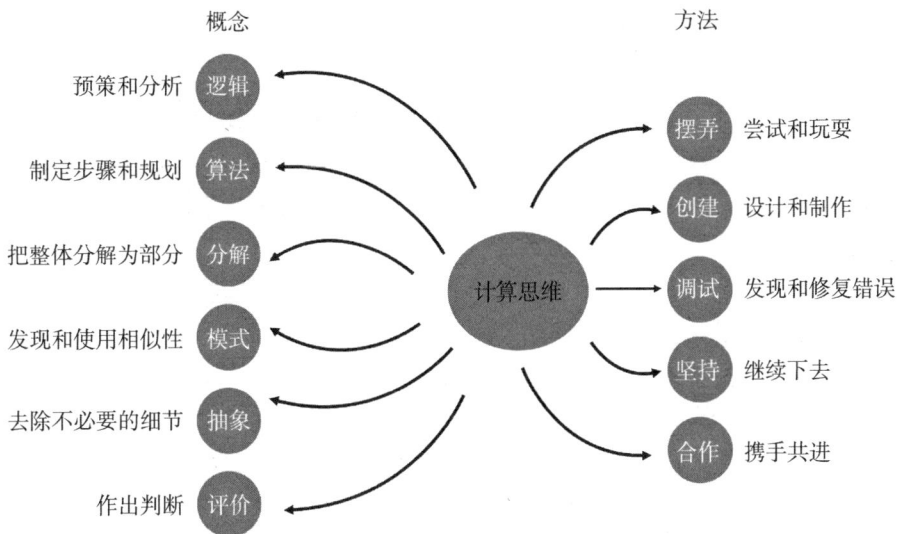

图 4.1-2　计算思维的概念与方法(英国 CAS barefoot 版)

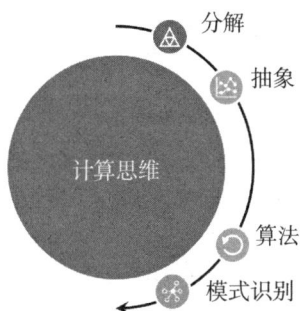

图 4.1-3　Bitesize 网站的计算思维四基石

④ 算法-为问题开发一个一步一步的解决方案,或者解决问题的规则

谷歌公司在其面向教师的探索计算思维(Exploring Computational Thinking)在线课程中,提出了包括 11 个计算思维概念的计算思维框架,这些计算思维概念的术语和定义如下。它把计算机科学家解决问题的主要思维过程与方法完整地进行梳理和归纳。

① 抽象:识别和提取相关信息以定义主要想法;

② 算法设计:创建用于解决类似问题或执行任务的有序指令序列;

③ 自动化:让计算机或机器做重复性任务;

④ 数据分析：通过查找模式或发展洞察力来了解数据；

⑤ 数据收集：收集相关的数据；

⑥ 数据表示：用适当的图形、图表、文字、图像来描述和组织数据；

⑦ 分解：将数据流程或问题分解为更小、可管理的部分；

⑧ 并行处理：为更有效地达到共同目标，同时处理来自于较大任务中的小任务；

⑨ 模式泛化：创建模型，规则，原理或观察模式的理论，以测试预测结果；

⑩ 模式识别：观察数据中的模式，趋势和规律；

⑪ 模拟：开发一个模型来模仿真实世界的过程。

MIT 媒体实验室终身幼儿园小组在成功推广 Scratch 图块化编程工具的同时，也致力于研究和开发促进交互媒体设计的计算思维框架，它包括三个关键维度，即计算概念、计算实践和计算观念(Brennan, K., & Resnick, M., 2012)。MIT Scratch 版计算思维框架以编程学习为核心，融合了概念、实践和观念三个维度，可以近似对应国内的三维目标(知识与技能、过程与方法、情感态度与价值观)，操作性比较强，如图 4.1-4 所示。

计算概念	计算实践	计算观念
• 设计者在编程时所使用的概念 • 顺序、循环 • 并行、事件 • 条件、运算符 • 数据	• 设计者在编程中所发展的实践 • 实验和迭代 • 测试和调试 • 再利用和再创作 • 抽象和模块化	• 设计者形成的有关他们身边世界和他们自己的观念 • 表达 • 联系 • 质疑

图 4.1-4　MITScratch 版计算思维框架

除了关注计算思维的定义和构成要素，世界很多国家和组织也研究和开发了计算思维的发展路径和评价工具。2011 年美国 Irene Lee 等人提出在丰富的计算环境下使用三阶段进展模式——"使用—修改—创作"(Use-Modify-Create)来支持和深化学生的计算思维体验(Lee, I., Martin, F., Denner J., 2011)(如图 4.1-5 所示)。该模式充分认识到脚手架(scaffolding)对促进计算思维的获得和发展的作用。在使用阶段，学生是他人创作作品的消费者。例如，学生使用现有的计算机模型开展实验、运行控制机器人的程序或者玩现成的计算机游戏，随着时间的推移，他们开始修改模型、程序或游戏，使之具有越来越复杂的功能。

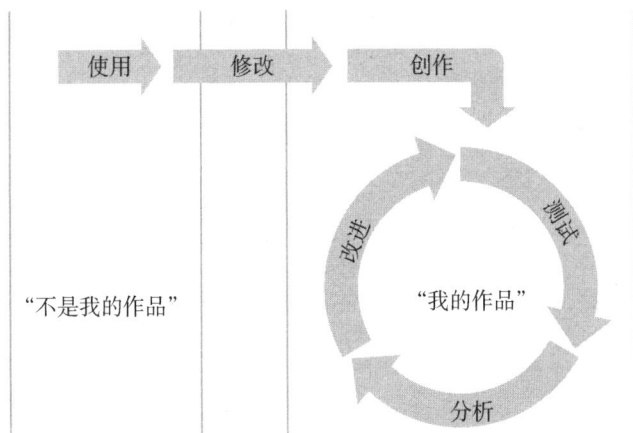

图 4.1-5 计算思维的"使用—修改—创作"三阶段进展路径

例如,学生最初想要改变字符的颜色或一些其他纯视觉属性,后来学生可能想改变角色的行为,就开发了新的代码段。这种修改需要理解包含在模型、程序或游戏中的抽象和自动化的至少一个子集。通过一系列修改和迭代的改进,将"不是我的作品"转变为"我的作品",学生发展了新的技能和解决问题的能力。随着学生获得技能和自信心增强,可以鼓励他们为自己设计的新计算项目提出想法,解决他们选择的问题。在"创作"阶段,学生就可以应用计算思维的所有三个关键方面(抽象、自动化和分析)。

英国 CAS 研究团队在 CAS Mark 版计算思维框架基础上研发了一个称为"计算发展路径"(Computing Progression Pathways)的评价框架,如表 4.1-2 所示。它针对英国计算课程领域的主要学习主题(算法、编程和开发、数据和数据表示、硬件和软件、通信和网络、信息技术),提供了这些主题不断提升的掌握程度的具体指标,各项指标用 CAS Mark 版计算思维框架中的五个计算思维概念来描述,其中 AB 表示为抽象、DE 表示为分解、AL 表示为算法思维、EV 表示为评估、GE 表示为泛化(Dorling,M. & Walker,M.,2014)。

为了评价学生通过 Scratch 编程所发展的计算思维实践方面的熟练程度,美国哈佛大学 ScratchED 团队研发了一些针对实验和迭代、测试和调试、再利用和再创作、抽象和模块化的评价工具(ScratchED,2019),表 4.1-3 为"实验和迭代"熟练程度的评价量表。第一列表示给学生提出的问题(例如,作为设计日志提示或访谈的一部分),第二、第三和第四列表示低、中和高水平的熟练程度。

表 4.1-2 计算发展路径

学生发展	算法	编程和开发	数据和数据表示	硬件和软件	通信和网络	信息技术
1	• 理解算法是什么，能够用符号方式来表现简单的、线性的（非分支）算法。 • 了解计算机需要精确的指令。 • 展示严谨和精确，以避免错误。	• 知道用户可以开发自己的程序，并且可以依赖于在不同环境中创建简单的程序来表现这一点。例如，可编程机器人等。 • 执行指令，检查和修改程序。 • 了解程序通过以下精确指令执行。	• 认识到数字内容可以以多种形式表示。 • 区分这些形式的区别，并且可以解释它们传达信息的不同方式。	• 理解计算机没有智能，除非程序被执行，否则计算机不会做任何事情。 • 认识到在数字设备上执行的所有软件都已编程。	• 使用 Web 浏览器从万维网获取内容。 • 了解在线安全和尊重交流的重要性，以及保持个人信息隐私的需要。 • 知道在关注内容或被联系时该怎么做。	• 使用在教师控制下的软件，使用适当名称的文件和文件夹来创建、存储和编辑数字内容。 • 理解人们与计算机交互。 • 在学校分享他们使用的技术。 • 了解课堂之外的信息技术的常见用途。 • 谈论他们的工作，并做出改变以改善它。
2	• 理解算法通过程序在数字设备上实现。 • 设计使用循环、选择（例如 if 语句）的简单算法。 • 使用逻辑推理来预测算法的功能。 • 检测和纠正算法中的错误，即调试。	• 在程序中使用算术运算符、if 语句和循环。 • 使用逻辑推理来预测和纠正程序中简单的语义错误，即调试。	• 识别不同类型的数据：文本、数字。 • 理解程序可以处理不同类型的数据。 • 认识到数据可以在表中结构化，使其有用。	• 认识到各种数字设备可以被认为是一种计算机系统。 • 识别并使用各种输入和输出设备。 • 了解程序如何实现通用计算机的功能。	• 浏览网络，并可以执行简单的网络搜索来收集数字内容。 • 演示如何安全、负责地使用计算机，了解在线时报告的内容和可接受的内容和联系的各种方法。	• 使用技术提高独立性，有目的地组织数字内容，了解已收集的数字内容的质量。 • 使用各种软件来操纵和呈现数字内容：数据和信息。 • 在学校和课堂之外分享他们的技术经验。 • 谈论他们的工作，并根据接收到的反馈改进解决方案。

学生发展		算法	编程和开发	数据和数据表示	硬件和软件	通信和网络	信息技术
	3	• 设计使用重复和双向选择的解决方案（算法），即 if、then 和 else。 • 使用图表表来表达解决方案。 • 使用逻辑推理来预测输出。	• 创建实现算法，达到给定目标的程序。 • 声明变量和给变量赋值。 • 使用后测试循环，如 'until'，以及程序中的一系列选择语句，包括 if、then 和 else 语句。	• 了解数据和信息之间的差异。 • 知道为什么在给文件中的数据排序可以改进对信息的搜索。 • 使用过滤器或执行单个条件来搜索信息。	• 知道计算机从各种输入设备，包括传感器和应用软件。 • 了解硬件和应用软件之间的区别，和他们在计算机系统中的作用。	• 了解互联网和互联网之间的区别，如万维网。 • 知道各种互联网服务，并可以使用它们，如 VOIP。 • 识别使用技术和在线服务时可接受和不可接受的行为。	• 收集、组织和呈现数字内容中的数据和信息。 • 通过组合软件和互联网服务来与交流、创建数字目标、创建或写博客。 • 根据收到的反馈对解决方案进行适当的改进，并对解决方案的成功进行评论。
	4	• 显示对由人类或由计算机最佳完成的任务的意识。 • 通过分解问题并为每个部分创建子解决方案来设计解决方案。 • 认识到同一问题可以存在不同的解决方法。	• 理解 if 和 if、then 和 else 语句之间的区别，并适当地使用它们。 • 在循环中使用变量和关系运算符来理终止情况。 • 使用过程设计和调试模块化程序。 • 知道使用过程可以用来隐藏子问题的解决方法。	• 执行更复杂的搜索，例如使用布尔和关系运算符。 • 分析和认识到数据的可靠性会导致不可靠的数据管会导致不准确的结果和结论。	• 了解为什么和何时使用计算机。 • 了解操作系统的主要功能。 • 了解物理网络、无线网络和移动网络之间的区别。	• 了解如何有效地使用搜索引擎，并了解如何选择搜索结果，包括搜索引擎使用"网络爬虫程序"。 • 选择、组合和使用互联网服务。 • 负责任地和在线服务，并且知道各种报告问题的方法。	• 在针对特定众评估和重新使用数字内容时出判断。 • 在设计和创建数字内容时认识到受众的需求。 • 了解计算机网络协作时信息技术的潜力。 • 使用标准来评估解决方案的质量，可以确定解决方案进行改进，对解决方案进行一些改进，并提供未来解决方案供未来。

学生发展	算法	编程和开发	数据和数据表示	硬件软件	通信和网络	信息技术
		案中的细节。				
5	• 理解迭代是指如循环的过程中值的重复。 • 认识到一问题——算法在不同的算法。 • 使用结构化符号表示不同的解决方案。 • 可以识别情况的相似性和差异，并可以使用这些来解决不同问题（模式识别）。	• 理解编程连接了算法和计算机之间的差距。 • 具有高级文本语言的实践经验，包括在编程时使用标准库。 • 使用一系列运算符，如布尔表达式，并将其应用于程序控制的上下文中。 • 选择适当的数据类型。	• 知道数字计算机使用二进制来表示所有数据。 • 了解位模式如何表示数字和图像。 • 知道计算机如何用图形式处理数据。 • 了解二进制制式文件的关系（未压缩）。 • 定义数据类型：实数和布尔值。 • 使用典型的查询语言查询一个表上的数据。	• 识别和理解基本计算机体系结构的主要内部部件的功能。 • 理解获取—执行背后的概念。 • 知道有相同硬件的各种操作系统和应用软件。	• 了解搜索引擎如何对搜索结果进行排序。 • 了解如何使用HTML和CSS构建静态网页。 • 理解数字计算机之间通过网络（包括互联网，即IP地址和数据包交换）的数据传输。	• 评估数字设备、互联网服务和应用软件是否合适以实现特定目标。 • 认识到围绕避学校的伦理问题。 • 设计用于严格评估解决方案质量的标准，识别改进来以对解决方案进行适当的改进。
6	• 理解问题的递归的解决方案将重复相同的解决方案应用于问题的较小实例。 • 认识到一些问题具有相同的特性，并可使用相同的算法来解决。	• 使用嵌套选择语句。 • 理解和使用自定义函数之间编写自己的需求，包括使用参数。 • 了解程序和函数之间的区别，并适当地	• 理解数字，图像，声音和字符集如何使用相同的位模式。 • 使用二进制执行简单操作，如二进制加法。 • 了解分辨率和颜色。	• 了解冯诺依曼架构与获取执行周期的关系，包括数据如何存储在内存中。 • 了解位置可寻址存储器的基本功能和操作。	• 知道硬件的名称，如集线器，路由器，交换机和互联网相关的协议的名称，如SMTP，iMAP，POP，FTP，TCP/IP。 • 安全地使用技术和	• 证明选择并独立组合和使用多个数字设备、互联网服务和应用软件来实现既定目标的理由。 • 评估数字内容的可受众设计和创建数字工作时的考

学生发展	算法	编程和开发	数据和数据表示	硬件和软件	通信和网络	信息技术
7	决它们。 • 了解算法的性能概念，并了解一些算法对同一任务具有不同的性能特性。 • 认识到算法的设计不同于其在编程语言中的表达（其将取决于可用的编程构造）。 • 评估类似问题的算法和模型的有效性。 • 识别和概括问题，决方案中可以过滤掉哪些信息。 • 使用逻辑推理来解释算法的工作原理，并表示哪使用结构化的算法语言。	使用它们。 • 理解和使用运算符的否定形式。 • 使用和操控一维数据结构。 • 检测和更正语法错误。 • 理解变量范围的效果。例如，不能从函数外部访问局部变量。 • 了解和应用带有参数的算法。 • 了解编程循环语句中 "while" "loop" 的功能，并使用。 • 应用和模块化方法进行错误检测和纠正。	深度之间的关系，包括对文件大小的影响。 • 区分简单程序（变量）中使用的数据和该数据的存储结构。 • 知道数据表示和数据质量之间的关系。 • 了解二进制和电路之间的关系，包括布尔逻辑。 • 理解在程序中操作时如何以及为什么值是以许多不同语言键入的数据。	知道处理器具有指令集，并且这些指令与计算机执行的低级指令令相关。	在线服务，并知道如何识别和报告不当行为。 • 了解与网络计算机系统相关的硬件和协议或议的目的。 • 了解客户端-服务器模型，包括动态网页如何使用服务器端脚本，以及 Web 服务器如何处理和存储用户输入的数据。 • 认识到数据在互联网上的持续保护在存在需要住身份隐私。	患视觉设计技术的可用性。 • 识别和解释如何影响社会。 • 设计用户评估，使用用户的反馈来识别改进，并对解决方案进行适当的改进。 质量的标准，使用用户的反馈来识别改进，并对解决方案进行适当的改进。 • 承担收集，分析和评估以数据以满足已知用户组需求的创意项目。 • 有效地为更广泛的受众设计和创建数字制品。 • 将媒体导入数字作品时，考虑媒体的属性。 • 记录用户反馈，确定的改进以及对解决方案进行改进的细节。 • 从社会，经济，政治，法律，伦理和道德证明同问题的角度来解释和证明技术对社会产生的影响。

学生发展	算法	编程和开发	数据和数据表示	硬件和软件	通信和网络	信息技术
8	• 设计一个问题的解决方案,该解决方案取决于同一问题(递归)的较小实例的解决方案。 • 了解一些不能用计算机解决的问题。	• 设计和编写嵌套的模块化程序,在可能的情况下使用可重用的子程序来实施。 • 了解'While'循环和'For'循环之间的差异。 • 了解和使用二维数据结构。	• 使用位模式执行操作,例如二进制的转换和十六进制之间的转换,二进制减法等。 • 了解并可以解释数据压缩的需要,并执行简单的压缩方法。 • 了解关系数据库是什么,并了解将数据储存在多个表中的好处。	• 具有小型(假设)低级编程语言的实践经验。 • 理解并可以解释摩尔定律。 • 理解并可以解释计算机的多任务。	• 了解与网络计算机系统(包括WAN和LAN)相关的硬件,了解其目的及其工作原理,包括MAC地址。	• 了解围绕信息技术应用的伦理问题,以及管理其使用的法律框架的存在,如数据保护法、著作版权等。

表 4.1-3 "实验和迭代"熟练程度的评价量表

实验和迭代	低	中	高
描述你如何创建项目	学生提供了建立项目的基本描述,但没有关于特定项目的细节。	学生给出了建立特定项目的一般示例。	学生提供有关特定项目的不同组件及其开发方式的详细信息。
描述你在做项目时尝试的不同内容	学生没有提供他们尝试的具体例子。	学生给出了在项目中尝试一些内容的一般例子。	学生提供了他们在一个项目中尝试的不同内容的具体例子。
描述您对项目所做的修改以及为什么做这些修改	学生说他们没有修改,或说他们只是做了修改,但没有提供修改的例子。	学生描述他们对项目做出的一个具体修改方案。	学生描述他们在项目中所修改的具体内容和为什么这样修改。
描述你试图做新事物的时间	学生没有提供尝试做新事物的例子。	学生提供了试图在项目中做一些新事物的一般例子。	学生描述他们在一个项目中尝试的具体新事物。

(资料来源：http://scratched.gse.harvard.edu/ct/files/Student_Assessment_Rubric.pdf)

综上所述,近年来世界很多国家和组织对基础教育领域计算思维的内涵、构成和评价做了深入、扎实的研究,不仅挖掘了计算机科学领域的概念知识,而且还从计算机科学家从事解决问题的过程与方法中提炼了具体的实践方法,并进一步从倾问、态度、观念的角度来丰富计算思维的内涵。此外,英国和美国还专门设计了计算思维评价框架和工具。这些计算思维框架和评价工具结构清晰、易于一线教师理解和操作,为课堂中计算思维的培养提供了指导和帮助。

四、面向社会需求,强调素养教育

随着社会信息化进程的加快,今天的孩子和青少年正在以"数字原住民"身份出现在我们面前,他们依靠着数字媒体的巨大力量,以前所未有的方式探索、连接、创造和学习。不容忽视的是便利的数字化生活实际上却潜伏着许多陷阱,如网络欺凌、数字作弊,以及数据安全和安全保障(safety and security)等问题。身处技术革命的中心成长起来的所有人,包括学生,都需要发展和实践安全的、合法的和符合道德的行为(develop and practice safe, legal, and ethical behaviors),如学生在使用互联网、手机和其他数字媒体时,对自己发布的内容以及他们的行为负有责任。美国、英国等国在 2008 年就开始关注学生数字素养和公民(digital literacy and citizenship)教育,一些组织机构积极参与相关标准、内涵、课程的研究、开发和推广。

2008 年在美国国际教育技术协会(ISTE)发布的更新版的《国家教育技术标准》中,数字公民(digital citizenship)首次作为一项独立的知识和技能出现,在学生版的教育技术标准中指出,学生应了解与信息技术法律、伦理行为相关的人性、文化及社会问题,做到倡导并实践安全、合法和负责地使用信息和技术;积极使用技术以改进学习、效率和团队协作;展现终身学习的个人责任;展现数字公民的领导力(ISTE,2007)。

在美国国际教育技术协会的支持下,迈克·瑞布(Mike Ribble)于 2008 年、2011 年、2015 年三度出版或修订其专著《学校中的数字公民教育》(*Digital Citizenship in Schools*),该书提出了所有学生应该知道的数字公民意识九大要素,这些要素构成了数字公民教育的主要内容,包括:数字访问、数字商务、数字通信、数字素养、数字礼仪、数字法律、数字权责、数字健康、数字安保,进一步丰富了数字公民教育的内涵(Ribble,M.,2015)如图 4.1 - 6 所示。

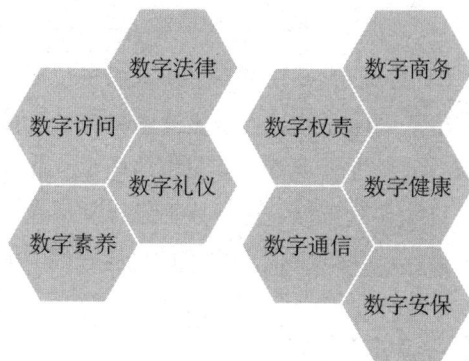

图 4.1 - 6　数字公民教育九大要素

为了让这九个要素互相之间紧密关联,共同构成完整意义上的数字公民教育,迈克·瑞布从不同的角度对九大要素进行分类,一是基于 REP 理念的数字公民教育,按照尊重(Respect)、教育(Educate)和保护(Protect)三个维度对九大要素进行归纳整理,如图 4.1 - 7 所示。二是三层次的数字公民教育,以"改进学生学习效果,培养 21 世纪公民"为核心目标,将这九大要素分为影响学生学习和学业表现、学校环境及学生行为、校外环境中的学生生活三个层次(Ribble,M.,2015),如图 4.1 - 8 所示。

图 4.1-7 基于 REP 理念的数字公民教育

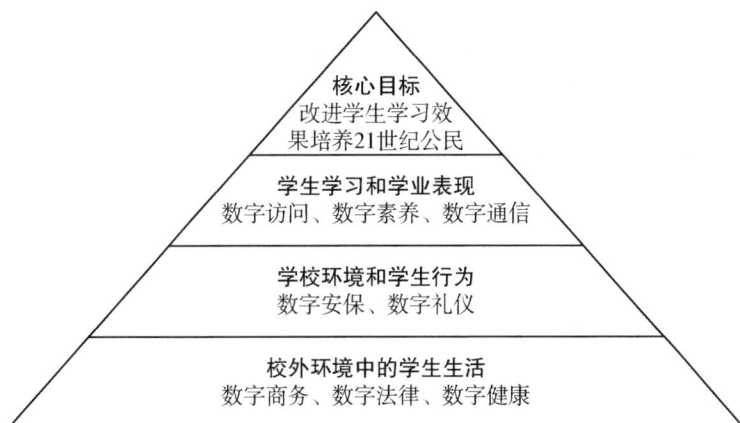

图 4.1-8 数字公民教育九大要素的三层次关联模型

除了美国国际教育技术协会,美国非营利性机构"常识媒体"(Common Sense Media)也长期专注于数字公民教育的研究、开发和推广。2009 年"常识媒体"发布了《21 世纪的数字素养和公民意识:教育、赋权和保护美国孩子》(*Digital Literacy and Citizenship in the 21st Century:Educating, Empowering, and Protecting America's Kids*)白皮书报告,该报告通过列举学生数字化生活的正面和负面影响指出对学生开展数字素养和公民教育的必要性,并提出了 21 世纪数字素养和公民教育的三大目标和教授数字素养和公民的四大策略(Common Sense Media,2009)。21 世纪数字素养和公民意识教育目标如下:

① 教育:创建教授数字媒体素养和公民意识的工具和课程。

② 授权:为家长和教师提供他们需要的信息技术工具和信息,以培养孩子成为明智的数字公民。

③ 保护：确定儿童和家庭的安全和智能数字媒体实践与其他重要社会权利之间的健康平衡。

教授数字素养和公民的四大策略如下：

① 重新设计学校教育，将数字素养和公民意识纳入美国的每个学校；

② 设置一个基本课程，为学生、家长和教育者定义数字平台上的道德行为标准；

③ 教育和授权教师，使他们能够理解和教授数字素养和公民意识；

④ 教育和授权家长，了解涉及使用数字媒体的技术和重要行为指南。

为了系统、全面地设计数字公民课程，"通识媒体"机构制定了数字公民的跨课程框架（Cross-Curricular Framework），该框架包括 8 个类别（Common Sense Media，2016）。详细说明如表 4.1－4 所示。

表 4.1－4　数字公民的跨课程框架

隐私和安保 Privacy & Security	数字足迹和声誉 Digital Footprint & Reputation
学生学习管理其在线信息的策略，并保护其免受在线风险（如身份盗窃和网络钓鱼）的威胁。他们学习如何创建强密码、如何避免网上欺诈和阴谋，以及如何分析隐私政策。	学生学会保护自己的隐私和尊重他人的隐私。我们的数字世界是持久的，每个发布上去的帖子就是学生正在建立的一个数字足迹。通过鼓励学生在自我展示之前自我反省，他们将考虑他们在网上分享的内容如何影响自己和他人。
自我形象和身份 Self-Image & Identity	创意信用和版权 Creative Credit & Copyrights
这些课程旨在帮助学生探索自己的数字生活，关注他们的在线或离线身份。学生学习人物角色的好处和风险，以及他们对自我的感觉、他们的声誉和他们的关系的影响。	生活在"复制/粘贴"文化中，学生需要反思他作为在线空间里的创造者的责任和权利，在在线空间里，他们消费、创建和共享信息。从处理剽窃到盗版，学生了解版权和合理使用信息的规则与要求。
关系和沟通 Relationships & Communication	信息素养 Information Literacy
学生反思如何使用内省技能和人际技能来建立和加强积极的在线沟通和社区。他们深入了解数字公民和数字道德的概念，并反思他们的在线互动。	信息素养包括有效识别、查找、评估和使用信息的能力。从有效的搜索策略到评估技术，学生学习如何评估网站的质量、可信度和有效性，并给予适当的认可。

网络欺凌和数字戏剧 Cyberbullying & Digital Drama

学生学习如果他们卷入网络欺凌的情况下该怎么办。他们探索人们所扮演的角色,以及个人行为(消极和积极)如何影响他们的朋友和更广泛的社区。鼓励学生发挥积极作用,建立积极的、支持性的在线社区。

因特网安全 Internet Safety

学生探索互联网如何提供一个惊人的与全球其他人协作的方式,同时通过采取策略,如区分不适当的联系和积极的连接保持安全。这些基本技能只是开始!

为了推进数字公民教育,落实跨课程框架,"通识媒体"机构还开发了从学前教育到高中阶段的 K－12 数字公民免费课程,该课程旨在授权学生批判性地思考、安全地行动,并负责任地参与我们的数字世界(think critically, behave safely, and participate responsibly in our digital world)。整套课程有 80 节课,它的范围和顺序(scopes & sequences)涵盖年龄段 K－2、3～5 和 6～8 年级的三个单元和9～12 年级的四个单元,每个单元包括五节课,以螺旋式解决跨课程方法。该课程还提供了丰富的、以儿童(学生)为中心的课堂教学资源:从课程计划、视频、学生互动和评估,到专业学习和家庭宣传材料等各种辅助材料,可以向学校提供他们所需采取的数字公民全社区方法的一切。在教学方法上 K－12 数字公民免费课程强调技能建设、批判性思维、伦理讨论、媒体创作和决策。

除课程和资源建设外,"通识媒体"机构还专门设计了数字公民的评价模块,旨在通过互动式评价来检测学生在完成数字公民课程单元学习后的知识收获、态度变化和行为转变。互动式评价问题形式多样,包括多重选择、填空、拖放和简答题等。例如,简答题:"负责任的数字公民对你意味着什么?"(What does being a responsible digital citizen mean to you?)学生可以回答:"作为一个负责任的数字公民,意味着我保护自己、家人和朋友,以及其他在线的他人。这也意味着我尊重在线的他人的感受和工作。"

综上,在数字时代数字公民教育已引起世界很多国家和地区的关注和重视,并通过学校教育的方式开展了卓有成效的研究、开发和推广工作。

五、培养数字公民,加强协同创新

随着信息技术与社会各领域的深度融合,新一代信息社会公民在生活、学习和工作方面越来越离不开信息技术的支持。越来越多的信息技术教育专家也都发出呼吁，信息技术教育中更主要的是要让学生成为技术、数字内容的创造者、建设者，而不仅仅是消费者、使用者。当前各国/地区在修订信息技术课程标准时也都非常强调这一点，即鼓励学生利用技术工具进行创新实践与协作学习。

新加坡 2011 年修订颁布的计算课程大纲指出"为了使学习更具吸引力并鼓励创造力，学生应该获得创造性的机会，利用他们所学到的知识和技能来创新和实施他们的想法。在可能的情况下，应鼓励学生团队工作，以便他们能够提高人际交往技能、沟通能力、自我管理技能和协作能力。这是在现实世界中的方式！"（Ministry of Education Singapore，2018）。

美国 AP 计算机科学原理课程框架指出，特别关注于培养学生创新力，鼓励他们使用计算机软件和其他技术来探究他们感兴趣的问题，并在开发计算制品和创造性思考（developing computational artifacts and to think creatively）时应用创造性过程（creative processes）。学生设计和实施创新解决方案时，使用与艺术家、作家、计算机科学家和工程师一样的将想法变成现实的迭代过程（iterative process）。为此，该课程框架把创新性（creativity）作为第一个大概念，指出计算是创造性活动。学生在本课程中使用计算机科学的工具和技术来创建以"计算来增强"为特征的有趣的、相关的制品。在计算思维实践方面，单列了两项计算思维实践要求——创建计算制品（Creating Computational Artifacts）和合作（Collaborating），强调学生设计和开发有趣的计算作品和应用计算技术进行有创意地解决问题，参与到创造性的计算中。此外，还要求学生发展有效的沟通合作技能，独立地和协作式地解决问题，合作制作计算制品，讨论并撰写这些问题的重要性以及对社区、社会和世界的影响。

澳大利亚"技术课程·数字技术课程标准"指出"数字技术为学生提供了使用设计思维的实际机会，并成为数字解决方案和知识的创新开发者。本学科帮助学生成为数字解决方案的创新创造者、数字系统的有效使用者和借由数字系统传达的信息的关键消费者……数字技术给学生提供真实的学习挑战机会，培养他们的好奇心、自信心、坚持力、创造力、尊重和合作……数字技术帮助学生成为能够积极和合法地沟通和协作的区域和全球公民"。

中国台湾地区《科技领域·资讯科技课程纲要》指出"……借由资讯科技之设计与实作，增进运算思维的应用能力、问题解决能力、团队合作以及创新思考的能力"。资讯科技课程的目标是"透过资讯科技课程的学习,学生能利用运算思维与资讯科技有效解决生活与学习问题并进行沟通与表达,且能以团队合作的方式进行资讯科技创作"。

综上,鼓励学生利用技术工具进行创新实践与协作学习已成为当前国际信息技术教育的主流观念和实践方案。

六、保障基本学力,提供个性化选择

信息技术领域涉及面广泛,既有偏重设计的网页制作和动画、图像处理,也有侧重理论和编程的计算机科学相关主题(数据库、计算机科学原理、数据结构等),还有整合多学科的机器人实践项目。确立弹性、分层教学,为不同兴趣发展和升学衔接的学生提供个性化选择是当前国际上信息技术学科的主流设计理念与趋势。

在美国高中阶段,学生可以根据自己的专业兴趣选择大学理事会提供的不同专业的大学预修课程,为未来升学做好准备。计算机科学A和计算机科学原理是其中有关计算机科学领域的课程和考试。这两门课程都包含了严谨的计算机科学内容和技能,学生可以在这基础上进行后续的科学、技术、工程和数学(STEM)以及计算学科或计算机科学专业学习。

英国GCSE(普通中等教育证书)和A-Level课程均提供了ICT和计算机科学两种课程供学生进行考试选择,学生可以参加不同考试、取得不同证书,以此作为升学参考。

新加坡制定了面向普通技术课程、普通学术课程的计算机应用课程大纲(Computer Application Syllabus)和面向大学预科层次的计算课程大纲(Computing Syllabus)。前者的计算机应用学科在中学1~4年级学习,在中学4年级结束时举行国家考试。后者的计算学科强调学科的学术性,属于大学预科层次。

中国台湾地区《科技领域·资讯科技课程纲要》修订时秉持了弹性的原则,考虑到学校特色或学生需求,教材内容弹性大。由学习内容和学习表现两部分组成的学习重点从两个层级(必修课与加深加广选修课程)分别进行设计,图4.1-9呈现了中国台湾地区《科技领域·资讯科技加深加广选修课程》的学习内容和学习表现。

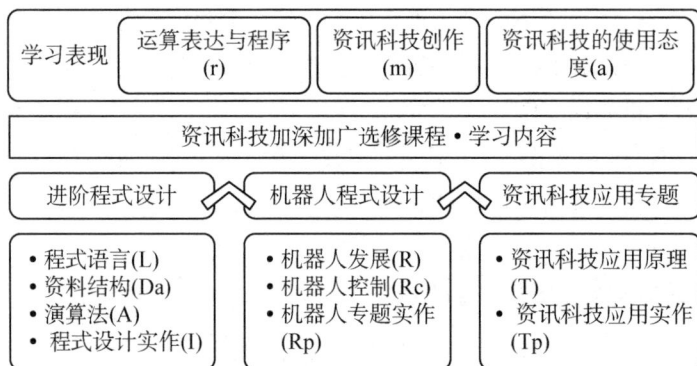

| 学习表现 | 运算表达与程序(r) | 资讯科技创作(m) | 资讯科技的使用态度(a) |

| 资讯科技加深加广选修课程·学习内容 |

| 进阶程式设计 | 机器人程式设计 | 资讯科技应用专题 |

| • 程式语言(L)
• 资料结构(Da)
• 演算法(A)
• 程式设计实作(I) | • 机器人发展(R)
• 机器人控制(Rc)
• 机器人专题实作(Rp) | • 资讯科技应用原理(T)
• 资讯科技应用实作(Tp) |

图4.1-9　资讯科技加深加广选修课程的学习内容和学习表现

七、创新教学方法，鼓励探究实践

为了更好地推进中小学生的信息技术教育，当前很多国家或地区研究和实施的信息技术学科教学方法都顺应了教育领域促进学生理解、关注学生参与和实践的大背景。针对信息技术学科越来越重视计算机科学主题的现状，这些国家还在积极探索在中小学教授计算机科学的教学策略与方法，期望让学生学习既严谨又引人入胜的计算机科学，而不再畏惧枯燥又高深莫测的计算机科学知识。

美国AP计算机科学原理课程框架对可采用的中小学计算机科学教学方法(Instructional Approaches)提供了详尽的指导，旨在帮助教师学会创设发展学生计算思维技能、理解计算对真实世界的影响和培养编程素养的学习环境。AP计算机科学原理的教学方法框架包括组织性教学方法(Organizational Approaches)、开展调查研究(Investigations)和创作计算制品(Creating Computational Artifacts)的教学方法以及一些代表性的教学策略(Representative Instructional Strategies)。组织性教学方法包括项目式(project-based)、整合式(Integrated)和探究式(Inquiry-based)的教学方法(如表4.1-5所示)，教师可以把这些方法融合起来，以创新的方式来创建一个有助于发展学生批判性思维和问题解决技能的学习环境。

表 4.1-5　AP 计算机科学原理的组织性教学方法

组织性方法	关键特征	AP 计算机科学原理的实例
项目式	● 项目或要解决的问题 ● 学生经历计划、实施和测试解决方案的过程	学生创建项目：解决消息公开的开放式跨教室发送而不能让其他学生发现消息的难题。
整合式	教师把课程进行螺旋上升，处理同一个项目或单元中的不同大概念	学生阅读有关当前技术的文章，回答如下问题： ● 这个技术潜在的有益和有害的影响是什么？ ● 这个技术如何使用因特网？
探究式	● 学生基于个人经验建构新知识 ● 通过当前事件和学生的经历来引入主题	有关压缩如何工作的引导性问题如下： ● 图片是如何保存到计算机中的？ ● 有哪些方法可以让我们降低图片的文件容量？

AP 计算机科学原理课程框架推荐了许多代表性的教学策略（如表 4.1-6 所示），并把这些教学策略按编程和问题解决、合作学习、建立联系、调查研究四种情况进行分类，还提供了应用实例。

表 4.1-6　四类代表性教学策略

分类	教学策略	计算机科学原理的应用实例
编程和问题解决	代码跟踪 制订计划 错误分析 找出子任务 寻找模式 标记文本 建模 结对编程 预测和比较 简化问题 出声思考 反向推导	● 学生使用**结对编程**来合作编程，每 20 分钟学生互换角色。 ● 教师可以使用**建模**的方式演示如何构造算法和解决问题。他们可以示范**出声思考**来向学生说出思考的过程。 ● 学生学习如何使用**错误分析**和**代码跟踪**去确定他们的程序是否存在任何问题。学生可以通过检查同伴的程序代码来练习。 ● 学生还可以通过使用**预测和比较**他们的程序代码是否像预期一样运行来检查他们的程序。

分类	教学策略	计算机科学原理的应用实例
合作学习	讨论小组 活动学习 分享和回应 学生反应系统 思考-结对-分享 同伴交流 不插电活动 使用操作	● **活动学习**和**不插电活动**是帮助学生理解他们看不到的计算机内部的有效方法。可以通过计算机操作的方式来提升学生的学习和参与。 ● 回顾前一天课程的信息以及将新材料与已有知识连接的时候,使用**思考-结对-分享**和**同伴交流**是有用的策略。 ● 教师可以使用**学生反应系统**进行形成性评价和接收来自学生的反馈。
建立联系	激活先前知识 互动词墙 KWHL 图表 做笔记 词汇组织者	● 教师可以使用脚手架和**激活先前知识**为学生提供一个构建他们知识的基础。教师能够支持学习以加强主题和深化知识。 ● 使用诸如 **KWHL 图表**、**词汇组织者**、**做笔记**和**互动词墙**的图形组织者,它们在构建学生的词汇方面是很好的策略。
调查研究	讨论小组 在线协作工具 图形组织者 建模 解释 提示 出声思考 思考-结对-分享 同伴交流	● 教师可以使用**在线协作工具**以及**分享和回应**,以促进小组讨论以及分享项目材料。 ● 教师可以使用**建模**和发声思考来给学生演示如何评价来源的可靠性和可信度。 ● 教师可以使用合作学习技术,如**小组讨论**、**思考-结对-分享**、**同伴交流**,在验证来源时构建学生的理解。

结对编程(Pair Programming)和用于不插电计算机的动觉学习活动(Kinaesthetic Learning Activities for Unplugged Computing)在学校教学中广泛开展。结对编程是一种以协作方式学习编程技能的教学策略,两位学生结伴一起完成他们的编程项目。一个学生使用计算机并主导项目,而另一个学生通过查看程序代码和在程序完成后检查错误来提供帮助。每 20～30 分钟学生应该轮转一次角色,确保每个学生有机会编写部分程序,同时通过与同伴合作建立他们对自己能力的信心。学生的配对可以基于能力、随机分配,或由学生决定。有时为能力较强的或者拥有先前知识的学生分配一位正在努力但没有经验的同伴是很有益的。在这些情况下,缺乏经验的学生应该主导项目,以便他们能发出声音并且建立所需的技能和信心。

不插电学习活动是新西兰大学教授贝尔(Bell, T.)和中学教师合作开发的,以脱机方式学习计算机科学原理的活动,目前已在很多国家或地区的学校中开展,许多国家鼓励教师们采用这种不插电的动觉学习活动来促进学生理解原本艰深难懂的计算机科学原理或概念。例如,在"数据:表示信息"类别中,有二进制数、图像表示、文本压缩、错误检测、信息理论、声音表示、数据库等一系列活动可供选用。不插电学习活动采用了一种依赖动觉触感、身体动作的学习风格,学习者在游戏、魔术等脱离计算机和"做中学"的有趣活动中以合作或独立学习方式,通过操作或者触摸材料去建构知识或者理解新概念。基于不插电活动的动觉学习是帮助学生理解他们看不到的计算机内部的有效方法,可以通过计算机操作或者脱离计算机操作方式来提升学生学习兴趣和鼓励学生参与计算机的学习活动。

开展调查研究和创作计算制品既是 AP 计算机科学原理课程的学习实践活动,也是贯穿课程过程的评价活动。为此 AP 计算机科学原理框架提供了详细的教学建议。在调查研究方面,具体包括评估来源(Evaluation of Sources)、认可知识和想法的归属(Attributions of Knowledge and Ideas)的教学建议,教师可以使用各种教学策略和学习工具(如提示、图形组织者、建模和出声思考等),促进学生调查研究和评价来源可靠性以及学会对来源提供合适的引用,认可他人的知识和想法。在创作计算制品方面,引导学生使用迭代的(iterative)、周期的(cyclical)项目开发过程,让学生在计划和创作计算制品的过程中经历软件开发生命周期(software-development lifecycle)和工程设计过程(engineering-design process)中的重要阶段,如图 4.1－10 所示。

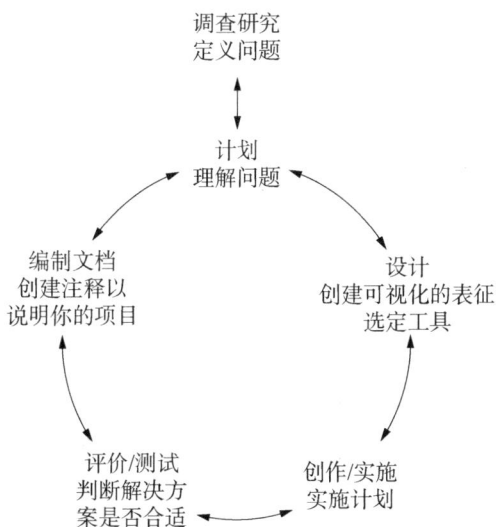

图 4.1－10　计划和创作计算制品开发过程

当前,促进信息技术学科课程变革的三大要素都发生了变化和发展。从社会发展角度看,2010 年代以来,以云计算、物联网、大数据为代表的新一代信息技术广泛应用于社会各领域,信息社会的数字化、网络化和智能化特征越来越明显。从学科发展角度看,2006 年,周以真教授提出的计算思维,因提炼计算机科学学科对塑造信息社会公民的学术价值而备受关注和认可。同时,适合中小学生探索、创造的图块化编程工具如雨后春笋般不断涌现,为儿童和青少年理解计算机科学概念和动手编程实践,发展数字化创新能力提供了必不可少的支持工具。从学生自身发展来看,当下的中小学生是在信息社会中出生、成长起来的"数字原住民"一代,每天都在接触移动数字设备、互联网和数字内容,应用信息技术的技能大幅提升,他们在享受数字化生活带来便利的同时也面临着各种信息安全等威胁。

基于这些变化和发展,世界很多国家和地区都加紧对信息技术学科进行课程改革,调整课程内容与教学方法,加强学业评价和教育质量监督。2013 年 9 月英国推出新的国家课程——计算,将计算机科学、信息技术和数字素养作为三个主要学习主题;2016 年 10 月美国发布 K‑12 CS 框架,强调学科核心概念与学生核心实践;2016 年 2 月,中国台湾地区推出《科技领域·资讯科技课程纲要》,以计算思维为核心,强调资讯科技中学习内容与学习表现的整合。中国教育部修订的普通高中信息技术课程标准也于 2018 年 1 月发布,提出了包括信息意识、计算思维、信息素养和数字化学习与创新在内的学科核心素养,数据、算法、信息系统、信息社会的学科大概念。

一、进一步完善学科内容体系

时至今日,基于早期信息素养理念创立的我国基础教育领域信息技术学科体系已不太适合当前社会、学科和学生发展现状,新技术新工具的不断发展,重塑了人们沟通交流的时间观念和空间观念,深刻影响着人们生活、学习和工作方式,这也就需要依据目前社会、学科、学生的发展现状对信息技术课程进行完善和发展。

1. 强化学术性,在学科价值取向上平衡学术性与实用性

2016年年初美国提出了"全民普及计算机科学"(CS for All)的倡议,要让每一个美国学生都获得严谨又引人入胜的计算机科学课程。参照英国、美国、澳大利亚、中国台湾地区等国际信息科技教育的发展趋势——回归学科本体,中小学信息技术学科应在各个学段强化计算机科学与程序设计,渗透计算思维的培养,让学生"知其然、知其所以然",成为信息系统与信息社会的理解者、建造者。

在强调学科学术性(计算机科学与程序设计)的同时,可以保留信息技术应用相关内容,在学科价值取向上平衡学术性与实用性,即两者并重,适当向学术性倾斜。在这一点上,英国也试图这样实践,2013年英国推行的计算课程并没有完全抛弃ICT内容,而是把计算课程分为计算机科学、信息技术和数字素养三个主题。从近期一些国家/地区中小学信息技术课程标准修订的成果来看,这些国家/地区主要从计算机科学和信息技术应用(或教育技术)的双重视角来认识信息技术课程,并比较倾向于计算机科学学科和强调计算思维。

2. 融合核心概念与实践表现,凸现学科本体价值

中小学信息技术学科要从学科核心概念和学生实践表现的双重视角去建构学科体系结构、体现学科本体价值,通过概念与实践的有机融合,为学生提供真实的、有意义的学科理解与实践体验。在国际领域,许多国家和地区的信息技术课程标准都从核心概念和实践表现两个维度来建构本学科的整体结构和本体价值。其中:

美国《AP计算机科学原理课程框架》的大概念包括:创造力、抽象、数据与信息、算法、编程、互联网、全球化影响等大概念。该课程框架对每个大概念进行了解释。其中,创造力的解释是:计算是一个创造性的活动,创造力与计算是创新的突出推动力,以计算驱动的创新将持续其深远的影响。再如,数据与信息的解释是数据与信息促进知识创新,计算使发现信息处理的新方法成为可能,并能促使许多学科之间发生巨大变化。又如,编程有助于问题解决、人类表达及知识创新,编程和软件革新正改变着我们的生活等等。

美国《K-12计算机科学框架》系统设计小学、初中、高中三个不同水平阶段,指出学生在数字化环境下需要具有的能力,包括:①批判性地参与关于计算机科学主题的讨论;②发展成为计算机科学知识与产品的学习者、使用者和创新者;③更好地了解计算机在周围世界中的作用;④在其他科目与兴趣领域中学习、表现和表达自己。为了实现上述能力的培养,其课程内容包括了"计算思维""合作""计算实践与编程""计算机与通信设备""社区、全球与伦理的影响"为主线的五个方面。

英国新实施的国家中小学计算课程将"计算机科学"作为一个重要学习主题,与数字素养、信息技术共同作为学生的学习内容。其中,数字素养要求学生能自信、安全、有效地使用计算机;信息技术要求学生能为满足用户特定需求而选取合适的软件,配置数字化设备;计算机科学包括算法、数据结构、程序、系统架构、设计等基础内容。计算机科学的核心概念和学科方法的学习也支持了信息技术方面学习内容的掌握与应用,促进学生信息素养的发展。

俄罗斯的信息与信息交流技术课程内容包括了信息过程、信息技术、信息对象的创建和处理三个方面。在这三个方面里都明确了学科的核心概念。例如在信息过程中设计有"计算程序""信息的编码与传输",在信息对象的创建和处理中设计了"编程与建模"等内容。

综合以上国家/地区信息技术课程内容,可以看出,信息技术学科的核心概念逐步建立起来了,通过核心概念和学科能力的关系分析,信息技术课程的学科特征和实践应用更加明确,促进了信息技术课程的发展与成熟。

3. 关注创新实践与数字公民教育,凸现学科育人价值

关注创新实践与数字公民教育是当前世界很多国家/地区信息科技课程改革的重要趋势之一,例如新加坡《计算课程大纲》、美国《AP计算机科学原理课程框架》、澳大利亚《技术课程·数字科技课程大纲》、中国台湾地区《科技领域·资讯科技课程纲要》都特别强调培养学生的创造力,鼓励学生独立地和协作式地利用编程工具、信息技术工具去设计和实施创新解决方案,在制作计算制品时应用创新的、迭代的过程。

数字公民教育是针对当前学生所处的信息社会与数字化生活的校内外整体环境而提出的,对他们安全地、负责任地、合乎道德地参与信息社会有着重要的育人价值。当前英美等国对此予以高度重视,在课程设计、资源建设、师资培训、评价检测方面做了大量研究、开发和推广工作。

当前,我国的信息化脚步不断加快,人们生活在传统的现实空间和虚拟的数字空间里,在享受两种空间带来的权利和便利的同时,也需要受到两种空间的道德规范和行为准则的制约。作为在数字时代出生、成长的学生,他们在与互联

网、手机和其他数字媒体打交道时,如何让他们理解这个充满活力的新世界、如何负责任地和合乎道德地使用这些强大的媒体和技术、如何对自己发布的内容以及他们的行为负有责任,数字素养和公民教育已刻不容缓。国际上在数字公民教育方面的研究、开发和推广值得我们借鉴、学习,我们需要针对中小学生的特点,制定一套在数字空间里需要遵循的道德规范和行为准则,将数字公民教育融入信息科技课程,通过课程、资源、师资和评价等多方建设,努力把学生培养成为适应信息社会生存和发展的合格数字公民。

因此,中小学信息技术学科要研究和创设学生创新实践与数字公民教育的内外部环境,提供机会让学生利用适当技术工具、结合自己的专长兴趣进行个性化、协作式创新实践,并在融合数字化生活的实践体验中进行数字公民教育。

二、融入信息技术前沿内容

信息技术的快速发展使得越来越多的新技术、新工具进入到人们的日常生活、工作和学习中,改变着人们的交流方式,同时也丰富了学校信息技术课程的内容。近年来,虚拟现实/增强现实技术、3D技术、人工智能的发展与应用已经取代一些原来由人工完成的任务,这些自动化、智能化技术的发展极大地解放了生产力,同时引发人们对失去工作岗位的担忧,但是我们会发现,一些新的工作岗位层出不穷,只不过新的岗位有更高的素质要求,这是重塑教育的动力。为提高社会公民的数字化胜任力,增强国家竞争力,一些国家(或教育组织)在人工智能与社会各领域相融合的大背景下,开始有计划、有组织地将新技术、新工具的教育融入到中小学信息技术教育中。

2017年12月,日本政府召开产业竞争力高端会议,提出用人工智能与大数据推进"第四次工业革命",进一步提升日本制造业的智能化水平。随之,日本文部科学省有针对性地调整了中小学教学内容,将"编程教育"列为中小学必修内容,要求各学科在体验式学习指导过程中切实培养学生的"编程思维"。2018年5月,美国人工智能协会和计算机教师协会成立"K-12人工智能教育联合研究工作小组(AI for K-12 a Joint Working Group)",为中小学制定人工智能学习纲要,设计每个年级人工智能的学习内容,为中小学教师提供人工智能教育的课程资源。2018年8月,《法国人工智能发展战略研究报告》指出,未来社会人工智能将不断给工作技能和生活环境带来变化,学校要改变信息技术教育的模式,不仅应教授学生信息技术基础知识和认知能力,更应培养学生的创新能力和社会技能,以适应不断变化的环境。

2017 年 7 月,我国国务院发布的《新一代人工智能发展规划》,将开展中小学人工智能教育作为一项重要内容,强调"实施全民人工智能教育,在中小学阶段设置人工智能相关课程",这也反映出了我国对信息社会人才培养的准确定位和前沿引领。分析国际新技术、新工具在信息技术课程中的融入发展,可以看出有如下特征:

其一,引入新技术、新工具,加强智能化学习环境建设。为更好地帮助学生适应智能化学习环境,教育发达国家加大对智能化教育环境的建设,以智能化促进学生个性化学习。例如,智能导师系统通过适应性教育策略选择和个性化资源推荐算法为学生提供个性化学习指导;自动化测评系统伴随学生学习过程,动态分析学生学习行为,给予实时诊断、分析和反馈,提高学习质量。再如,通过虚拟现实/增强现实技术为学生创设探究式学习环境,利用 3D 打印设备引导学生开展创新学习。

其二,规划知识体系,明确新技术、新工具的学习内容。新技术、新工具的发展并不是要把所有的新技术、新工具加入到信息技术课程中,而是根据学生、社会以及他们的特征进行合理地组织与规划。例如,在人工智能学习内容进入中小学教育中,就需要明确人工智能教育与早期的 ICT 教育的不同,进行专业的知识体系规划。联合国教科文组织强调定义符合智能社会发展的"人工智能能力";"K-12 人工智能教育联合研究工作小组"提出了适合中小学生学习的"传感器、智能代理、机器学习、人机交互、伦理与道德"等核心大概念,以此明确人工智能的学习框架。

其三,将新技术、新工具融入学校教育体系中,确立可操作性的学习路径。新技术、新工具融入学校课程中,并不是简单地将这些操作内容"搬"到学校教学内容中,而是需要以课程的方式进行设计和组织。学校人工智能教育是一个有计划、有组织的实施过程,为提高人工智能教育的科学性与可操作性,一些教育机构针对中小学生特征开发适合于他们学习的课程内容。例如,一款由麻省理工学院(MIT)设计开发的图形编程工具,在全球拥有大量的青少年学习者,并以此开发的人工智能课程,目前在 10—18 岁之间已经有大量用户群体进行学习,在此课程学习中尝试开展人工智能创新项目。

其四,注重伦理道德教育,养成信息技术应用的好习惯。如何合理地应用信息技术,如何应用信息技术推动社会的进步,而非因为信息技术扰乱人们正常的生活秩序,这是信息技术教育必须要关注的问题,加强人工智能伦理道德教育,帮助学生养成人工智能应用的好习惯,这是信息技术教育的一项重要任务。近日,欧盟委员会任命的人工智能高级专家小组发布了人工智能开发和使用的伦理草案,提出可信赖人工智能,并给定了两大条件及禁止规则。两大条件:一是尊重基本权利,尊重法律法规、核心原则和价值观,以确保"伦理目的";二是兼具技术稳定性和可靠性,人工智能技术必须足够稳健,能够对抗强大攻击,有"应急计划"。禁止规则是:不能伤害人类,不得征服或强迫人类,不得有歧视或诬蔑行为,以最终服务整个人类为准则。

三、加强学校信息技术课程建设

当前中小学信息技术课程建设的三大基础(社会、学科、学生)均发生着巨变,为了有效推动学科课程改革,教师专业发展、资源开发、信息化环境建设需整合、同步发展,合力提供支持和保障。教师应在学科知识更新、教学方法改进、评价方法使用等方面,通过学习、研讨、实践进行可持续发展,学科教学资源开发和信息化环境和平台建设也需广开门路,让学校、IT 行业、社会组织参与开发和建设,并持续根据新变化、新需求进行修改、完善。英、美等国借助 IT 行业巨头、社会组织的力量来建设课程资源和教师专业发展的实践可供借鉴。比较国际中小学信息技术教育,学校信息技术课程建设获得了很大的发展。

其一,学校信息技术课程从注重激发学生"技术兴趣"发展到培育学生综合应用的"好习惯"。希望学生从一接触信息技术之始,就要养成使用信息技术的好习惯,帮助学生知道什么时候用信息技术、什么时候不用信息技术,信息技术应该用到什么程度,如何使用信息技术解决生活与学习中的问题,如何负责任地使用信息技术等。

其二,学校信息技术课程从强调学生"工具操作技能"发展到"用学科方法解决问题的能力"。引导学生从数字化、网络化、智能化一体地思考信息技术是如何改变人们生活和学习的,针对具体问题选用合适的技术工具与方法去解决问题,根据需要积极主动地使用技术,而不是成为技术工具的"奴隶"。

其三,学校信息技术课程从关注对"信息技术本身学习"发展到对"信息技术+"的学习。发展为学生要掌握如何从数据层面去理解信息、有证据地去做事情，采用"创客或STEM课程"方式，帮助学生不只是作为一名技术的"消费者"，也要成为利用技术改进自己的学习与生活，成为信息技术应用的"创新者"。

四、注重STEM课程形式的实施

当今世界全球化趋势深入发展，科技飞速进步，知识和技能越来越成为各国参与国际竞争、促进经济发展的核心因素，各国均把人才竞争提升到国家战略的高度，其中又以科学、技术、工程、数学（STEM）人才的竞争最为关键。从课程实施来看，为提高学生应用跨学科知识解决真实情境中问题的能力，发展学生的信息素养，将科学、工程、技术和数学等学科的教育引入到信息技术教育中，开展STEM课程已成为中小学信息技术教育的一种重要形式。

STEM课程是以项目活动方式，引导学生运用跨学科知识，合作、设计、建构、发现、解决问题的体验式课程（阿尔帕斯兰·沙欣. 侯奕杰，译. 2016）。STEM全球教育联合会（Global STEM Alliance）在STEM理论框架研究中也提出"STEM课程作为一种基于项目的学习，其项目设计要体现跨学科学习，把不同学科的学习内容整合在项目任务中"。指向信息技术教育的STEM课程的项目设计应突出两个关键特征：一是跨学科，即项目学习的重点放在特定问题解决上，跨越学科界限，利用科学、技术、工程和数学等学科相互关联的知识解决问题；二是整合性，按照各学科最基本的知识结构，找到不同学科知识之间的连接点和整合点，将分散的学科知识通过问题方式逻辑结构化，整合进学习情境，引导学生发现问题和解决问题。

国际STEM教育的兴起

综合能力人才短缺是诸多国家重视STEM教育的主要原因。新世纪以来，以美国、德国、英国等为代表的教育发达国家，在国家战略层面进行顶层设计并出台相应政策措施，加大公共和私人领域投资力度，为STEM教育发展提供保障（如图4.2-1所示）。

由于STEM劳动力缺口增大，2007年美国国会通过了《国家竞争力法》，其中重点提出要加强STEM教育的投入、研发和新教师的培训，批准从2008到2010年为联邦层次的STEM研究和教育计划投资433亿美元，并要求把美国国

图 4.2‑1　STEM 教育

家科学基金增加到 220 亿美元。

德国制造业以其卓越的工业水准和创新能力闻名世界。但根据科隆德国经济研究所的调查,2015 年到 2020 年,预计德国 MINT(德语缩写,近于 STEM)专业普通技能人才缺口将累计达到 131.6 万人。为助力工业 4.0,德国迫切需要吸引更多青少年投身 MINT 专业的学习。2008 年德国的《德累斯顿决议》提出了国家教育未来发展的十大目标措施,其中第四条就是加强数学、信息、自然科学和技术等 STEM 相关专业的学习。

2004 年英国政府颁布了"科学与创新投资框架",标志着 STEM 概念进入国家政府文件。2012 年,英国教育部组织的学校计算工作小组在《计算》课程研究中指出:计算机科学是一门典型的 STEM(科学、技术、工程、数学)融合课程,这门课程为学生提供了洞察综合学科学习的途径,以及可以用于其他学科问题解决的技能和知识。

——参考自《中国 STEM 教育白皮书》中国教育科学研究院,2017‑06‑20

显然,信息技术教育作为中小学的一项重要教育内容,并不是要求每个人都能成为"信息技术专家",而是要培养他们理解信息技术学科领域的思想方法,并将这种方法合理应用于新领域中。因此,信息技术教育不应只是简单的知识传授与技能操练,也不应局限于传统的代码编写式学习,基于 STEM 课程的信息技术教育课程希冀通过项目学习方式,实现信息技术与多学科知识的融合,将信息技术创新教育理念落实于学习活动和动手实践中,进而改变信息技术教师教学方式、学生学习方式，为学生提供体验信息技术、应用信息技术、实现信息技术与其他领域相结合的学习机会，发展学生在数字化环境中的适应力和创新力，提高学生利用信息技术解决问题的能力。

五、建立一体化课程评价体系

当前国际文凭 IB 信息技术类课程与考试、美国 AP 信息技术类课程与考试、英国 GCSE 和 A-Level 信息技术类课程与考试是一些比较有代表性的国际信息科技类课程与考试，它们为高校选拔计算机科学相关专业的人才提供了信息科技学习结果的有力证据。由美国大学理事会开展的研究表明，AP 考试科目的选择反映了学生可能在高校主修某个专业的意图。参加 AP 计算机科学课程的学生要比不参加此课程学习的学生可能多 4.5 倍去主修计算机科学专业（ACM.，2014）。可见，鼓励更多学生参与大学预科信息科技类课程学习有助于吸引更多学生未来选择修读计算机科学等相关专业。

这些考试科目都有详细的课程大纲和考试评价方案，如 AP 计算机科学原理课程框架提供了四类几十种代表性的教学策略（结对编程、不插电活动等），制定了贯穿课程的表现性评价（探究和创建类任务）与课程结束后的纸笔书面考试相结合的考试评价机制，形成了课程教学与考试评价一体化的课程评价体系。深入研究这些有代表性的国际信息技术类课程与考试，有助于我们重建课程体系、将课程教学与考试评价有机整合，探索通过考试为高校选拔人才提供合适的信息科技学习结果的证据，为提升教学质量和与大学招生衔接做好必要的准备。

六、需要关注的几个关键问题

信息技术的发展对信息技术学科本身的教学内容提出了新的要求，但是在课程设计与教学实施、学习内容的选择上应符合学生的认知特征，而不应是将大学计算机学科内容的简单下放。英国对实施两年的计算课程开展了调查研究，结果发现许多学生仍然选择参加 GCSE 的 ICT 考试而不是 GCSE 的计算机科学考试。一名英国的 ICT 教师认为新考试对于许多孩子来说太难了，也让教师倍感压力。新课程的内容是如此不同，许多 ICT 教师没有具备足够的知识去教授它，他担心 ICT 和计算机科学两者之间的裂痕正在出现。ICT 教育研究学者贝瑞（Berry，M.）发现"计算和 ICT 的学生群体非常不同。ICT 在性别、低收入、种族和数学上的成绩方面更接近于平均水平"。另一学者肯普（Kemp，P.）则认为，孩子获得计算机教育的多样性很重要，他说，"我们需要确保计算机科学成为至少与旧的 ICT 资格考试一样具有包容性的学科。如果目前在获得方面的差异得不到解决，我们有可能浪费将技术行业转变为更加平等的职业的机会"。

　　鉴于英国从 ICT 课程转向计算课程的经验，考虑到计算机科学和编程教学对学生逻辑思维、系统思维有较高要求，因此在推出面向全体学生的信息技术学科内容时，要避免计算机科学和编程教学过难，根据不同年段学生的认知水平确定适当的学习起点和选择合适的学习内容与范围，让绝大部分学生接受既严谨又引人入胜的课程内容并感兴趣。在教学方法上，要设计符合中小学生学习信息技术的方法，在体验过程中对信息技术学科知识进行领悟和渗透，而不是脱离情境的灌输。对于一些学有余力的学生，可以提供其他提升的空间和途径，让他们在选修课、研究课上继续进行个性化发展。保持信息科技教育的多样性、选择性是满足个性化发展的一个重要途径。此外，还需要做好有关计算机科学和编程教学的教师培训，创造多样化的教师可持续专业发展机会，使他们逐步适应学术性与应用性并重的信息技术教育新常态。

第三部分
面向核心素养的信息技术课程设计

2014 年 12 月我国教育部启动了高中课程标准的修订工作,高中信息技术课程标准的修订坚持立德树人的教育理念,依据《中国学生发展核心素养》和《普通高中课程修订方案(修订稿)》设计学科核心素养,界定学科大概念,构建了必修、选择性必修和选修课程结构。强调信息技术课程通过提供技术多样、资源丰富的数字化环境,帮助学生掌握数据、算法、信息系统、信息社会等学科基础知识。了解信息系统的基本原理,认识到信息系统在人类生产与生活中的重要价值,学会运用计算思维识别与分析问题,抽象、建模与设计系统性解决方案,理解信息社会特征,自觉遵循信息社会规范,在数字化学习与创新过程中形成对人与世界的多元理解力,负责、有效地参与到社会共同体中,成为数字时代的合格公民。

第五章

我国信息技术课程实施现状与问题思考

在中小学，信息技术课程是一门年轻的课程，它的发展既受技术本身变革的影响，也受社会需求和发展的制约。从历史角度来看，信息技术教育大体经历了计算机程序教育、计算机应用教育、信息素养教育和信息生态教育四个阶段。每个阶段有其存在的"合理内核"，但是在阶段转换过程中也存在着从"一个极端"走向"另一个极端"的误区，这在一定程度上也给学校信息技术教育带来了这样或那样的困惑。

第1节　信息技术教育：历史的考察与现实的追问

信息技术的快速发展影响着青少年生活与学习的方方面面。其强大的辐射力不仅改变着青少年的生活与学习方式，也改造着他们的思想品格和文化特征。如同波斯曼（Postman，N.）指出的那样"信息革命已经把信息和文化凝聚成一个动力学的过程，将每一个人都裹挟其中。生活在信息革命所制造的仪式和景观之中，就必须正确理解信息，合理使用技术"（尼尔·波斯曼，何道宽译，2007）。那么，生活在高度发达的信息化环境中青少年如何才能健康成长？又需要发展怎样的信息能力？这也正是我们需要从历史脉络和现实情境中思考的问题。

一、理解信息技术

现代信息技术的革新推动了社会发展,改善着人们的生活环境。但是,当信息技术全面渗透到人们生活与工作中时,人们也深刻地感受到信息技术的潜在影响。"程序式"的工作模式、纷繁复杂的媒体信息,都让人们对信息技术有了更深入的思考,在不同阶段赋予了它不同的意义。

1. 技术"工具观"

信息技术"工具观"认为信息技术是人们在改造世界过程中发明创造的工具,是以通信、电子、计算机、自动化和光电等技术为基础,是产生、存储、转换和加工图像、文字、声音及数字信息的一切现代高新技术的总称。这种观点强调了信息技术的"中性"特征,将信息技术等同于技术实体,反映出"技术只是偶然地与它们所服务的实质价值相关联,而与它被应用得以实现的各种目的没有关系"(安德鲁·芬伯格,韩连庆译,2005)的观点。技术"工具观"虽然清晰表明了信息技术在具体应用中的显性功能,以技术结构的方式进行了解释和说明,也容易为人们接受和理解,但是它却简化了信息技术、人与社会的关系,将信息技术与社会环境割裂开来,在突出技术本身应用价值时,却忽视了应用过程中表现出来的复杂社会关系。

2. 信息"系统观"

网络技术的发展与广泛应用,信息技术被赋予了更丰富的含义,人、硬件、软件、数据和通信网络构成了个人的、组织的、跨组织的甚至是全球的信息系统(Jessup,L;Valacich,J,陈炜等译,2011)。这种观点从系统的角度理解人与信息技术的关系,认为人们是在有意识、有目的地应用和管理着信息技术。相对于将信息技术等同于物质实体,信息系统观从人的角度来理解信息技术无疑是一个很大的进步。但是,这种进步也只局限于用户对信息技术的单向使用层面,强调了信息技术对人类社会发展的积极作用,却忽视了信息技术潜在的"负面影响"。事实上,当信息技术在为我们带来便利和轻松的生活条件时,同样制造着这样或那样的麻烦,传递着它本身所固有的信息。麦克卢汉早在 20 世纪 60 年代就对技术的本质进行了剖析,指出"每种新技术的出现,无论其所传递信息的具体内容怎样,新技术本身就会给人类社会带来某种信息,并在一定程度上引起社会的变革,就这一意义而言,技术本身就代表着时代的信息"(马歇尔·麦克卢汉,何道宽译,2006)。因此,生活在信息社会中如果只看到人对信息技术的掌控关系,低估了技术对人类的负面影响,随着现代信息技术高度程序化的发展,当人完全融入信息技术系统中时,人类也很有可能为技术所控制,乃至成为技术的"奴隶"。

3. 信息"生态观"

信息"生态观"从社会环境的角度整体理解信息技术、人与社会的关系。该观点认为信息社会的快速发展,信息技术已不再是简单地创造物质财富的技术工具和技术系统,信息技术的每一次革新都深刻地影响着人的生活习惯和思维方式,乃至改变着整个社会生态环境。德国学者昆特依据"人的生存空间"理论,分析了技术生态系统中各要素之间的互动过程,建立了"技术应用的三角模型",认为"用户的知识结构和生活方式影响着他们对技术的选择和应用;信息技术应用不仅反映了用户需要的特征,同样会不自觉地把一些附属特征强加给用户,改变用户的特征;社会环境同样也影响着技术的应用的发展。三者中,每一要素的变化都会影响到整个媒介生态环境的变化"(Quandt,T. 2010)。由此可见,在复杂多样的信息社会中,对信息技术的理解已不能只是"中性"的技术工具,还需要考虑技术、人、社会的相互关系,理解信息技术对社会正、负两方面的影响。在信息技术教育研究中,如果只谈"信息技术发展,忽视信息技术的社会人文特征"或"只谈信息社会的表面问题,忽视引发问题的内在技术原因"都是不全面的,甚至还有可能会引发更复杂的社会问题。

信息技术"工具观""系统观""生态观"是人们对信息技术认识的一个发展性连续体。这个连续体既反映着信息技术对人类生活的影响程度,也表现出人们对信息技术的认识层次,一定程度上这也就影响着学校信息教育的开展。

二、信息技术教育:历史的考察

中小学信息技术教育可以追溯到 20 世纪中期的计算机辅助教育。20 世纪 90 年代,随着计算机技术、网络技术的发展,以及人们对技术与社会关系认识的深入,它逐渐演变成为一个目标多元、内容丰富、方法多样的现代教育领域,成为许多国家中小学的基础教育课程。考察国内外信息技术教育的发展历程,它大体经历了计算机程序、计算机应用、信息素养、信息生态四个教育阶段。

1. 计算机程序教育

20 世纪 70 年代末,微型计算机的快速普及受到了教育学界的广泛关注。为占得信息化社会的先机,发达国家纷纷将计算机课程设置为中小学教育内容。1980 年,英国实行了"微电子教育计划"(Microelectronic Education Program),投巨资帮助中小学配置计算机和其他电子设置,开发教学软件,进行教师培训,改造中小学教材,使之渗透计算机教育内容。1981 年,苏联计算机教育学家叶尔肖夫在题为《程序设计——第二文化》中提出了程序设计文化的观点,他认为"是否具有编排与执行自己工作的程序的能力是人们能不能有效完成各种任务的关键。现代人除了传统的读写算能力以外,还应该具有一种可以与之相比拟的程序设计能力,这种能力可以帮助人们从小培育一种程序设计意识与能力"(王吉庆,1999)。此观点反映出"算法思维"的理念,并希望通过计算机程序的学习,培养学生解决问题的方法和策略,引发了计算机教育界的共鸣。随之,程序设计成为计算机教育的重要内容。受程序设计文化的影响,我国中小学计算机教育在试点期也将"发展学生程序设计能力"作为主要的教育目标。1984 年教育部(当时的国家教委)颁发的《中学电子计算机选修课教学纲要(试行)》就提出了"掌握基本的 BASIC 语言,并初步具备读、写程序和上机调试的能力"。从实施成效来看,程序设计教育为青少年创造了接触和了解计算机的机会,推动了计算机文化的普及。但是,从学生学习心理和学习过程来看,脱离了具体生活情境、忽视学生自身学习特点、抽象地向学生灌输计算机程序结构知识,无疑也是对青少年身心成长的一种摧残。因此,计算机教育过程中,如何调动学生学习积极性、激发学生学习兴趣,适应社会需要就成为计算机教育的新挑战。

2. 计算机应用教育

20 世纪 80 年代中期计算机操作系统和应用软件日趋成熟,一些数据库管理系统(Dbase)、电子报表系统(Viscul C)、文字处理系统(WordStar)开始被安装到微型计算机上,越来越多非专业的人员开始从事计算机应用日常工作。1985 年美国东田纳西州大学科尔教授在第四届计算机教育应用大会上发表了《面向职员的计算机课程》论文,在报告中将计算机文化教育的目标界定为"应用者能够在自己的教学科研、管理服务中把计算机作为一种有效的工具使用,其教学内容应该包括文字处理、电子报表处理、数据库、图像处理等应用软件的使用"(王吉庆,1999)。社会对计算机应用的现实需求促进了计算机教育从"程序设计"向"计算机应用"的转型。我国教育工作者也对当时中小学计算机教育进行了反思,指出名为计算机课程却只讲 BASIC 语言,给学生造成计算机就是 BASIC,BASIC 就是计算机的错觉。1994 年,在总结前期计算机教学实验的基础上,教育部颁布了《中小学计算机课程指导纲要(试行)》,将"培养学生利用现代化的工具和方法处理信息;培养学生分析问题、解决问题的能力,发展学生的思维能力"作为中学计算机教育的两项重要目标,学习内容也从前期的 BASIC 程序设计拓展为"计算机基础知识、计算机基本操作与使用、计算机常用软件介绍、程序设计语言、计算机对现代社会的应用以及对人类社会的影响"5 个模块。"计算机学以致用"的观点有着它的合理性,能够激发学生学习动机和掌握这种技能的积极性,特别是对即将毕业寻找工作的高年级学生来说,能够增加一门非常实用的技能。但是,基础教育阶段教育的目的毕竟不是完全的社会职业教育,更重要的还是促进学生综合素质的发展(王吉庆,1999)。如果过于强调计算机技能教育,忽视计算机应用道德的培养,也可能会出现应用着由人类理性创造的计算机工具,做着不理智乃至计算机犯罪的事情。

3. 信息素养教育

20 世纪 90 年代,信息技术发展日新月异,信息总量的膨胀冲击着人们工作与学习的各个领域,计算机应用教育已很难应对信息化社会的挑战,发展学生利用信息技术解决问题的能力,培养信息素养已为人们所共识。早在 1989 年美国图书情报协会就分析了信息社会对公民的素养要求,认为"具有信息素养的公民,能够根据个人的信息需要,有效地检索、评价和使用信息的综合能力"(Grassian, E. S. & Kaplowitz, J. R. 2009)。艾森堡(Eisenber, M.)等人在此基础上创立了发展学生信息素养的 6 种基本技术。即:①任务确定;②信息搜寻策略;③检索和获取;④信息应用;⑤信息创建和展示;⑥信息评价。随后,美国一些州(例如,北卡罗来纳州、威斯康辛州等)开始以课程整合的方式普及中小学信息素养教育。20 世纪 90 年代,英国政府将信息技术(ICT)正式列入国家中小学课程,并将教育目标界定为:①了解和使用信息技术;②学习利用信息技术开展各学科的学习;③培养学生利用信息技术解决问题的能力。推动了英国信息技术教育的发展。2000 年,我国教育部在北京召开的"全国中小学信息技术教育工作会议"上决定用 5 到 10 年时间,在中小学普及信息技术教育,并将信息技术教育课程列为中小学的必修课程,提出信息技术教育的主要任务之一就是要"培养学生的信息素养",随后的《普通高中信息技术课程标准》把提升学生信息素养作为课程建设的总目标。信息素养教育将信息知识技能的学习融入到学生利用信息技术解决问题的现实情境之中,强调学生在信息社会中需要注意的问题,养成良好的信息技术应用习惯,这无疑为学生今后在信息社会中健康成长创造了条件。但是,信息素养教育并没有从信息环境的内在特征分析技术、人、社会之间的关系,没有引导学生从根本上思考信息技术可能会带给人们潜在危机的原因,因此,"缺少了批判性分析信息的意识,当学生微笑地享受着信息环境中的娱乐,却不知为何而微笑时,当学生控制着'电游'操作杆,却被'电游'所控制时,世界就已不再是美丽新世界"(尼尔·波斯曼,章艳译,2009)。

4. 信息生态教育

计算机和网络通信技术的革新推动了信息全球化的发展。随之,大众传媒摆脱了传统的单向、线性、控制的信息传播模式,进化为多元、互动、开放的信息环境。信息受众也从被动的"接受者"成长为信息"发布者"。在此充满"新奇、变幻乃至诱惑"的信息环境中,信息技术教育也正接受新的冲击与考量。其教育目标就不应局限于"信息技术"的掌握,甚至也不应只停留于"生活问题"的解决上,还需要帮助青少年正确认识技术、个人和社会的相互关系,发挥信息技术的积极因素,将其可能会带来的负面影响提前消解于信息生态系统之中。波斯曼在对"媒介信息给社会所带来的现实问题"研究中指出"媒介生态关注的是信息环境交流的工具和技巧是如何控制信息的形式、数量、速度、分类以及方向。同时,这样的信息构造与偏见也影响着大众的观点、价值观和态度"。可见,信息技术教育研究在关注"技术教育"的命题时,也要关注"人在信息环境中的行为以及形成的社会关系"命题(Postman,N.,1970)。①技术层面的命题。包括信息交流的技术特征、基本概念和操作程序等。②信息社会情境层面的命题。即使是相同的信息工具传递相同的内容,在不同的社会情境下表现出来的意义也可能不同,在现实情境中理解信息显然是一个重要命题。③人与技术关系层面的命题。不同知识结构和生活背景的受众对信息技术及其表达信息的理解是不一样的,反之,信息技术工具及其表达的信息对不同的受众有着不同的影响。2010年,美国教育技术协会在《学生教育技术标准》的修订版中反映了信息生态的理念,增加了"批判性思考"和"数字化公民"的指标,指出"学生要具有批判性选择工具和资源,理解与技术相关的人、文化、社会的相关问题,安全合法负责任地使用信息和技术"。信息生态教育已经摆脱了"纯技术"教育狭隘观念的束缚,从生态学的视角来理解信息环境中各要素的关系,希冀帮助青少年在"学技术""用技术"的基础上,也能够从现实情境中,批判性地认识技术变革给信息环境带来的整体影响,从思想和行为上预防可能出现的信息问题。

三、信息技术教育：现实的追问

伴随着信息技术发展和人们对信息社会认识的深入,信息技术教育的内涵得以不断丰富和发展。受技术特征和应用环境的影响,不同时期表现出不同的教育内容、教育方法和教育目标。尤其在信息爆炸的今天,教师该如何开展信息技术教学? 家长又该如何帮助孩子合理应用信息技术? 这还需要从我国的现实情况谈起。

1. 信息技术教育是要学生"抵制"信息技术吗

信息技术发展与普及为青少年创造了全新的学习环境,但带来了前所未有的烦恼和困惑。"网络成瘾""沉迷手机""远程作弊"等事件都引发了社会对信息技术教育的热议和关注。一些家长不惜采用"没收手机""电脑上锁""切断网络"等严防死守的方式阻止孩子接触信息技术,在调研中一种家长如是说:

"最初给孩子买手机是为了知道孩子上学情况。我们上班忙,没法接送孩子,通过手机可以知道孩子是不是按时到校、是不是安全回家。可是,现在的手机功能越来越强大。自从孩子用上 iPhone,吃饭拿着手机,走路拿着手机,甚至洗澡也把手机放在手边。全家人在一起说话的时间比以前少多了,最糟糕的是我发现他还通过手机抄袭同学的作业,这学期学习成绩明显下降。依我看,如果能教育孩子彻底远离信息技术最好。"

在信息社会到来的今天,青少年是否真的需要与信息技术隔绝呢? 事实上,无论从信息技术发展目的,还是从社会生存需要来看,这都是不可能的。首先,信息技术是人类文明进步的工具。从收音机、电视机到计算机和互联网,信息技术的发展都适应着当时人类社会的需要,推动着社会进步。在人类文明史上,信息技术的每一次飞跃,都使得"人体得以延伸"。"因噎废食",不加分析地将青少年与信息技术隔离开来,无异于关闭了青少年利用信息技术自我发展的大门。其次,信息技术已成为我们日常生活必不可少的工具。在信息技术日益发展的今天,数字化技术渗透到社会生活的各个角落,网络银行、数字化图书馆、远程学习等信息技术工具彻底改变着人们生活与学习方式。如果不加选择地拒绝信息技术,也就阻碍了青少年在信息社会中学习生存的机会。由此可见,开展学校信息技术教育,绝不是要求青少年完全抵制信息技术,当然也不是让青少年在信息技术环境中放任自流,而是要根据信息生态环境与青少年成长的特点,发展青少年"使用信息技术而不是为信息技术所利用的能力"。

2. 信息技术教育等同于"操作技能"训练吗

信息技术是我国中小学教育的必修课程,它以提高学生信息素养为目标,强调同学合作解决问题,引导学生在信息获取、加工、管理、表达与交流中,掌握信息技术、感受信息文化、增强信息意识。然而在教学实施过程中,一些教师依然偏重于技能操作与训练,忽视现实问题解决能力和信息情感的培养。访谈过程中,一位教师表达了他对信息技术教育的认识:"根据学校课程纲要,我们学校在3年级开设信息技术课,涉及的内容主要有信息与计算机基础知识,应用软件学习和网络应用等内容。其中,信息与计算机基础知识包括信息的定义和特征,计算机的发展史、组成和工作原理。应用软件主要学习文字处理、电子表格、演示文稿等基本的操作与应用。网络应用包括用浏览器收集网络材料、学习使用电子邮件等。此外,我们学校4年级校本课程中,学生还可根据个人爱好选修'机器人制作'的校本课程,进行算法与程序设计、组件安装训练。"

分析调研材料发现:当前一些教师还是将信息技术教育简单等同于信息技能的学习,认为信息技术教育就是让学生掌握一些操作技能,完成一些简单的信息作品。实际上,无论从基础学力教育理论,还是从国际信息教育发展趋势来看,当前青少年信息技术教育都已超越了传统的知识记忆与技能训练,应用信息技术解决现实问题,理解技术、人与社会的关系日益受到重视。现代学力观认为"基础学力大体可分为两个侧面。其一是'实体性侧面'。包括诸如知识、技能之类的能够借助测验测定的显性学力。其二是'功能性侧面'。包括思维能力、学习动机等隐性学力"。从学力的综合发展来看,信息技术教育不应仅限于显性的信息知识与技能,还应包括解决实际问题、良好的信息技术价值观等隐性内容。从国际信息技术教育发展的经验来看,基础信息技术教育绝不能等同于信息技术职业教育。如果在基础教育阶段一味强调信息技能的发展,无视信息生态环境的复杂性和多样性,这势必会在基础教育阶段陷入"培养技术员式的陷阱(Technicist Trap)"。

3. 学校信息技术课程是"鸡肋"吗

严峻的社会现实问题增强了学校信息技术教育的迫切性。2010年《国家中长期教育改革和发展规划纲要2010—2020》就明确提出"鼓励学生利用信息手段主动学习、自主学习,增强运用信息技术分析解决问题的能力。加快全民信息技术普及和应用"。那么在学校层面,该如何开展信息技术教育? 又如何鼓励学生在学习过程中利用信息技术自主学习? 一些学校的教育管理者提出了自己的困惑。访谈中一位校长谈了自己的想法:

"信息技术作为一门必修的基础课程已为大家所共识。但是,从近年来课程实施成效来看,信息技术却处在一个'尴尬的地位'。一些学生和家长认为,它'文'不如语文、英语,'理'不如数学、理化;一些信息技术教师认为,随着信息技术应用的'普及化'和'傻瓜化',学生会越来越容易掌握相关的操作技能,信息技术在将来也许会淡出学校基础课程,失去其存在的意义。"

信息技术是一门年轻的基础教育课程,庄子云:"始生之物,其形必丑。"当前,中小学信息技术课程实施确实存在一些困难,例如,课程设计、活动组织、学习评价等方面都还有不完善的地方,给人们以"鸡肋"的感觉。但是,从我国的教育现状和国际前沿教育发展分析来看,信息技术课程都有着其存在的必要性和合理性。其一,"教育机会平等"要求信息技术课程的存在。受经济发展不平衡的影响,我国区域教育还存在着不平衡的问题。如果信息技术不能以学校课程的形式存在,这就很难保证学生学习信息技术的平等机会,加剧区域教育的"数字化鸿沟"。其二,从国际发展的维度来看,为了加强国家竞争力,占得数字化发展的先机,日本、韩国等国家都制定了国家课程标准,以学科的方式开展信息技术教育。近年来,美国一些州也纷纷制定信息技术教育标准,以媒体技术、计算机等课程方式开展中小学信息技术教育。此外,随着中小学信息技术知识技能体系的不断完善、教育研究队伍的不断壮大,这也有利于信息技术课程的建设和发展。

纵观信息技术教育发展历史,可以看出不同阶段的信息技术教育都有其存在的"合理内核",或程序设计、或技术应用、或信息处理等。但是,在信息技术教育转型阶段也出现了从"一个极端"走向"另一个极端"的偏差。缺少了对历史经验的批判性继承,割裂了阶段性教育的联系,信息技术教育就出现了这样或那样的不足。尤其是当青少年真实地生活在叶尔肖夫预言的"程序设计的世界"里,信息技术教育就更应该帮助学生理解"由各种程序算法所驱动的、由形式多样信息技术工具所表现的"信息化社会,发展学生的技术意识、算法思维、数据处理能力和信息的批判分析能力。

第2节　计算思维：信息技术课程的一种内在价值

信息技术的快速发展与广泛应用创设出一个全新的数字化社会环境。远程互动、实时反馈、自动化处理等特征不仅改变着人们的生活与学习方式，也彻底转变着人们的认知结构和思维特征。帮助学生理解信息环境中各要素之间的关系，发展与之相适应的思维方法也就成为当代信息技术课程的一项重要价值。

一、信息技术课程内在价值的游离

加涅（Gagne，R. M.）在认知心理学研究中将认识领域的学习结果分为三大类，即言语信息、智慧技能和认知策略。其中认知策略是指学生学习后形成的对内控制能力以及调控认知活动的特殊认知技能，是学生内在价值的学习结果。就一门课程而言，其认知领域的教育意义既体现在外显的知识与技术学习方面，也反映在内隐的认知策略学习上。考察我国当前学校信息技术课程的设计与实施，其课程的内在价值还存在着目标模糊化、内容简单化和方法形式化等方面的不足。

1. 信息技术课程内在价值的教育目标"模糊化"

2003 年我国教育部颁发了《普通高中技术课程标准（实验）》（以下简称《课程标准 2003 实验版》）。其中，将提升学生的信息素养作为课程总目标，并通过"确定问题——搜索信息——处理信息——解决问题——归纳思想"的方式作为信息技术学习的过程与方法，间接反映出信息技术课程的内在价值。该目标虽然强调了学生利用信息技术解决问题的能力和技术的思想方法，但也存在着能力特征不显著、思想方法不清晰的问题，主要表现为两个方面。其一，信息技术课程的能力特征不显著。分析课程目标中的利用信息技术解决问题的过程，可以看出该过程不仅能够在信息技术课程中得以实施，同样也可以在其他课程中得以发展。例如，《义务教育语文课程标准》提出"为解决学习与生活中的相关问题，学生要能够利用图书馆、网络等信息渠道获取资料，初步了解查找资料和运用资料的方法"的学习要求。显然，在信息技术课程中，缺少了信息技术解决问题的独特方法,也就失去了其内在的特有价值。其二,信息技术的思想方法不清晰。尽管《课程标准(2003 实验版)》中多次提到"信息技术基本思想与方法"的学习要求,例如"了解使用数据库管理信息的基本思想与方法""掌握面向对象程序设计语言的基本思想与方法""解释多媒体信息采集的基本工作思想"等,但是这些思想方法的内在含意是什么? 它们有哪些异同、又有什么样的表现性特征? 在随后的实施建议和评价建议中都没有作进一步的解释和说明,缺少了对核心术语的清晰解释和表现性说明,所谓的技术思想方法的学习目标也就只能停留于课程标准的文本之中。

2. 信息技术课程内在价值的教学内容"简单化"

分析《课程标准(2003 实验版)》的整体目标,信息技术课程的内在价值主要还是反映在培养学生利用信息技术解决问题的能力和信息技术思想方法上。从教学内容来看,无论是解决问题能力的培养,还是信息技术思想方法的养成,都离不开具体实践活动。如同《课程标准(2003 实验版)》所建议的"教科书内容密切联系实际,结合学生的现实生活与学习实践以及当地的社会发展,适度设置真实性的学习任务、典型案例或研究性课题"。然而现状调研表明,反映信息技术内在价值的教学内容却还存在着"步骤化"和"程序化"的不足。其一,"能力培养"简化为"步骤学习"。将信息技术解决问题的过程固化为几项基本活动步骤,利用信息技术解决问题能力也就简化成了活动步骤的学习。事实上,现实生活中的信息问题不仅包括结构性问题,也包括非结构性问题和半结构性问题。固化的活动步骤不仅不利于学生对非结构和半结构问题的理解,反而会封闭学生信息技术的创新意识。其二,"思想方法"简化为"程序设计"。由于《课程标准(2003 实验版)》并没有对信息技术思想方法进行清晰的表述,这在一定程度上也弱化了技术思想方法的培养,给教学内容的安排设置了误区。其中一些算法与程序设计的教科书过于强调变量、函数、语句结构等编程语言和程序结构的技能,忽视了其内在的"算法思想"(例如模型建设、数据抽象等)的渗透。课程标准中所要求的"学生进一步体验算法思想,了解算法在解决问题过程中的地位和作用"也就很难得以实现。

3. 信息技术课程内在价值实施方法的"形式化"

信息技术课程的内在价值主要是通过学校的日常教学得以实现的,教学方法的设计与实施直接影响着课程内在价值的落实。《课程标准(2003 实验版)》在教学实施建议中也提出"信息技术课堂教学中,要通过问题解决的活动激发学生的学习动机,发展学生的思维能力、想象力以及自我反思与监控的能力"。但是课堂观察却发现一些问题。①"教师讲,学生练"依然是教学组织的主导方式,"技术操练式"的教学方法依然为教师所倚重。即使是在探究性活动过程中,教师更多的也是分步骤地将探究问题、解决过程、方法策略,乃至作品案例呈现给学生。当学习作品呈现出"千篇一律"的格式时,发展学生的思维能力、想象力、自我反思与监控能力也就无从说起。②技术思想方法的活动还流于形式。尽管一些教师也希望在课堂教学中开展基于真实情境的问题探究活动,引导学生体验信息技术的内在方法特征,发展学生信息技术的思想方法,借以落实信息技术课程的内在价值。但是,由于受课时结构、学校教学资源的限制,大部分探究性学习活动也还停留于肤浅化的表面。教学过程过于注重学习活动的组织形式,忽视学生的学习实效,过于强调活动过程的外在表象,弱化学生信息技术实质方法的思考,这也就导致了"为探究而探究,为活动而活动"的学习假象。

　　我国信息技术课程所表现出的内在价值的现实问题既受当时社会需求的影响(21世纪初期,信息技术课程主要还是处于"信息扫盲阶段"),也局限于人们对信息技术课程自身特征认识的不足。近年来,随着信息技术应用普及和课程研究的深入,越来越多的学者对信息技术课程内在价值的具体性和教学的可操作性进行了深入的探讨。

二、何为信息技术课程内在价值

　　早在1981年,苏联计算机教育学家叶尔肖夫就曾预言"人类必将会生活在一种程序设计的世界里。在这个世界里,人类文化与程序设计不仅并行存在,而且会相互联系,融合为一种全新的人类思想"。事实上,当今的数字化、网络化、智能化的世界不仅诠释了叶尔肖夫的预言,也远远超越了程序设计的文化理念,以"数据抽象和自动化处理"为代表的计算方式已经渗透到人们生活与学习的方方面面,计算思维成为每个社会成员处理信息问题的重要思考方式。发展学生计算思维,提高学生利用信息技术解决问题的能力就成为学校信息技术课程的一种重要的内在价值。

1. 理解计算思维

　　为了更好地生存于信息化社会环境中,人们就有必要理解现代信息系统中各要素之间的关系,依据现实需要选择信息工具、设计应用方法、解决现实问题,培育信息化社会所特有的、人机互动的计算思维。近年来,相关研究机构和学术专家对这种特别的思维方式进行了深入的研究。

2006年,卡耐基梅隆大学周以真教授在"计算机科学协会"(ACM)年会报告中明确提出了计算思维的概念,指出:"计算思维是涵盖了计算机科学领域中所采用的最广泛的心理工具,是对问题解决、系统设计、人类行为理解的综合能力反映。发展学生计算思维就是要'像计算机科学家'那样去思考信息化问题,当然这问题绝不只是应用于计算机科学领域,它适合信息技术所渗透的每一个角落。"

2011年美国国际教育技术协会(ISTE)和美国计算机科学教师协会(CSTA)基于计算思维的表现性特征,制定了一个可操作的定义,为中小学计算思维教育的开展提供了结构框架和内容指导。该定义为,"计算思维是解决问题的一种过程,它包括如下特征(但不限于这些特征):①确认所需解决的问题,并通过计算机和其他工具来解决问题;②符合逻辑地组织和分析数据;③通过抽象(例如模型,仿真)的方法来表示数据;④通过算法(一系列有序的步骤)支持自动化的解决方案;⑤识别、分析和实施各种可行的解决方案,并整合这些最有效的方案和资源;⑥将该问题的求解过程进行推广,迁移到更广泛的问题解决与应用中"。

2012年英国学校计算工作小组(CAS)将计算思维作为学校教育的一项重要内容,研究报告中指出:计算思维是人们对人造(artificial)信息系统和自然(natural)信息系统的交互思考过程,它是人们逻辑能力、算法能力、递归(recursive)能力、抽象能力的综合体现。良好的计算思维不仅有利于人们在信息化社会中的良好交流,也有利于人们批判性思维的发展,负责任地使用信息技术。

分析上述定义,可以看出他们都强调计算思维作为解决问题能力的特征。但是,在分析维度上又各有不同,周以真教授从认知结构的层面来理解计算思维,关注计算思维的整体性;ISTE和CSTA研究机构从表现性层面来分析计算思维,力求实现计算思维教育的可操作性;CAS研究小组则从"人—机"信息系统互动方面思考计算思维的发展过程,指出计算思维发展的必要性。综合已有的研究成果,我们可从以下几个方面来理解计算思维:

从认知特征来看:计算思维是适应信息社会的一种心理工具,它具有技术的元科学(meta-science)性特征,例如数字化、模型化、程序化等特点,同时也会随着技术的发展和情境的变化不断地调整个体的认知心理模型。

从表现特征来看：计算思维是人们用信息技术解决问题的一种能力，它包括信息技术应用的独特特征，例如结构分解、实体抽象、模型建设、自动化实施和信息反馈等，也包括常规解决问题的共性方法。例如呈现问题情境、明确问题目标、设计问题方案、问题解决与检验等。

从信息环境来看：计算思维是人们对人造信息系统和外部自然信息系统的合理互动过程，并以此来提高个体在信息化社会中工作、学习和生活的效率。

2. 计算思维的教育意义

从社会生态学的视角来看，人是信息社会的重要组成部分，只有当人们正确理解信息社会的普遍特征，创造性地使用信息技术时，信息技术革命才能真正到来。因此，在信息技术课程中发展学生的计算思维，就不只是让学生简单地适应信息化环境；同样还需要引导学生理解信息化社会系统，将这种思维方式合理地应用于个人成长和专业发展中来，其教育意义主要表现为：

其一，提高学生应用信息技术解决问题的能力。利用信息技术解决问题的能力既表现为解决问题的共性特征，也表现出信息技术应用的特殊性。计算思维正是将这两种方式优化结合，形成在信息化情境中解决问题特有的方法与策略。

其二，提高学生对信息技术应用的批判能力。信息技术在给人们带来便利的生活条件时，也引发了潜在的危机。当信息技术将"标准化和程序化"技术特征应用至极致，人的一切活动都需要听从技术要求和工艺安排时，"信息技术"就有可能会异化为了"控制人类自由"的绳锁。因此，发展学生计算思维也正是要加强学生合理地与人造信息系统和自然信息系统的良好互动，理解信息技术与人的相互关系，批判性地应用信息技术（Wing，J. M.，2006）。

其三，提高学生在信息社会中的自我调节能力。共同进化（co-evolution）是信息化社会生态环境中各要素相互作用、共同发展的趋势（Scolari，C. A.，2012）。在信息化社会生态环境中，其中每一要素的发展都将引发其他要素乃至整个生态环境的变化。针对不断发展的信息化环境，发展学生计算思维就是要在信息化情境中不断自我完善信息认知模型，提高在信息化社会中的自我调节能力。

3. 计算思维作为信息技术课程的一种内在价值

中小学信息技术课程是一门融知识性、工具性和人文性于一体的课程。它的发展除了受"学科知识技能体系"的影响,同样还会受到学习者的心理特征和社会需求的影响。在技术方法层面,信息技术反映的是一种"数字化、网络化、智能化"的应用特征,其信息处理的本质过程是一种"把代码译成数据,又把数据译成代码的计算方法"。在社会需求层面,当这种计算方法渗透到信息化社会方方面面时,人们不仅需要掌握它的外在操作过程,也需要"采用抽象分解的方法来控制任务的实施,形成与计算方法相适应的结构分层、逐步求精的思维方式"(Wenglinsky,H.,2005)。在个体心理发展层面,计算思维并不是要简单地复制信息技术隐含的技术思想方法,而是个体头脑与技术方法互动的结果。由此可见,中小学信息技术课程的开展,就不只是外在的技能操作练习上,甚至也不应停留于解决问题步骤的掌握上,更重要的还是发展学生利用信息技术解决问题的一种交互性思维方式,即计算思维。

三、何以实现信息技术课程内在价值

课程的内在价值的实现既取决于课程目标的明确性,也取决于教学内容的恰当性和教学活动的合理性。因此,计算思维在信息技术教学中的有效落实,就需要明确计算思维的表现性特征,合理组织教学内容,研究可行的教学方法。

1. 建立计算思维的表现性标准

表现性标准(performance standards)解释了在一定学习水平层次上学生应表现出来的行为特征,是一种可操作的、具有等级特征的标准体系。从应用效能来看,它不仅可以把抽象性的学习目标细化为可操作的具体要点,也可以表述这些具体要点之间的相互关系,保持学习目标的整体特征。在计算思维教学中,为了能明确学习结果,知道学习结束后应知和能做的内容,就有必要建立与之相对应的表现性标准。例如,美国计算机教师协会(CSTA)制定的学校计算机课程标准就建议 6 年级学生要能够"将计算(computing)理解为他们生活学习中的一部分"。与其对应的表现性标准为:理解利用算法解决问题的基本步骤(例如,问题陈述和探究、样本检测、设计、实施和测试);通过"不插电的计算机练习"(computer-free exercise,不使用计算机)的方式来理解算法的基本概念;描述怎样用模拟方式去解决一个问题;当讨论一个大问题时,能够将其细化为一系列小问题等等(ACM&CSTA,2010)。再如,标准建议 9 年级学生要能够将"计算思维落实于具体的工具应用中,在创造数字作品过程中,学会使用程序概念和方法"。相应的表现性标准为：通过内容模型和模拟支持学习和研究；评价什么样的内容可以用模型和模拟解决；分析哪一种计算机模型能够正确反映真实世界，以及反映的程度；使用抽象和分解的方式将问题化为子问题。由此可见，建立一套清晰、具有可操作性的计算思维表现性标准，既有利于师生对计算思维的理解，也便于组织教学内容，有针对性地开展教学。正如 CSTA 研究报告所指出的那样"基于计算思维的表现性标准不仅明确了对教师和学生教与学的期望，它也建立了一个根本的等级体系，影响着教育管理者怎样选择、分配和利用教学资源"（ACM&CSTA，2011）。

2. 设计与标准一致性的教学内容

教学内容与课程标准的一致性是教学内容组织的一项基本原则，主要反映在"认识程度的一致性和知识要点的一致性"两个层面。从学生认知能力发展来看，不同年龄的学生对知识组织方式的接受程度存在着差异，例如，低年级学生比较容易接受图形、实物等组成的形象性学习内容，高年级学生则对程序设计语言、基本算法等抽象性学习内容具有较强的理解能力。因此，计算思维教学内容的组织上应与学生的认识水平相符合。教育心理学专家西蒙·派珀特（Papert，S.）从学习心理认知过程探讨学生的思维发展，提出了"计算机可以将学生形象思维具体化"的观点，并针对小学阶段学生形象思维的心理特征设计出"发现迷宫之路（乌龟图形、机器人技术）""按字母顺序安排一系列的词"等 LOGO 语言的学习内容，引导小学生在图形制作过程中感受"问题确定、模型分析、命令实施、修改完善"的计算方法。从知识的难易度来看，教学内容中的知识要点应与课程标准相符合，反映出课程标准的基本要求。例如，为了确保课程标准得以有效落实，CSAT 研究机构在教学资源中针对"通过模型和模拟分析数据和确认方案"的内容标准设计出"计算模型"的项目活动，其中包括了"真实问题的抽象，通过计算工具实施计算模型，在模型中进行环境交互，通过自动技术进行模拟实验测试。判断模拟世界和真实世界的内在关系"等内容（Tiensuu，A. 2012）。由此可见，教学内容与课程标准的一致性既是对课程标准的诠释和拓展，也确保了课程标准的有效落实。

3. 组织实践探究性的教学活动

在信息技术课程中，培育学生计算思维的最终目的是期望学生将这种思维方式合理地迁移至日常生活与学习之中，全面提升学生的信息素养。从现代学习心理学理论来看，思维的发展是一种富情境化的过程，脱离了真实情境的"说教式"教育就很难实现学生思维能力的迁移。格式塔心理学的研究成果就表明"在认识迁移过程中,学习情景中各要素之间的关系起着关键性的作用,这种作用既表现为学习内容之间存在有一定的关系,也表现为学习者对这一关系的理解和顿悟"。显然,为了促进计算思维的学习迁移,教学活动就不应只停留于知识的讲座和技能的操练上,同样还需要创设隐含计算方法的、与学生生活学习相类似的学习情景,引导学生在其中发现计算问题,应用计算方法解决问题,将计算思维迁移于真实的问题情景中,并逐步完善这种思维方式。例如,高中"人行横道红绿灯时间转换模型"项目活动就"描述了人行横道中红绿灯的现实情境,将计算方法的问题隐含于其中。学生通过实地观察,找出影响红绿灯时间变化的变量,分析变量之间的关系,设计相关的模型,通过信息技术工具实现这种模型,检验模型实施的效果,进行相应的完善和调整"。可见,在计算思维教学实施中,为了引导学生理解表现性标准中各要素之间的关系,建构符合现实需要的数据模型,就需要将表现性标准和教学内容落实于探究性的教学活动中,通过真实情境的体验与实践,促进计算思维的有效迁移。

四、基于 STEM 的计算思维教育

计算思维作为信息技术学科的一项重要教育内容,超越了传统程序设计的代码编写,强调在情境中通过跨学科的方式培养学生利用信息技术学科方法解决问题的能力。从课程组织来看,信息技术教育本身就融合了科学(S)、技术(T)、工程(E)和数学(M)等知识,是一门典型的 STEM 课程。基于 STEM 的课程是计算思维教育的一项重要方式。

1. 指向计算思维教育的 STEM 课程设计策略

基于项目的跨学科整合。STEM 课程通常是以项目活动方式,引导学生运用跨学科知识,合作、设计、建构、发现、解决问题的体验式课程。指向计算思维教育的 STEM 课程继承了项目学习特征,通过跨学科整合、基于学科标准和学习支架等方式科学设计课程,促进学生计算思维发展。基于项目学习(Project-based Learning, PBL)是以"学生学习为中心"的一种教学组织方式。一些国际研究成果显示,对于青少年,体验式、实践式以及学生主导式的项目更容易激发学生学习 STEM 课程的兴趣,项目学习逐渐成为 STEM 课程的通用教学方法(阿尔帕斯兰·沙欣,2016)。"STEM 全球教育联合会(Global STEM

Alliance)"在 STEM 理论框架研究中也提出"STEM 课程作为一种基于项目的学习,其项目设计要体现跨学科学习,把不同学科的学习内容整合在项目任务中"。

基于标准的内容设计。国家课程标准是教材编写、教学、评估和考试命题的根本依据。在教学实践中,为提高 STEM 课程跨学科整合的"粘合度",避免"为活动而活动的误区",美国马里兰州 STEM 教育助理兰兹博士提出了基于标准的 STEM 课程设计,依据课程标准中的学习要求,将各学科知识技能"锚入(anchor)"STEM 课程内容中。基于标准成为指向计算思维的 STEM 课程设计的一项重要策略,主要表现为:其一,通过分析信息技术与其他学科课程标准,确定学习目标,把 STEM 项目主题、活动内容、活动过程和活动评价"粘合"为一个学习整体;其二,将课程目标细化为问题,梳理问题间的关系,形成问题链,以问题方式将各学科的知识与技能融入 STEM 项目中,提高 STEM 课程学习的深度与广度。

基于学习支架的探究过程。学习支架是对学生解决问题和建构意义起辅助作用的概念框架。在解决问题过程中,通过学习支架可帮助学生认知程度不断由实际水平提升到潜在水平。因此,在指向计算思维的 STEM 项目设计中,为能引导学生在原有学习经验上一步一步提升,实现知识的自我建构,同样需要在项目中融入一套促进学生认知发展的学习支架。学习支架设计要点是:其一,要与学生原有计算思维的学习经验相吻合,所提供的概念框架置于学习者的"最近发展区",帮助学生在原有学习基础上进一步开展学习;其二,学习支架也要反映有经验学习者(例如教师)所经历的计算思维过程,为学生在利用学科方法解决问题时提供支架点的反馈,帮助学习者领悟其中的要素关系,促进计算思维发展。

2. 指向计算思维教育的 STEM 课程设计框架

指向计算思维的 STEM 课程旨在通过项目活动为学生提供"做中学、学中做""创中学、学中创"的活动环境,引导学生在问题探究过程中发展计算思维,提高利用计算思维解决问题的能力。设计项目的结构与内容是 STEM 课程的关键部分。

STEM 课程专家埃尔多安(Erdogan,N.)教授针对 STEM 课程学习过程,提出了 STEM 项目设计的四个要素,即:(1)投入,学生项目学习的目标和过程;(2)管理,学生项目学习的方法和策略;(3)产生,学生项目学习的方案和结果;

(4)评估,对学习方法和学习结果的评价。美国跨学科整合专家莱莉(Susan Riley)在案例研究的过程中提出了STEM项目设计的内容框架,包括:明确项目主题、梳理核心问题、说明关键技能、设计学生项目活动进程、提供相关的活动支持;组织活动评价等内容。两者分别从实施过程和内容组织两方面分析了STEM项目结构,都强调了项目目标、过程、结果与评价等内容。借鉴已有研究成果,指向计算思维教育的STEM项目框架主要包括:项目主题、项目目标、活动过程、活动资源和项目学习评价等内容。

明确项目主题,描述活动情境。 分析学生学习经验和活动兴趣,按照计算思维等跨学科知识技能学习需要,确定适合学生开展的项目主题,通过活动情境描述激发学生对项目的探究欲望。

界定项目目标,聚焦学习问题。 列举项目活动中所涉及的包括计算思维教育在内等多学科课程标准内容,确定项目活动后学生应知、应会、应用的学习结果,确定达成学习目标所对应的问题链。

设计项目过程,细化活动任务。 描述学生开展项目活动经历的关键步骤,将学习支架置于项目活动过程中,通过学习支架引导学生经历高水平的思维过程,培养学生计算思维等方面的能力。

提供项目资源,支持活动实施。 按照项目活动需要,为学生提供解决问题可能需要的学习资源,例如,发展学生计算思维过程中应用到的软件工具、跨学科学习资料等,支持学生项目活动实施。

开发项目评价工具,确定评价方式。 按照项目活动结果,开发针对活动作品的评价工具,例如,小组活动评价标准、作品评价量表等,用以对学生活动过程和结果给出一个准确判断,促进学生更好地反思和改进。

在信息技术发展日新月异的今天,显性的信息技术工具直接改变着人们的外在行为,同时隐性的技术思想潜在地重构着人们的内在思维。生活于其中的每一位社会成员都有必要掌握信息技术工具的应用方法,也需要理解信息技术的内在特点,提高个人在信息化社会中的自我调节能力。因此,作为发展信息素养重要途径的信息技术课程,在关注学生信息技术知识与技能学习时,也要明确信息技术思想方法的本质特征,发展学生在信息化社会独特的思维方式——计算思维。

第3节 信息技术课程知识结构的探讨

信息技术的发展推动了社会进步,也使中小学信息技术课程得以建立与实施,但是随着信息技术工具应用的"傻瓜化"和"日常化",信息技术课程也面临着重重困惑。一方面它强调了学生利用信息技术解决问题能力的培养,另一方面却淡化了学科知识结构和内在逻辑关系,引发了信息技术课程"学什么"的混乱。事实上从课程内容的来源来看,知识与技能始终是学科课程建设的一个重要组成部分,任何脱离了特有知识技能的学科课程,其本身就已经失去了独立存在的意义。因此,为了确保中小学信息技术课程持续、稳定发展,明确信息技术课程内容的本体对象、聚焦核心概念、建立信息技术的知识与技能体系就成为当务之急。

一、现状调研:信息技术课程的学科本体内容缺失

英国学者赫斯特(Hirst,P.)从发展视角分析了学科课程的本体特征,认为一门充分发展的学科课程必须有其特有的核心概念、逻辑结构和独特的表达方式,以此反映其本体价值。由此可见,信息技术作为一门具有学术特征的基础课程同样需要明晰其内部的知识结构,辨清各要素之间的逻辑关系。然而现状调研表明,我国中小学信息技术课程还存在着本体对象不明确、核心概念不聚焦、知识逻辑关系不清晰等问题。

1. 信息技术课程学科内容不明确

我国《课程标准(2003实验版)》的颁布,明确提出了提升学生信息素养的课程总目标。该标准的出台推动了学校信息技术课程的开展,对中小学信息技术教育起到里程碑的作用。从课程理论层面来看,基于此标准的信息技术课程关注了学生信息获取、加工、管理、表达、交流能力培养,注重技能的综合应用,凸显课程的工具特征和人文关怀。但是,分析信息技术课程的知识与技能,其中却还存在着"本体对象模糊"和"学习内容重复"的问题。其一,课程本体对象模糊。我国中小学信息技术课程是从计算机课程发展演变而来的,同时又受信息技术

与课程整合等因素的影响。其内容既包括了技术领域的"计算机系统"的知识，也涵盖了教育领域的"知识整合"的内容，还涉及了"教育传播系统"的技能。显然，多元知识技能的交叉打乱了其原有课程的知识体系，而新的知识系统还没有得以合理建设，这也就导致了课程本体内容的混乱。其二，学习内容重复。"熟练使用常用信息技术工具，形成自主学习信息技术的能力"是信息技术课程的一个重要目标。受信息技术工具特征和学生学习能力的限制，发展学生信息能力的方式主要还限于几种常用的工具，例如，应用软件方面的文字处理软件、电子表格软件、演示文稿软件、网页制作软件等。为了能促进学生利用信息技术解决问题能力的发展，相关软件的学习几乎渗透到了中小学的各个学段。但在一定程度上，这也造成了课程内容的重复学习，浪费了学生宝贵的学习时间。因此从学科特征来看，忽视信息技术原理知识的逻辑分析、缺少对信息系统结构的一致性建设，信息技术课程就失去了立足之"本"，也就引发了"信息技术课程消亡"的论调。

2. 信息技术课程的核心概念不聚焦

核心概念是对同类事物的共同本质特征的概括，它既是对同类事物特征的抽象总结，也是构成学科知识体系的基本要素。教育心理学家布鲁纳（Bruner, J. S.）就曾指出"（学科课程）教学内容的基本结构是由核心概念组成的，课堂学习就是要让学生掌握这些核心概念，理解知识结构，形成系统化的知识编码系统"（邵瑞珍，2002）。可见，一门学科课程的建设必须要以其独特的核心概念作为支撑，并通过核心概念建构知识体系。然而，分析当前我国中小学信息技术课程的内容，其中还存在着核心概念不明确、专用术语解释不一致的问题。其一，核心概念不明确。信息技术是关于信息的产生、发送、传输、接收、变换、识别、控制等应用技术的总称。它具有信息科学的概念体系（例如信息的概念与本质、度量与转换、表示与传输等），也包括技术应用的特征。然而，当信息技术课程不分年级、不分学习内容完全以"信息应用与处理"的方式组织教学内容时，一定程度上也就弱化了该课程的本体特征。尤其是当同一年级不同版本的教材中核心概念出现很大差异时，势必会降低学科知识结构的清晰度。其二，专业术语解释不一致。从学科课程发展特征来看，学界达成共识的专业术语通常具有稳定的学术意义和共性的本质特征。即使同一术语采用不同的表述方式，其本质含义也不应存在较大的偏差。但是考察我国现有高中《信息技术教材》，其中还存在着专业术语解释不一致的问题，例如，关于"信息"的特征，同一年级教科书中,有的解释为"载体依附性、价值性、时效性、共享性";有的认为是"普遍性、不完全性、时效性、可共享性、依附性";还有的分析为"传递性、共享性、依附性和可处理性、价值相对性、时效性、真伪性"。显然,相同专用术语意义解释不一致的问题,不仅会给学生的学习带来困惑,也会为学习后的学业评价制造障碍。

3. 信息技术课程的体系逻辑关系混乱

奥苏伯尔(Ausubel, D. P.)在教材组织与结构研究中发现"每一门学科都有一个分层次的概念体系和命题结构,其顶端是包容性很强的抽象概念,包含了结构中处于下位的具体概念,构成了不断分化和综合贯通的逻辑关系"(邵瑞珍,2002)。因此,课程设计和教学内容组织过程中就需要区分上位概念与下位概念,理顺相互之间的关系,建构知识体系。分析我国高中信息技术课程标准与相应的教科书,其中还存在着知识结构不清晰,逻辑关系混乱的问题。其一,概念的分层结构模糊。信息技术作为新兴的研究领域,其中必然融入了大量新创的、独特的专业术语。为了保持中小学信息技术课程的稳定性,课程研究者就需要理顺相关术语的内容关系,帮助学生建构信息知识,发展他们社会生存所必需的信息技能。然而我国中小学信息技术教科书中还存在着术语随机出现的现象,导致"新概念"解释"新概念"的问题。例如,某高中信息技术教科书中将"传感器的特征"解释为"对获得的电流和电压波形进行取样和量化,变成数字形式的数据"。事实上,"取样"和"量化"的术语本身对于高一学生就是新概念,用新概念解释另外一个新的概念势必会给学生的学习带来更大的负担。其二,信息技术知识与技能之间缺少必要的相互支持。信息技术的工具性特征加强了课程的技术应用和操作方法的学习,应用软件的功能操练、数码设备的应用过程依然还是课程的主要学习内容。忽视了对"信息技术的原理特征—共性方法—个别功能"的一致性解释,过于强调技能的操作练习,也就影响了学生对知识与技术学习的融合贯通,容易陷入"为技术而学技术"培训陷阱。

二、问题思考:何为信息技术课程的学科内容

从学科课程的发展过程来看,其学习对象、核心概念和知识体系应具有相对稳定的特征,以此构成该课程与其他课程的本质区别。因此,在研究信息技术课程时,同样需要对其学习对象、核心概念和知识体系进行系统性的思考。

1. 明确信息技术的研究对象

信息技术作为一门年轻的中小学课程,各国教育研究者对该课程的学习对象有着不同的认识,相应的课程文件中也就出现了不同的学习要求。例如,俄罗斯中小学信息技术课程将"各种系统信息过程规律"作为学习对象,细化为"信息处理的类型、信息的来源和接收、信息传输的数量和速度、信息的数字化表征、基本算法性能、算法设计类型"等内容(李雅君,柳德米拉·芭萨娃,2012)。2003年,我国高中信息技术课程标准将"信息处理与交流"作为课程体系的架构线索,包括"信息获取、加工、管理等环节"。2011年,英国教育部在接受国内民众对"信息与通信技术"课程的广泛批评和建议下,在信息技术教学调查的基础上,厘清了"数字素养""信息技术"和"计算机科学"的关系,认为不同学段的学生应该学习不同的内容,开发了"中小学计算科学"课程,将"计算机系统"作为学习本体,强调"算法、数据结构、程序、系统架构与设计"等学习内容(CAS,2012)。综合以上可以看出,尽管各个国家的教育研究机构对信息技术的学习内容还有着不同的认识,但是从专业发展的共性来看,信息技术课程本体内容都聚焦在"现代信息系统"上。无论是"系统信息过程""计算机系统"还是"信息处理与交流",其实都是信息系统内部的信息处理过程或特殊方式,都强调着信息的输入、处理、输出和反馈的各个方面,所不同之处,只是研究者对"信息系统"所采用的技术载体和信息工具略有不同而已。从社会发展来看,当以自动化服务为代表的现代信息系统逐步渗透到人们活动的各个方面,并切实影响着人们的日常生活与工作学习时,帮助学生理解现代信息系统,利用其中的信息技术工具处理信息,解决现实问题,寻求创新发展机会就显得非常重要。因此,为了更好地帮助学生理解信息化工具、适应和推动信息化社会的发展,以用户为中心、以计算机和网络技术为载体的现代信息系统就日益成为中小学信息技术课程研究和学习的本体对象。

2. 梳理信息技术的核心概念

课程的核心概念是学生智慧技能发展的重要组成部分,直接影响着学生认知策略的形成。确定信息技术课程的核心概念一方面可以帮助学生掌握其基础性原理知识,明确课程内容的核心要素;另一方面也易于引导学生理解知识技能之间的内在联系,建构知识技能体系。近年来,一些国际教育研究机构对信息技术的主要概念进行了专门梳理。美国国家研究委员会(National Research Council,NRC)在"信息技术通晓"研究报告中将信息技术的主要概念划分为10大类,分别是:计算机基础知识、信息系统的组织形式、网络基础知识、信息的数字化形式、信息的组织、建模与抽象、算法和编程、普遍性、信息技术的局限、计算机和技术的社会影响。英国信息技术与通信课程(ICT)进行了重新修订,将计算机语言、机器与计算、数据对信息的表达、交流与合作、抽象与设计、计算情境作为课程建设的主要概念,并建议相关概念的学习应融入到算法选择、程序设计、数据库知识、计算机应用、网络技能等学习活动过程之中。分析已有研究成果可以看出:"信息"和"技术工具"作为核心概念贯穿于信息系统学习的始终。"信息"是信息系统中的传递内容,其概念可从两方面理解。其一,信息的定性解释。包括信息的定义特征、分类描述、性质功能等内容。其二,信息的定量分析。可细化为信息的度量单位、测量方法和编码形式等。"技术工具"是信息系统中信息的传播载体,其组成内容包括传感、通信、存储、计算机和人工智能等专项技术,其中通信技术、计算机与智能技术处在信息处理过程中的中心位置,感测技术和控制技术是中心与外部世界之间的接口,每种技术工具都有着独特的工作原理和功能特征。"信息"与"技术工具"的有机结合构成了形式多样的现代信息系统,为中小学信息技术课程的建设提供了内容支持。

3. 建构信息技术的学习内容体系

"图式"是现代认知心理学对知识组织的一种常用结构方式,它表示了某类知识的基本要素,也反映出各要素之间的内在联系,通过图式可以清晰描述某一领域学习内容的整体框架。心理学家安德森(Anderson, J. R.)在知识结构研究中指出"对于表征小的意义单元,概念命题可以清晰地说明知识的内在涵义,但是对于表征一些特殊概念的、较大的、有组织的信息组合,命题就很难有效地组织,而图式正是研究者根据客体的一组属性组合表征客体的结构"。对于正在发展中的信息技术课程,研究者在明确其核心概念后,还要梳理核心概念间的相互关系,分析其结构图式,建构课程内容体系。华盛顿大学劳伦斯(Snyder, L.)教授就从信息技术技能、算法和数字化信息、数据和信息、程序设计四个方面分析信息技术学习内容,将数据、信息、算法、程序设计、计算机和网络原理知识等基本概念贯穿其中,以此发展学生的信息通晓能力。图5.3-1是劳伦斯在对通晓信息技术研究的基础上构建的信息技术学习体系。近期俄罗斯联邦教育部对该国的中小学"信息与信息交流技术"课程内容进行了重新设计,将信息过程、信息技术和信息对象的创建与处理作为课程学习的三个主要方面,并对这三个方面进行结构分析。其中,信息过程的内容包括信息表征、信息传输、信息加工等;信息技术的内容包括信息交流技术主要设备的原理特征、评价指标、应用过程与方

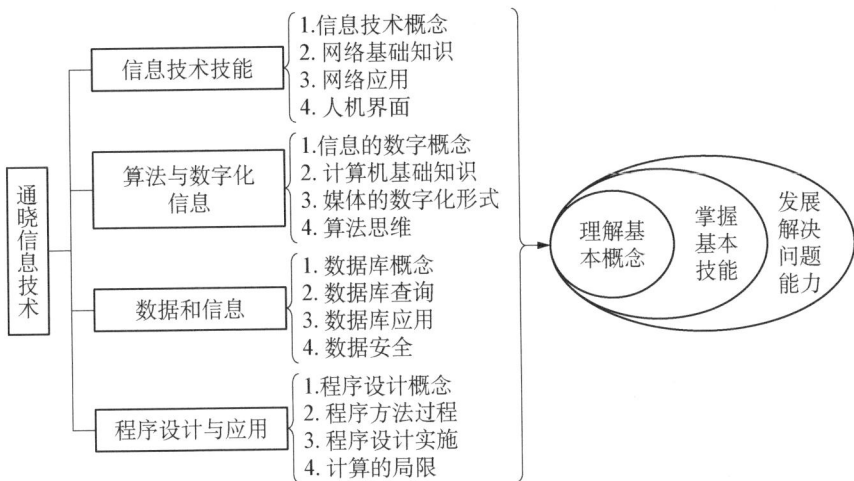

图 5.3－1　信息技术学习内容体系图（Lawrence Snyder）

法等；信息对象的创建与处理的内容包括多媒体信息化数字化、数据库、编程和建模等，相关内容的综合构成了课程的知识技能体系。显然，无论国外的专家学者还是教育研究部门，在信息技术课程建构过程中都将信息技术课程体系以图式的方式进行结构化，明确具体的知识与技能，理顺其中的相互关系，以此实现信息技术课程的本体价值。

三、可行取径：信息技术课程知识体系的建设

从学校教学组织方式来看，课程是一项有目的、有计划的教学进程，它规定着学校教学的目标、内容、方法和评价。信息技术作为中小学的一门基础性课程，其本体价值的实现同样也应反映在学习标准的制定、课程类型选择和教学活动组织等方面。

1. 建立信息技术的学习标准体系

学习标准是学生学习后应达到学习结果的行为描述，它规定着学生需要学习的知识技能，也强调了学生所应达到的认知程度。近年来，为了提高学习标准的可操作性，教育发达国家纷纷采用"内容标准（Content standards）、表现标准（Performance standards）和机会标准（Opportunity-to-learning standards）"的方式建立学习标准体系（Wenglinsky，H．，2005）。在信息技术课程建设中，为了明确

知识与技能的基本要求,教育行政管理部门就有必要依据学生的认知心理、信息技术知识体系特征和当前社会需求界定相应的学习结果,建立信息技术的学习标准体系。其中,"信息技术内容标准"应指明该课程的整体知识技能体系,反映出学科的核心概念、知识技能,以及各要素之间的内在联系。例如美国国际教育技术协会(ISTE)制定的《面向学生的美国国家教育技术标准(2007)》中的"技术应用与概念"内容标准就指出信息技术学习后,学生要能够理解和使用技术系统,高效和富有成果地选择和使用应用软件,排除系统内部和应用软件的小故障等内容。显然,技术系统、系统功能、应用软件是学生所必须要学习的知识与技能。"信息技术表现性标准"是对应内容标准以年级(或分等级)形式制定的学习行为表现性结果,等级性和学习行为结果是其最主要的特征。例如对应"技术应用与概念"的内容标准,8年级学生学习后的表现性标准为:能够创作(原创)反映当地学校、社区事件的动画和视频;整合多种类型的文件,创建文档和演示文稿;应用相应的策略独立解决常规的硬件和软件问题等具体性的学习要求。"信息技术机会标准"则说明了实现内容标准和表现性标准的要求所需要的基本条件,即课程设置、学习条件、师资培训等基本要求。可见,建立完善的信息技术学习标准体系不仅能明确学生在各个学段信息技术学习后必备的知识与技能,也可为相应知识技能内容的学习提供基本的保障条件。

2. 选择信息技术课程组织类型

课程组织是指在一定的教育价值观指导下,将各种课程要素合理地组织成课程结构,使各种课程要素在动态运行的课程结构系统中产生合力,以有效地实现课程目标。比较当今国内外中小学信息技术教育的实施现状,"分科"与"整合"是信息技术课程组织的两种主要类型。"分科"是指在学校课程方案中信息技术作为独立课程进行开设,课程方案安排特定的教学课时和学习时段。例如,俄罗斯教育部门要求在小学、初中、高中均开设信息与信息交流技术课(分别在1年级、5年级、10年级开展教学,每周2课时)。"整合"则是指将信息技术以学习模块的方式整合入其他学科的教学过程,通过项目活动开展教学,同时达成两种教育目标。例如,美国《面向学生的美国国家教育技术标准(2007)》建议将信息技术整合入数学、语言、科学、社会等学科教学中,凸显"学技术、用技术与技术一起学"的整合理念。从信息技术课程组织的发展趋势来看,在小学阶段,整合课程依然是主要的课程组织方式,近年来美、英、日、西班牙等国家都采用了整合方式开展信息技术教育,强调信息技术的应用性学习。在高中阶段,教育发达国家均以独立分科方式设置信息技术课程,学习计算机与网络、多媒体设计、数据库与程序设计等信息技术原理性和学术性的知识与技能。在初中阶段,有些国家将信息技术学科进行独立设置,实现从"整合"向"分科"的逐步过渡。例如,俄罗斯、英国、新加坡、德国等在初中都开设有单独的与信息技术相关的课程,提高学生对信息技术原理知识的认识。也有一些国家例如美国、瑞典、西班牙、日本等,在初中以整合课的方式开展。由此可见,就课程组织方式来看,尽管不同国家采用不同的学校信息技术教育组织类型,但总体而言,整合教育依然是小学信息技术教育的主要形式,独立分科更多地还是在初中和高中进行实施。

3. 设计反映信息技术知识技能的教学活动

教学活动是为了激发学生学习的内部过程,由教育工作者精心安排和组织的一系列教学互动活动,其中既反映了师生的交互关系,也表现出学生之间的互动特征。信息技术作为知识集成度高、内容抽象性强的新兴学科,在教学活动中为了能让学生真正理解其中的内在原理和应用策略,教师就有必要根据信息技术的知识技能特征和学生的学习特点设计出有益于教学目标实现的学习活动。其一,围绕信息技术知识结构设计教学活动。知识结构包括学生学习后必须要掌握的具体知识技能,通过确立清晰的知识结构,教师可以把实质性的信息技术教学内容置于首位,明确教学的重点,减少教学活动设计的随意性,如同格兰特·威金斯(Wiggins, G.)在意义学习研究中所言"没有围绕知识结构所设计的教学活动犹如没有经过审查的法庭声明一样,这种声明只会表现为一种充满意见的大杂烩,而不会表现为真知灼见"。因此,围绕清晰的知识结构设计活动就可以明确教学的指向性,避免"为活动而活动"、流于表面形式、没有实质意义的"假活动"。其二,按照学生经验组织活动任务。在教学活动中,活动任务并不是简单的、形式上的操练活动,更应是一个现实性的情境问题,其中要融入信息技术知识要点,也须蕴含学生的学习经验。从情境学习理论来看,学习不仅仅是为了获得一大堆事实性的知识,同样也要求思维与行动,需要将学习置于知识产生的、事实上的物理或社会情境中。可见,与学习目标相适应的真实性经验情境不仅有益于学生发现和形成信息知识、发展信息技能,也能帮助学生有效地使用信息知识与技能解决问题,避免传统信息技术教学中存在的"学生学习后,知其然而不知其所以然,更不知其所用"的机械式记忆学习。

信息技术的日新月异的发展影响着中小学信息技术课程的建设,引发了"中小学信息技术课程学什么"的困惑。但作为提升学生信息素养的一种主要形式,它必然在学校教育中占有重要地位。因此,当"信息技术课程"从"计算机课程"演变而来后,就决不应只停留于一个名称的变化上,更应该在打破旧的课程体系时,根据社会需要、学生发展和学科特征合理地建立一个新的课程系统。理解信息技术课程的本体内容,明确其中的核心概念,理顺信息知识技能体系才能更好地促进中小学信息技术课程持续、稳定发展。

第六章

高中信息技术课程标准的设计与研制

进一步深化中小学信息技术教育既是信息社会发展的迫切需求,也是社会成员全面发展、终身学习的要求,一定程度上它还影响国家高科技人才的战略储备。针对课程实施中的现实问题,2014 年 12 月我国教育部启动了高中信息技术课程标准的修订工作,提出了信息技术学科核心素养,建立学科大概念,设计了必修、选择性必修和选修的课程结构与模块,为全体学生的基础学习和个别学生的选择性学习提供了相应的课程。

第 1 节　高中信息技术课程标准修订的背景与理念

一、新时期我国中小学信息技术教育面临的挑战

经过 30 多年努力,我国中小学信息技术教育已经进入学校课程中,成为学校课程的一部分,推动了中小学生对信息以及信息技术的了解,激发了学生对计算机或相近学科的兴趣与爱好。但是,目前我国中小学信息技术教育也还存在着学校课程内容滞后,教学不规范,甚至存在任课教师不足时由其他学科教师代课和兼职讲课等问题(熊璋,李锋,2019)。如何提高信息技术课程与教学质量、怎样解决"学用"脱节矛盾、如何实现基础信息技术教育与高校人才选拔的对接,这些都还是我国信息技术教育面临的挑战。

1. 信息技术教育等同于专业教育的问题

信息技术教育是一种普适性教育,是每位信息社会成员都需要具备的素养。具备了这种素养社会成员就可以有效地甄别与分析信息,理性地应用技术解决问题,负责任地开展信息活动。从社会需求来看素养教育并不应该等同于专业教育,中小学信息技术教育并不是要让学生掌握多少高深的信息技术知识,解决多少复杂的信息技术难题,更主要的是帮助学生理解信息社会,在信息化环境下作出信息处理的正确判断。然而,当前信息技术教育的教材设计和教学资源开发等方面都还存在着将基础教育简单等同于专业教育的问题,甚至还出现了大学计算机内容简单下放在中小学的问题。例如"数据库管理系统""数据库应用系统""数据库系统的组成"等大学生学习的学科专业知识简单处理后就放入中小学的教材中,而没有深入思考这些内容的学习与学生信息素养发展的关系。这也就影响了信息技术课程在中小学健康开展。

信息素养教育是社会生存基本能力的教育

据《中国互联网络发展状况统计报告》内容,截至 2018 年 6 月 30 日,我国网民规模达 8.02 亿,普及率为 57.7%。其中,手机网民规模已达 7.88 亿,网民通过手机接入互联网的比例高达 98.3%。随着我国数字化进程的推进和数字经济的发展,互联网所能承载的服务愈来愈多,互联网应用场景不断扩大,交通、环保、金融、医疗、家电等行业与互联网融合程度加深,社会生产率得到大幅度提升。

但是,在网络应用中网络安全问题还严重威胁网络用户的应用体验。调研数据显示,2018 年 54% 的网民在过去半年中曾遇到过网络安全问题,28.5% 的用户遭遇个人信息泄露问题,58.6% 的用户受到过虚拟中奖信息的干扰,31.0% 遭遇到了虚假招工信息诈骗,此外冒充好友诈骗、网络兼职诈骗、网络购物诈骗、钓鱼网站诈骗等问题也依然严重(如图 6.1-1 所示)。

由此可见,信息技术对中国的就业格局产生全面而深刻的影响,它不仅以全新的形式创造就业机会,推动就业结构变化,还带来多元化的就业方式。与此同时,互联网为年轻人提供低成本、低门槛的创业机会,通过激活大规模创业,释放草根创新能力。这也就需要每一位社会成员具备在信息社会中生存的基本能

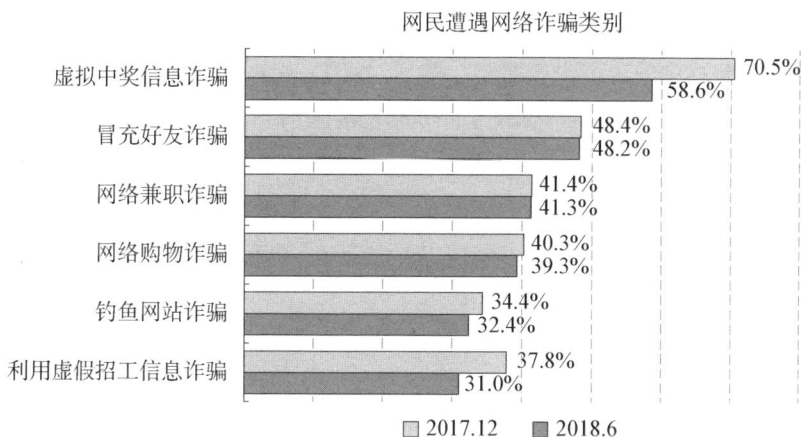

图 6.1－1　网民遭遇网络诈骗的类别

(数据来源:中国互联网络发展状况统计报告,2018 年 7 月)

力,中小学信息技术教育也就应符合这种基本能力的教育,而不应是学科专业的教育。

关注和加强中小学信息技术教育已不再只是针对信息技术从业人员,提高公民信息素养成为网络健康发展的长治久安之道,成为维护网络安全的治本之道,与加强网络治理相辅相成。提升每位社会成员的信息素养,尽管不能保证再也没有非法的信息盗用,不能保证再也没有网络诈骗,但是,每一位成员在信息素养提升的过程中,保护个人信息的意识的加强,显然可以极大减少信息泄露风险,保护个人财产安全。每一位成员在信息素养提升的过程中,能够提高信息技术使用效率,具备信息社会责任感,自觉维护国家安全与社会和谐。

2. 学校信息技术课程内容滞后的问题

数字化环境发展使得中小学生有更多机会接触和使用信息技术,学生信息技术应用能力在日常应用中得到了广泛提高。但是,受教学环境和教育资源等因素的限制,在信息技术课堂上也存在学段内容重复,教学内容滞后于数字化环境发展以及教学案例陈旧等问题,此外,一些教师依然偏重于技能操作与训练,忽视现实问题解决能力和信息情感的培养,这些都影响着学校信息素养教育的发展。

分析我国中小学信息技术教材,其学习内容选择与教学方法设计滞后于信息技术的发展,陈旧的课程内容也不符合学生已有的发展经验,这在一定程度上阻碍了信息技术课程的开展,甚至影响了学生的学习兴趣。

其一,教材中的学习内容滞后。例如,我国一些地区的初中信息技术教材,其选择的操作系统软件的界面还是许多年前的陈旧的应用界面(如图6.1－2所示)。事实上,当前学生所用的操作系统界面已和这些内容不一样了,信息技术发展如此迅速,学生已经适应了新的技术工具,然而教材中的教学内容却没有及时更新,这不仅不能提高学生对新技术、新工具的学习,甚至还会降低学生对信息技术的学习兴趣。

其二,教材中的教学方法滞后。某些信息技术教材,在教学方法上沿用的一步一步操作讲解的教学方法(如图6.1－3所示),忽视信息技术学科本质特征,将

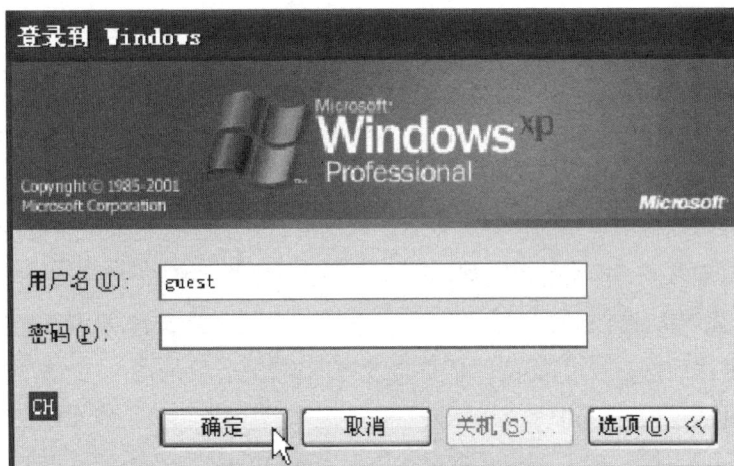

图6.1－2　教学内容的滞后

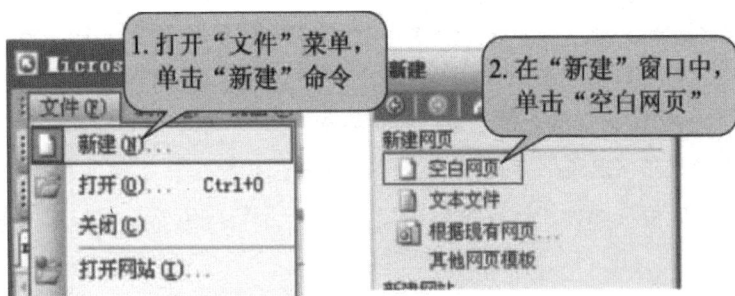

图6.1－3　教学方法的滞后

信息技术学习简单等同于软件的操作练习,即使学生掌握了相应的操作技能,也很难实现学生对信息技术知识与技能的迁移,随着技术工具和应用情境的变化,学生也很难适应新技术新工具的发展。

分析调研材料可以看出,如果只是将信息技术教育简单等同于信息技能学习,认为信息技术教育就是让学生掌握一些操作技能,完成一些简单的信息作品,缺少对学科方法和原理性知识的学习,学生对技术工具内在特征认识的不足,也就容易导致"沉迷手机、网络上瘾"等问题,甚至沦为技术工具控制下的"奴隶"。

学生对信息技术学习多样性的需求与滞后课程内容的矛盾限制着学校信息技术课程教育功能的实现。如果在基础教育阶段一味强调信息技术工具的操作练习,无视信息生态环境的复杂性和多样性,就很容易在基础教育阶段陷入技术员培训的误区。目前,无论从基础学力教育理论,还是从国际信息技术教育发展趋势来看,青少年信息技术教育都已超越了传统的知识记忆与技能训练,应用信息技术解决现实问题,理解人、信息技术与社会的关系日益受到重视。

3. 社会需求与学用脱节的问题

从社会行业发展环境来看,移动通信、大数据、云计算等信息技术在社会各领域已经得以广泛应用,结合程度也更加紧密,形成了一个全新的数字化发展环境。在此环境下,新一代信息技术发展的热点已从分支技术的纵向升级逐步转向为横向技术与行业领域的深度融合。其中,所需要的行业职员不仅需要具备扎实的领域专业技能,也需要具有良好的信息技能,并能将两者进行深度融合,即"双深技能型"人才。然而,无论是2012年上海学生参加PISA"数字阅读"测试结果,还是2016年上海教师在教师教学国际调查(TALIS)中"ICT促使学生学习教学能力"调研数据,都反映出中小学师生在数字化工具应用方面的"短板"。

2012年共32个国家(地区)参加了PISA数字阅读素养测评。上海学生数字阅读平均分为531分,在32个国家(地区)中显著低于新加坡(567分)、韩国(555分)、中国香港(550分)、日本(545分)。上海学生数字阅读成绩比纸本阅读测试低38分,属于两种测试方式成绩差异最大的测试学生。

从以上数据可以看出,尽管现在的学生是信息技术的"原住民",技术操作也越来越便利,但是在高效获取信息、评价信息、整合信息、用可视化的方式交流分享等方面还存在短板。所以不能以为孩子们在娱乐和技术环境中就能自然具备信息素养,必须要通过科学的课程来教他们学习如何将技术用于学习和解决问题,同样仅仅教学生如何操作和使用计算机也不足以培养其信息素养,还要增加信息检索、信息评价、信息管理和信息创建方面的评价内容。

尽管学生在学校有组织地学习信息技术知识与技能,但是由于缺少在现实情境解决具体问题的实践应用,一定程度上也限制了学生信息技术综合应用能力的发展。通过信息技术教育,学生要学会用抽象和分解的方法来处理复杂任务,以及对复杂问题进行逐层深入的推理,从而提高解决问题和分析推理的能力,这样学生才能更好地适应当前信息社会,通过合理的信息技术创新活动推动信息社会发展。

4. 信息技术教学方法与素养教育不符合的问题

当今社会中,人们普遍认为信息技术能力是发展学生终身学习能力的关键因素,认同信息技术课程的价值,以及信息技术课程对于培养和发展学生适应信息社会生存能力具有的重要作用。但是由于对信息技术课程本身的教学特征和教学方法研究得还不够深入,信息技术课程教学中教学方法单一,过于注重讲解式或操作式的教学方法也影响了学生创造力和自主学习能力的提高,一定程度上也阻碍了学生信息素养的提升。

过于强调"讲解"的教学方式降低了学生对信息技术学习的兴趣。讲解式教学方式具有快速传授知识技能,集中组织学生学习课程内容的优势,利用这种教学方法能在较短的时间内,完成对大量学生的教学任务。但是,对于信息技术这门具有较强实践性和应用性的课程,脱离了具体情境,将枯燥的理论知识灌输给学生,这不仅不利于学生对信息技术知识的理解和应用,甚至还会降低学生对信息技术学习的兴趣。例如,在组织中学生学习数据库的相关内容时,脱离了数据库的具体应用情境,只是通过陈述的方式来讲解数据库的相关内容,学生就很难深入地理解和应用相关的知识。

数据库是指按照某种模型组织起来的、可以被各种用户或应用程序共享的数据的集合。通常需要……数据库管理系统是对数据库进行管理的通用软件系统,数据库管理系统具有数据定义、数据操纵和数据库的运行控制功能,它提供了……在数据库系统中,用户对数据库进行的各种操作都是通过数据管理系统实现的,因而数据库中的数据具有较大的独立性。

过于强调"操练"的教学方式弱化了学生创新力的培养。信息技术的快速发展与广泛应用,使得人们生存的世界成为一个数字世界。培养学生数字化胜任力,占领在信息社会中发展的先机,其中最重要的就是要培养学生数字化学习与创新能力。事实上,无论是我国开展的教育信息化2.0行动计划,还是美国政府倡导的"CS for ALL"运动,都是要进一步发展学生的信息科技创新能力,为信息化环境下复合型人才的培养创造条件。但是,在我们的课堂教学中,还经常可以看到过于强调学生"逐步学习某款软件"的教学方法,要求"重复操练某种工具"的学习活动。然而过于强调学生对某些技术工具的操作练习,忽视学生对其内在本质特征和应用方法的理解和掌握,即使学生能够针对现有的技术和工具进行操作,但是随着信息技术工具的不断更新,学生可能依然很难具备实现新技术、新工具的自主学习和在具体情境下的迁移能力。

学科核心素养教育是学生通过学科内容的学习逐步形成的正确价值观念、必备品格和关键能力,是对知识与技能、过程与方法、情感态度价值观的三维目标的整合。这种教育既不是让学生枯燥地记住某些内容,也不是简单地让学生重复操作某些步骤,更重要的是让学生在学习过程中内化为促进自己终身发展的能力。这种能力不只是通过灌输和操练所能达到的,更重要的是要为学生创设出相应的体验、探究、合作的学习环境与方法,在教师引导和具体活动中得到发展。

5. 信息技术学业评价与高校人才选拔脱节问题

我国互联网应用普及率得以迅速发展,对社会各个领域影响越来越深入,但在技术应用过程中也显示当前使用者的网络安全水平落后于信息化发展的速度;在技术研发、产业发展等方面滞后于信息化发展;核心人才短缺等问题。高端信息科技人才战略储备的不足一定程度上影响着我国数字化竞争力提升。从选拔和培养专业人才角度来看,学校信息技术学业评价结果很难为高等院校选拔优秀学生提供充足的证据。

近年来,我国普通高校招生制度在持续改革中,其中一个最大的变化就是改变原来的文理分科招生考试方式,确立了"3+3"选考模式。在此模式中,每位考生必选语文、数学、外语三门课程,另外三门课程可根据学生个人发展由自己选择考试。就目前已发布实施的省级改革考试方案来看,大多数省采用"6选3"的选考方式,即从物理、化学、生物、政治、地理、历史等6门课程中选择3门作为等级考试科目,目前只有一个省将物理、化学、生物、政治、地理、历史、技术等7门课程中选择3门作为等级考试科目,其中的技术包括了信息技术和通用技术。

从选拔学科来看,目前大多数省还未将信息技术作为高校选拔的学科,这一定程度上造成了学校信息技术学习与高校选拔优秀人才的脱节。

此外,从考试形式上来看,即使有省份将信息技术纳入学业等级考试中,其考试形式主要采用的是纸笔考试,其内容以选择题与分析判断题为主。事实上,以实践应用为特征的信息技术内容,通过纸质和选择判断题方式考试,这不仅不能有效评价学生应用信息技术解决问题的能力,还有可能在考试指导下改变本门课程的教育目的,甚至还会将信息技术知识技能学习与实际解决问题能力的应用割裂开来。

评价作为课程实施中的一项重要环节,它对学校课程落实与教师教学起着重要的指导作用,如果没有有效评价,就很难判断课程实施的效果;缺少了学校信息技术教育与高校人才选择的"渠道",一定程度上也限制了信息技术课程在中小学的开展,影响了信息技术高端人才的培养,进而影响了城市数字化竞争力的战略发展。加强学生信息技术学业评价设计与落实,打通学校信息技术教育与高校人才选拔的"渠道",才能及时地发现信息技术人才,为未来社会发展培养信息技术人才。

进一步深化中小学信息技术课程改革,既是信息社会发展的迫切需要,也是信息社会成员全面发展、终身学习的需求,一定程度上它还影响到国家高科技人才的培养与战略储备。尽管我国中小学信息技术教育在短短的 30 年内取得了很大的成绩,但是从现状调研来看,我国中小学信息技术课程在学校教学质量、教材内容设计、学生学业评价等方面还面临着严峻的挑战。

二、高中信息技术课程标准修订的理念

信息技术作为当今先进生产力的代表,已经成为我国经济发展的重要支柱和网络强国的战略支撑。信息的发展与应用深刻影响着社会的经济结构和生产方式,加快了全球范围的知识更新和技术创新,推动了社会数字化、网络化、智能化的发展。在全新的数字化环境下,提升中国公民的信息素养,增强个体在信息社会的适应力和创造力,对个人发展、国力增强、社会发展有着十分重要的意义。

1. 坚持立德树人的课程价值观,培养具备信息素养的公民

课程标准面对数字化工具不断普及的现实,培养学生对信息技术发展的敏感度和适应性,帮助学生学会有效利用信息社会中的海量信息、丰富媒体和多样

化技术工具,优化自己的学习和生活,提高服务社会的能力。课程标准引导学生理解信息技术应用过程中的个人与社会关系,思考信息技术给人类社会带来的机遇和挑战,履行个人在信息社会中的责任和义务,帮助他们成长为有效的技术使用者、创新的技术设计者和理性的技术反思者。

2. 设置满足学生多元需求的课程结构,促进学生个性化发展

课程结构遵循高中学生的认知特征和个性化学习需要,反映信息技术课程的层次性、多样性和选择性。课程的必修部分致力于构建我国高中阶段全体学生信息素养的共同基础,关注系统性、实践性和迁移性;选修部分致力于拓展学生学习兴趣,提升探究内容的广度、深度和问题情境的复杂度,为学科兴趣浓厚、学科专长明显的学生提供挑战性的学习机会。

3. 选择体现时代性和基础性的课程内容,支撑学生信息素养的发展

课程内容紧扣数据、算法、信息系统和信息社会等学科大概念,结合信息技术变革的前沿知识与国际信息技术教育的发展趋势,引导学生学习信息技术的基本知识与技术,感悟信息技术学科方法与学科思想;结合学生已有的学习经验和将要经历的社会生活,在课程中嵌入与信息技术有关的现实社会问题和相关情境;结合数据加工、问题解决和信息系统操作的真实过程,发展学生的计算思维,增强他们的信息社会责任。实现信息技术知识与技能、过程与方法、情感态度与价值观的统一。

4. 培育以学习为中心的教与学关系,在问题解决过程中提升信息素养

课程实施基于为不同背景和不同知识基础的学生而准备,倡导多元化教学策略;激发学生开放、互惠、合作、协商和注重证据的行动意识,使其积极参与到信息技术支持的交互性、真实性的学习活动中;鼓励学生在不同的问题情境中,运用计算思维来形成问题解决的数字化方案,体验信息技术行业实践者真实的工作模式和思考方式;创造机会使学生感受信息技术所引发的价值冲突,思考个体的信息行为对自然环境与人文环境带来的影响。

5. 构建基于学科核心素养的评价体系,推动数字化时代的学习创新

课程评价以学科核心素养的分级体系为依据,利用多元方式跟踪学生的学习过程,收集学习数据,及时反馈学生的学习状况,改进学习,优化教学,评估学业成就。注重情境中的评价和整体性的评价,评价方式的设计和评价工具的开发应支持学生自主和协作地进行数字化问题解决,促进基于项目的学习;完善标准化纸笔考试和上机考试相结合的学业成就评价,针对专业能力较强的学生,可引导完成案例分析报告或研究性论文。

三、高中信息技术课程标准修订的基本思路

信息技术课程标准修订过程中,充分挖掘了信息技术学科核心素养教育的独特的育人价值,明确了学生学习信息技术课程后达成的正确价值观念、必备品格和关键能力,对知识与技能、过程与方法、情感态度与价值观三维目标进行了整合。课程标准修订按照"凝练学科核心素养—梳理学科大概念—设计课程结构—确定学业质量标准—内容测试与完善"的思路开展工作(如图 6.1 - 4 所示)。

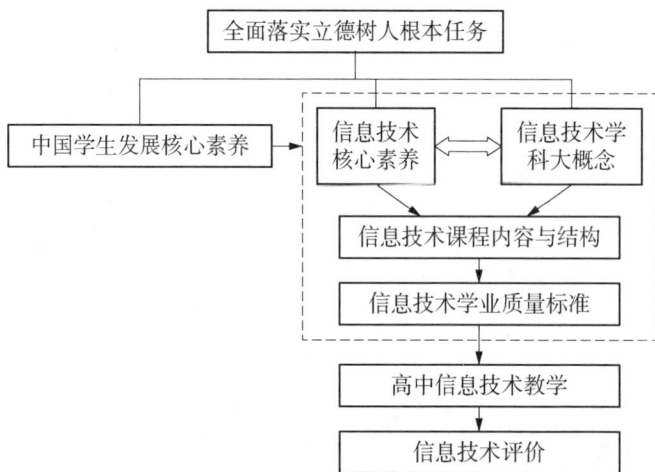

图 6.1 - 4　课程标准修订思路

1. 调研国内信息技术教育现状,借鉴国际发展前沿成果

国家高中信息技术课程标准修订前,专家团队对我国 24 个地区、84 所学校(抽样学校 71 所,参与学校 13 所)的信息技术课程实施情况进行调研,完成《普通高中信息技术课程标准(2004 实验稿)实施现状调研报告》,梳理出课程实施中的问题。比较美国、英国、德国、澳大利亚、日本、欧盟、俄罗斯等国家(和地区)最新信息技术教育标准,分析其课程标准修订背景,借鉴最新研究成果,明确国际信息技术教育发展趋势。

2. 凝练信息技术学科核心素养,厘清信息技术教育的实质内涵

参照我国学生发展核心素养,在现状调研和国际比较研究的基础上,从"人

与技术""人、技术及问题解决""人、技术与社会"等层面分析信息社会公民所必备品质与核心能力，界定信息技术学科核心素养：信息意识、计算思维、数字化学习与创新和信息社会责任。按照高中生认知特征建立信息技术学科核心素养指标体系。

3. 明确信息技术学科大概念，形成稳定的学科概念体系

追溯信息技术课程上位学科，梳理信息技术课程体系的核心概念，按照信息技术课程特征和知识技能的逻辑体系明确高中信息技术课程的大概念：数据、算法、信息系统和信息社会。分析信息技术课程大概念之间的相互关系，确定核心内涵，建立高中信息技术学科基本知识技能序和能力发展序，形成比较稳定的信息技术课程基础内容体系。

4. 把握学科基础性与选择性特征，重组高中信息技术课程结构

结合信息技术学科核心素养和学科大概念，按照《国家普通高中课程方案（修订稿）》，建立高中信息技术必修、选择性必修和选修三类课程，信息技术必修课程是全体学生修习的课程，是普通高中学生发展的共同基础；选择性必修课程是根据学生升学需要、个性化发展需要设计的，分为升学考试类课程和个性化发展类课程；选修课程体现了信息技术学科的前沿性、应用性，学生可根据个人发展需要进行选学。

第2节　高中信息技术课程标准的核心素养与学科大概念

科学技术革命引发了生产工具的变革，使得整个"科学范式（paradigms）"发生了根本性的转变。在此过程中，如果缺少了从"人"的核心素养（KeyCompetency）层面对人、科学技术与社会一致性的思考，忽视技术的工具性、科学性和人文性的综合教育，就很有可能会引发技术生存环境的潜在危机。面向核心素养的信息技术课程设计就是要用学科核心素养统领课程各要素，以跨学科、综合、多样化的方式描述科学技术与社会的关系，将学生的个人生活、科学技术和社会发展结合起来，实现人、科学技术和社会的一体化设计。

一、信息技术学科核心素养

学科核心素养是学科育人价值的集中体现,是学生通过学科学习而逐步形成的正确价值观念、必备品格和关键能力。信息技术学科核心素养是学生在接受信息技术教育过程中逐步形成的信息技术知识与技能、过程与方法、情感态度与价值观的综合表现,是学生发展核心素养与学科课程标准衔接的核心环节,其中每项核心素养既有其独特的内涵,也有其显著的表现性特征,信息技术学科核心素养由信息意识、计算思维、数字化学习与创新、信息社会责任四个核心要素组成,四个核心素养要素互相支持、互相渗透、共同促进学生信息素养的提升。如图 6.2 - 1 所示。

图 6.2 - 1　信息素养的核心要素

1. 信息意识

当社会从一种形态发展到另一种形态时,生存于其中的人们,最重要的就是要具有在这种新社会形态中的意识与感情,只有敢于面对和正确理解这种新变化,人们才能更好地适应和推动这种社会形态的发展。

随着互联网的普及,我国上网人数的增多,网络诈骗、网络病毒、钓鱼网站等网络安全事件也不断出现,给人民群众造成了极大的危害。据《2017—2022年中国网络安全行业发展前景预测与投资战略规划分析报告》显示,2014—2018 年,网络诈骗受害者经济损失金额逐年上涨。2014 年人均损失为 2 070

元,截至2018年上半年,人均损失已经上涨至16 113元,损失金额4年来上涨近8倍。

从被骗者年龄分布来看,具有一定上网能力,上网时间较长,同时又缺乏足够社会经验的年轻人是网络诈骗的主要对象和主要受害人群。具体来讲,2000年后出生的网络诈骗受害者数量最多,占总数的38.6%,他们成为网络诈骗的重要目标;其次为90后,占比31.9%;80后占比为11.6%,70后占比5.0%,60后占比为1.0%,其他年龄段占11.9%(如图6.2-2所示)。

在这些受害人员中,不乏有高学历人员,也有高级教授和社会精英。例如,有一科研博士遭遇"冒充公检法"的电信诈骗,在未核对信息的情况下,几天内通过网络被骗80多万元。可见在数字时代,加强全民信息安全教育,提高个人信息保护意识是信息技术教育的一项重要任务。

图表4:2014—2018年上半年人均受骗损失金额与被骗者年龄分布情况(单位:元,%)

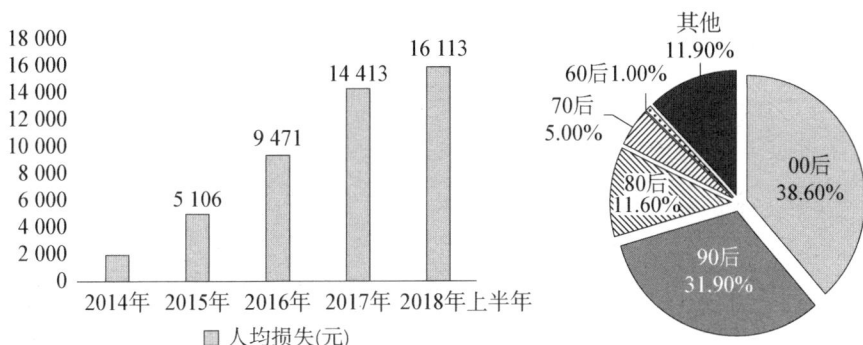

图6.2-2 2014—2018年上半年人均受骗损失金额与被骗者年龄分布情况

信息意识是指个体对信息的敏感度和对信息价值的判断力,主要表现在解决问题过程中,能够按照需要自觉、主动地寻求恰当的方式获取与处理信息;敏锐地感觉到信息的变化,分析数据中所承载的信息,采用有效策略对信息来源的可靠性、内容的准确性、指向的目的性作出合理判断,对信息可能产生的影响进行预期分析,为解决问题提供参考;在合作解决问题的过程中,愿意与团队成员共享信息,实现信息的更大价值。可见,信息意识反映在主动地使用、自我保护和协作共享等方面。缺少了信息意识的提升将引发许多问题,或固步自封,对数字时代新生事物不闻不问;或沉迷网络,丢掉自我保护的屏障;或夜郎自大,缺少与他人进行信息交流与共享精神。

事实上,每个人的信息意识并不是天生就有的,也不是一蹴而就可以形成的,而是生存在信息社会中循序渐进的发展过程。从教育发展来看,就是要解决学生在信息社会活动中"主动(自觉)与不主动(不自觉)、安全与不安全、协作与不协作"等方面的矛盾。例如,《普通高中信息技术课程标准(2017 年版)》对信息意识水平划分中就指出学生要"主动关注信息技术工具发展中的新动向和新趋势,有意识地使用新技术处理信息""在日常生活中,根据实际解决问题的需要,恰当选择数字化工具,具备信息安全意识""根据不同受众的特征,能选择恰当的方式进行有效的交流"等。如果在信息社会中不加强信息意识方面的教育,任由学生凭感觉使用信息技术,或"因噎废食"完全排斥信息技术,都会产生这样或那样的社会问题。

信息社会的"套中人"与"网络瘾君子"

学校禁止学生使用智能手机。智能手机功能日趋强大,它在为人们创设便利的数字环境时,也引发了一些学生成长问题,学生频繁使用手机聊天、玩游戏,部分同学做"微商"等,影响学生的学习和正常作息,也给学校的教育教学秩序和管理带来了严重的影响。一些学校规定"禁止学生将手机带入校园,如有学生违规带手机进校园,出现不服从教育管理、拒交、顶撞管理教师等违纪行为,学校将依据相关的学生管理条例,对相关学生追加纪律处分,情节严重的予以留校察看或开除学籍,对涉及到违法行为的学生,可交由司法机关进行处理"。

学生网络上瘾。据调查数据显示,目前中小学生上网有 80% 以上是打游戏,15%～16% 是交友聊天,真正查询资料用于学习的人数极少。上网一方面占用了青少年学习、休息的时间;另一方面,部分青少年由于深陷网络的虚拟世界,造成课堂注意力不集中,上课期间逃学,甚至造成恶性事件等问题。例如"一个 15 岁的青少年因上网成瘾,整天迷恋于网络游戏,平时少言寡语,精神呆滞,长时间逃学。其母见儿子如此沉迷,多次劝阻无效,将儿子锁在家中。五日后,这个青少年因网瘾大发,同其母争吵几句后,便将其母杀死,造成血案"。

科学技术创新与发展推动了人类认识世界和改造世界的步伐,减轻了人类的贫困、痛苦和灾难,提高了人类社会的生活质量,为人类更好地生存和发展奠定了坚实的物质基础。事实上,每一种新技术、新工具的发明与普及也必然会改变整个社会生态,并会出现新的社会秩序和相应的社会规范。可见,就科学技术本身来说,它并无好坏,只是人类在对它们的使用过程中可以产生正面或负面的结果。而"教育"正是在新的社会生态中、新的科学技术应用中扮演着关键的"角色"。

因此,如果不顾整个信息社会发展大环境的变化,武断地将信息技术剥离出学生的生活与学习环境,"因噎废食"的决定,这很有可能降低学生的信息技术应用能力,失去未来生存在信息社会中的胜任力;如果没有注意到社会新秩序的出现,忽视对学生有针对性的信息意识教育,放任学生对信息技术工具的盲目使用,这也就会造成学生成为技术工具"奴隶"的恶果。所以,加强学生信息技术教育,提高学生怎样用、什么时机用、如何安全用的意识,才能使未来一代的社会公民更健康地生活在信息社会中。

2. 计算思维

信息技术的发展与普及,使得以"程序驱动"为特征的信息技术工具广泛应用于社会各个领域,其所隐含的"计算方法"也潜在地融入到人们的生活、学习和工作实践中。计算思维作为解决问题的一种独特的思维方式,正逐步走出其学科专业领域,随着信息技术与人们生活、学习与工作结合的日趋紧密,而成为数字化生存的一种普适能力。

《红楼梦》还可以这样研究

《红楼梦》是我国四大古典名著之一,也是一部具有世界影响力的小说。文本中采用"真事隐去,假语村言"的特殊笔法更是令后世读者揣测遂多。围绕《红楼梦》的品读研究还形成了一门显学——红学。近些年来,将计算思维应用于《红楼梦》的研究,也展现了一片新天地。

有研究者采用开源软件统计红楼梦中各词汇的出现次数,然后用词频作为每个章回的特征,再采用"主成分分析"算法把每个章回映射到三维空间中,从而比较各个章回用词的相似程度,以此判断《红楼梦》的前八十回和后四十回是否为同一作者的可能性。

还有研究者将《红楼梦》书中出现的人名通过"训练"过的模型进行分析,分析其中人物性格的相似度、角色关键度、相互关联情况,利用这种分析结果再去品读《红楼梦》中的细节,也得出不少新的观点。

我国高中信息技术课程标准(2017年版)对计算思维的学习给出了明确的要求,计算思维是指个体运用计算机科学领域的思想方法,在形成问题解决方案的过程中产生的一系列思维活动。具备计算思维的学生,在信息活动中能够采用计算机可以处理的方式界定问题、抽象特征、建立结构模型、合理组织数据;通过判断、分析与综合各种信息资源,运用合理的算法形成解决问题的方案;总结利用计算机解决问题的过程与方法,并迁移到与之相关的其他问题解决中。但是,在计算思维教育具体实施中,不同的教师也产生了不同的认识。

计算思维教育等同于编程学习吗

计算思维作为人们利用信息技术解决问题的形式化思维过程,它在中小学信息技术教育中已有所体现。但是作为一个全新的专业术语,计算思维教育的实施也引发了学界争论。调研访谈中,一位课程研究专家提出了如下质疑:

从历史沿革来看,信息技术教育是从计算机教育演变而来的。20世纪80年代,受"程序设计是第二文化"的影响,我国中小学计算机教育开展了BASIC语言和程序设计,这在一定程度上推动了中小学计算机教育的普及。但是将计算机教育简单等同于BASIC语言和程序设计也引发了"知识过难""方法枯燥""实施困难"的问题。那么,现在提出来的计算思维教育是不是又要转回到学习计算机语言和程序设计的课程呢?这会不会再次引发学生认为该课程"没意思""枯燥"和"学不懂"的问题呢?

(源于2015年4月17日召开的北京信息技术课程研讨会)

计算思维作为人们生存于信息社会的一种独特思维方式,与早期程序设计教育相比,有着更丰富的教育内涵和社会需要,计算思维教育不能简单地等同于编程学习,编程只是发展学生计算思维的一种方法。它更关注的是:

其一,掌握信息技术学科领域的思想方法。即在信息活动中能够采用数字化工具可以处理的方式界定问题、抽象特征、建立结构模型、合理组织数据,通过判断、分析与综合各种信息资源,运用数字化工具可处理的方法设计解决问题的方案。

其二,将信息技术学科领域的思想方法与其他领域相结合,创新解决问题的新模式,也可称为"计算思维＋"。即将信息技术学科领域的思想方法与其他领域的相关内容进行结合,使得人们发现和解决问题的方式从"基于观察"到"基于实验"再到"基于数据"的持续发展。

其三,依据学科领域思想方法合理选用信息技术工具,利用信息技术工具解决问题,并能实现这种解决问题能力的迁移。即通过计算思维的培养,人们不会因为技术工具的发展或问题情境的变化而"茫然无措"。

可见,为更好地适应信息社会,计算思维教育决不应局限于"程序设计的代码操练",而更注重通过适合学生学习的方式(当然,这些手段也包括编程学习)引导他们理解与掌握利用信息技术解决问题的学科方法,提高学生解决问题的能力,发展学生的信息素养。

3. 数字化学习与创新

信息技术在社会各领域中的应用,体现的是以信息技术为最基本的生产母体,与其他行业生产要素"嫁接"所延展的各种可能性,这一"嫁接"所能发挥的功能、产生的效应不仅仅是二者简单的相加,更是一种新形态的创新。日趋成熟的数字环境为实现这种"嫁接"创造了条件,也为每个领域在这种"嫁接"过程中的形态创新提供了可能。因此,生存于信息社会,社会成员已不应局限于一个社会适应者,更应该是一个创新者,将自己所在领域与数字化环境相嫁接,为社会创造出新的成果。

"数字化厕所革命"让旅行更美好

上海虹桥火车站自 2010 年投入使用以来,客流量年年创下新高。为让旅客体验更高效的虹桥火车站,车站管理部门推出"遇见即美好"的行动,数字化创新成为了一个突出亮点。

虹桥站在公厕门口安装了"厕位引导系统"(如图 6.2 - 3 所示),屏幕上不仅显示厕所内的空间平面图和各个厕位分布位置,还用交替变换的红绿人形图标表示厕位使用情况,红色代表有人,绿色代表无人,旅客一看屏幕就能清楚厕位使用状态。据工作人员介绍,每个厕位都安装了红外线人体感应器,当人进入厕位后,就会有所感应,智能引导系统也就能自动改变厕位的使用情况,帮助群众

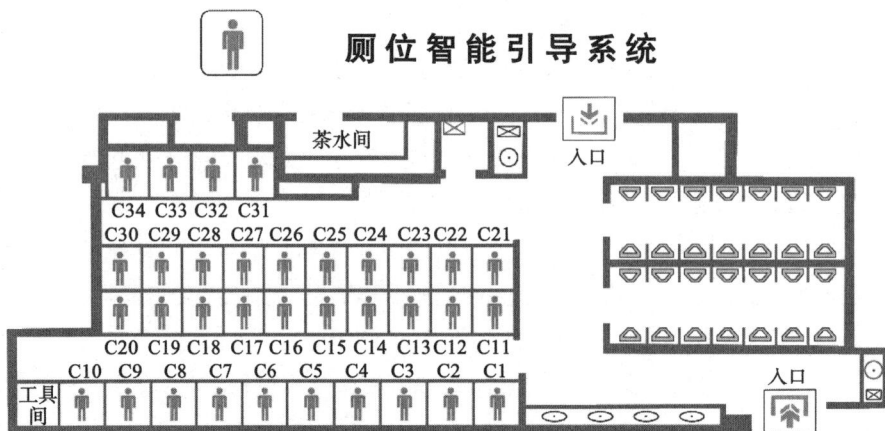

图 6.2-3　厕位智能引导系统

更方便地使用厕所。

　　"厕位引导系统"的进一步优化使该系统还可具备其他多种创新功能。旅客可以打开"微信公众号"来查找附近厕所,查看剩余厕位情况。系统分析收集以往的用户数据,统计厕所使用频率,包含单个厕位的统计和整体卫生间的统计,并且可以进行科学分析得出某时段使用频率最高的卫生间或者某个厕位,通过数据分析改造厕所空间。

　　信息技术在社会各领域的融合给各行业带来了新的生机和活力,新一代社会公民就需要掌握在这种环境的学习与创新的技能。数字化学习与创新是指个体通过评估并选用常见的数字化资源与工具,有效地管理学习过程与学习资源,创造性地解决问题,从而完成学习任务,形成创新作品的能力。具备数字化学习与创新能力的学生,能够认识数字化学习环境的优势和局限性,适应数字化学习环境,养成数字化学习与创新的习惯;掌握数字化学习系统、学习资源与学习工具的操作技能,用于开展自主学习、协同工作、知识分享与创新创造,助力终身学习能力的提高。

　　《普通高中信息技术课程标准(2017 年版)》强调"普通高中学校要根据学生人数多少、教学课时的需求,设立能满足各模块教学需要的信息技术教室和信息技术实验室"。信息技术实验室的建设与应用为数字化学习与创新创造了条件。但是,如果只是将实验室的活动作为一步一步的操作练习,就很难体现信息技术实验室的意义。例如，一些教科书在网页活动中设置的操作性实验：

任务：利用 FRONTPAGE 软件建立网页间链接关系，完成网页跳转。

第一步：设置"文本超链接"。用编辑软件打开制作中 XXXX 网站的主页，拖动鼠标选择导航栏上的文本内容作为链接点，从"插入"菜单中选择"超级链接"，在弹出的对话框中指定网页所在的"目标框架"，单击"确定"即建立一个超链接。

第二步：设置"图片超链接"。打开网页，把光标置于页面中标题栏的图片，点击"插入""超级链接"，打开编辑框，输入网站首页地址，建立返回首页"超链接"。

第三步：设置"热点超链接"。打开网页，单击本栏目录菜单图片，选择工具栏中的一种"热点"按钮，拖动鼠标，指定热点区域，插入热点对应的超级链接地址。

发展学生数字化学习与创新能力不应该也不能跟着"说明书"式的教学内容一步一步地操作，这种操作练习式教学不仅难以发展学生的数字化学习与创新能力，甚至还有可能因为亦步亦趋的学习方式减弱学生的数字化创新意识。改变传统教学方式，通过项目活动开展教学，引导学生在具体情境中解决问题，以此掌握知识技能，发展学生数字化学习与创新能力，这是对教师教学、教材开发、资源建设等方面的新挑战。

4. 信息社会责任

信息技术拓展了人们的生存时空，它改变着人们生存环境时，也改变着其中各个要素之间的关系，使得整个社会生态发生了变化，建立起新的社会秩序，出现了新的法律、法规和伦理道德，生存于其中的社会公民就需要担负着相应的责任，维持良好的信息社会秩序，推动信息社会的进步。

交易"计算机病毒"就是犯罪

2016 年 11 月，某市公安分局刑侦大队发现辖区内有人通过制售木马程序盗取他人手机短信、通讯录等手机信息，在市局网监支队指导下，成功侦破提供侵入、非法控制计算机信息系统程序的案件，抓获制造出售木马程序犯罪嫌疑人 1

名和盗刷银行卡犯罪嫌疑人3名,缴获笔记本电脑、手机、U盘、银行卡等作案工具。

犯罪嫌疑人通过网络论坛下载木马病毒程序,并自己将木马程序进行编制改造成可盗取手机通讯录、短信、银行卡等信息的一套新木马病毒程序,然后设立了自己的QQ群"某某工作室",通过百度贴吧、QQ群发布广告,以一定的价格出租/兜售木马病毒程序给诈骗分子。据调查,犯罪嫌疑人出租/兜售木马病毒程序20余次,非法获利2万余元人民币。

信息社会秩序需要与之相适应的法律法规来维护,我国网络安全法就明确规定"任何个人和组织不得从事非法侵入他人网络、干扰他人网络正常功能、窃取网络数据等危害网络安全活动;不得提供专门用于从事侵入网络、干扰网络正常功能及防护措施、窃取网络数据等危害网络安全活动的程序、工具;明知他人从事危害网络安全活动的,不得为其提供技术支持、广告推广、支付结算等帮助"。

生存于信息社会中,每个社会成员都要学习网络安全法,遵守国家法律,担负着维护信息社会秩序的责任。信息社会责任是指信息社会中的个体在文化修养、道德规范和行为自律等方面应尽的责任。具备信息社会责任的学生,具有一定的信息安全意识与能力,能够遵守信息法律法规,信守信息社会的道德与伦理准则,在现实空间和虚拟空间中遵守公共规范,既能有效维护信息活动中个人的合法权益,又能积极维护他人合法权益和公共信息安全;关注信息技术革命所带来的环境问题与人文问题;对于信息技术创新所产生的新观念和新事物,具有积极学习的态度、理性判断和负责行动的能力。

一些社会成员由于缺少必要的信息法律知识和责任意识,在网络空间盲目地信谣、传谣,给社会带来了极大的危害,违反互联网法律,受到了相应的惩罚。(如图6.2-4所示)

2010年2月20日至21日,关于"山西一些地区要发生地震"的消息通过短信、网络等渠道疯狂传播,由于听信"地震"传言,山西数百万群众2月20日凌晨开始走上街头"躲避地震",山西地震官网也一度瘫痪,严重影响了社会生产生活秩序。

山西省公安机关立即对谣言来源展开了调查,查明了造谣和传谣者。其中

图 6.2-4　互联网不是法外之地

35 岁的打工者李某某最先将道听途说的消息编写成"你好,二十一号下午六点以前有六级地震注意"的手机短信息发送传播。事实查明后,李某被晋中市公安局榆次区分局行政拘留 7 日。一名 20 岁的在校大学生傅某某在网上看到有关地震的帖文后,便在百度贴吧发布帖文:"我爸的一个朋友,国家地震观测站的,也是打电话来,说地震的几率很大! 大约是 90% 的几率,愿大家好运! 这绝对权威!"事实查明后,傅某被行政拘留 5 日。

信息技术普及度越高,社会各领域也越离不开信息技术,信息技术推动了社会进步,随之也产生了某些不稳定的因素。网络谣言会比其他方式传播得更快,更易引发社会的动荡;各类计算机病毒让信息安全人员疲于防范,潜在影响着系统的安全运行;网络诈骗更具有隐蔽性,欺骗产生于千里之外。因此,这就需要加强社会公民信息社会责任教育,自觉担负起信息社会的责任,提高信息社会生存的自我保护能力,共同维护好信息社会秩序。

二、信息技术学科大概念

一门充分发展的学科课程应有其独特的核心概念、逻辑结构和表达方式,以此反映学科课程的本体价值。中小学信息技术课程作为一门基础性课程同样需要明晰课程的知识结构,辨清逻辑关系,形成学科大概念的体系结构。借鉴国际中小学信息技术课程最新改革成果,梳理信息技术学科核心概念,可发现"数据、算法、信息系统"贯穿着学生对信息技术课程的学习。作为中小学信息技术教育,当信息系统渗透到社会的各个领域时,"信息社会"同样应该是中小学信息技术学科的主要概念,基于这样的理解,建构出"数据、算法、信息系统、信息社会"的信息技术学科大概念体系,依据学科核心素养将其渗透到课程内容之中。

1. 数据

数据是描述事物的符号记录,是信息的载体。在计算机科学中是指所有能输入到计算机中并被计算机程序处理的符号的总称。它是计算机程序加工的"原料"(严蔚敏,吴伟民,2011)。信息技术的发展使得人们收集和处理数据的手段得以不断加强,数据的内涵也逐步得以丰富。在计算机发明前及初期,"数据"更多的是指"数字"和"数值",即数值型数据。20世纪80年代计算机的发展,人们利用计算机处理"数据"的类型得以丰富,"数据"不再限于"数字"或"数值",同时还包括了文本、声音、图形、图片、视频等非数值型数据。21世纪初,移动通信、大数据和云计算等技术的革新,数据总量和处理速度得以迅猛发展。"数据"不只是计算工具所处理的对象或信息的载体,也成为人们获得信息、推动信息社会发展的一项动力来源。

在计算机科学中,由于电子计算机只能识别和处理的是由"0"和"1"符号串组成的代码,因此从存储原理来看,使用计算机进行数据处理时首先就需要实现数据的二进制转换,通过数据编码转换成计算机可以识别和处理的"二进制"代码。其次,计算机运行相关的软件对编码后的"数据"进行处理,帮助人们更好地理解信息。近年来,随着信息技术的发展,各类数据处理软件功能越来越成熟,种类也日趋多样。例如,有针对"表格"进行数据处理的电子表格软件,有对文本进行分析的在线分析工具,也有基于语音分析的智能语音评测系统等等。

2. 算法

美国著名计算机专家克努特(Knuth, D. E.)认为算法就是一个有穷规则的集合,其中规定了一个解决某一特定类型问题的运算序列(严蔚敏,吴伟民,2011)。分析算法定义,可以把算法理解为若干基本操作及其规则作为元素的集合。在计算机科学中,为保证计算机有序执行指令,算法应具有指定输入、指定输出、确定性、有效性和有限性五个基本属性。从程序结构来看,通过顺序执行、条件分支和循环三种结构方式可基本完成算法的流程,实现复杂问题条理化和简单化。

3. 信息系统

信息技术的发展与普及使得基于计算机和网络的信息系统广泛应用于社会各个领域。信息系统作为一种专门的系统类型,可以通过多种方法来定义。目前,人们对信息系统的解释主要有两种视角。其一,从组织结构的视角来看,信息系统是指由用户、硬件/软件设施、通信网络和数据等要素构成的人机交互系统。尽管信息系统并不一定是计算机和网络化的,但现在大多数信息系统还是依靠计算机和通信网络,因此这里的"信息系统"主要是指使用计算机并且包含通信网络的系统。其二,从功能应用的视角来看,合理设计和开发的信息系统,可以更好地收集、存储和管理数据,以提供有用、准确和及时的信息。当然,由于系统中用户需求不同,信息系统所提供的服务功能也是多样的。

4. 信息社会

信息社会是指通过创造、分配、使用、整合和处理信息进行社会经济、政治和文化活动的社会形态。其中的社会成员通过创新和高效使用信息技术为手段,以此获得较高的个人或组织生存与发展优势。信息技术的发展使得以大规模智能化信息网络为表征的数字化工具在提高社会生产力、发展社会生产关系时,也生成了全新的社会文化和社会观念,甚至因技术应用差别的原因,导致了新的社会差别。因此,生存于信息社会中,正确理解人、信息技术和信息社会的关系,保持良好的信息行为,是促进信息社会有序发展的保障条件。

信息技术学科大概念的建立一方面明确了本学科在中小学阶段学生学习的核心内容,为围绕学科大概念建构课程内容体系打下基础;另一方面也反映出信息技术学科独特的教育特征,有助于信息技术课程目标的界定与实施。

第3节　高中信息技术课程的内容与创新

高中信息技术课程标准是在综合考虑信息技术学科核心素养和学科大概念的基础上,按照学生认知能力所确定的学科育人目标,是学生在信息技术学科学习过程中形成的基础知识、关键能力和情感态度价值观等方面的综合表现。课程目标的界定经历了明晰学科核心素养、梳理学科大概念、界定课程目标等过程。

一、确立面向核心素养的信息技术课程观

学生发展核心素养是一个多维度的建构,不仅包括知识技能,更强调能力、情感、态度等多个方面,是对"三维目标"的综合体现,是作用于同一个学生的"整体效应"。面向核心素养的信息技术课程就要避免"目前存在的三维目标相对割裂和标签式的做法",在关注学生需要学习"哪些内容"时,也要引导学生理解"为什么要学这些内容""怎样学习这些内容"以及"如何用这些内容进行社会交流",进而加强相互之间的内在联系。即,综合发展学生"了解学科对个体发展的根本目的,掌握学科专业的探究方法,懂得学科专业的交流方式,利用学科知识进行自我发展"等基本能力。

面向核心素养的信息技术课程设计与开发既不能脱离"基本知识技能"空谈"学科核心素养",也不能忽视"学生发展的一般能力"孤立地讲"专业知识"。而是在综合分析学科结构、学生特点、社会需要的基础上:

其一,以学科核心素养为纲。把信息技术学科核心素养渗透到教学目标、教学内容和教学方法和学业评价之中,实现知识技能学习、学科思维发展、解决问题能力培养和社会责任意识养成的统一。

其二,建构学科大概念体系。明晰课程知识结构,辨清逻辑关系,把"数据、算法、信息系统、信息社会"等学科大概念依据学科逻辑和学生认知特征渗透到课程内容之中。

其三,设置多元需求课程结构。课程结构是根据教育需要将课程内容、具体科目和课程类型等要素组织在一起形成的课程体系结构形态。为满足学生信息技术基础知识学习与个性发展,就需要将学科核心素养渗透到课程模块之中,合理设计必修与选修课程。

其四,渗透项目式学习方法。信息技术课程建设既要精选促进学生终身发展的必备的基础知识与基本技能,也要反映出学科自身的话语体系与探究方法。通过项目式学习引导学生在真实的问题情境中学习技术工具,理解学科方法,利用技术工具和学科方法解决问题。将核心素养渗透到课程各要素之中,对学科课程的学习缘由、知识内容、探究方法和交流方式进行一体化的架构(如图6.3-1所示)。

信息技术的快速发展和无处不在的信息搜索工具已经使得人们意识到:具

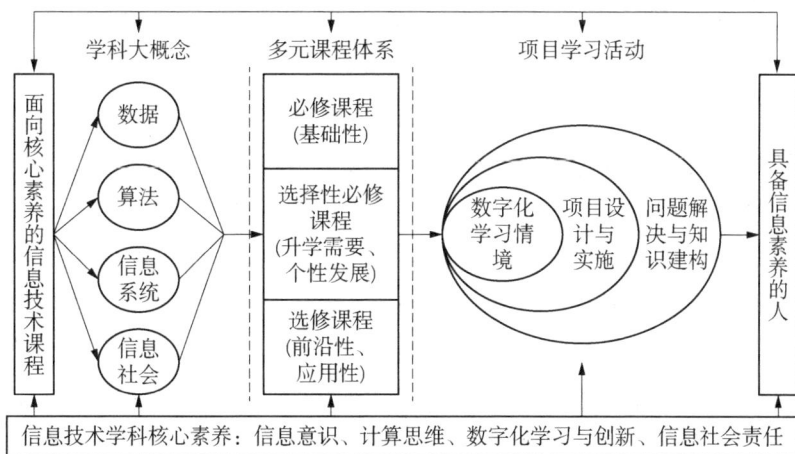

图 6.3 - 1　面向核心素养的信息技术课程架构

备良好的信息技术学科核心素养比仅仅拥有繁杂无序的信息知识更为重要。因此,面向核心素养的信息技术课程就需要超越"程序语言观"或"技术工具观",从核心能力方面精选学生需要掌握的基本知识与技能,引导学生发展敏锐的信息意识,用信息技术学科思维和方法全面认识与思考这个复杂的信息化社会,作出科学、专业的信息化判断,负责任地应用信息技术,更好地在信息化社会中生存、创新与发展(任友群,李锋,王吉庆,2016)。

二、高中信息技术课程结构

课程结构是根据教育需要将课程内容、具体科目和课程类型等要素组织在一起形成的课程体系结构形态。比较近五年来教育发达国家的学校课程发展,通过动手与动脑、学习与创造、自我与社会协调的角度来组织课程,设置符合学生多元学习需求的必修和选修课程已成为课程改革的发展趋势。因此,为了满足学生信息技术基础知识学习与个性发展,就需要将学科核心素养渗透到课程结构模块之中,合理设计必修、选择性必修和选修课程。

其一,信息技术必修课程是依据学科核心素养和学科大概念,选择基础的、稳定的、能反映时代需要的学科内容,强调基础学力,促进每位学生信息素养的发展。例如,通过信息系统与社会模块的学习,学生可以理解现实空间与虚拟空间相互交织的全新生活环境,合理选用信息技术工具助力个人的生活与学习。

其二,信息技术选择性必修课程是根据学生专业倾向和个性化发展设置的具有层次性、多样性的学习模块,满足学生升学需要和个性化发展的需要。例如,学生通过学习数据与数据结构、网络基础等模块,了解学科专业知识,为以后的专业发展做好准备。

其三,信息技术选修课程是为满足学生兴趣爱好、学业发展、职业倾向的需求,信息技术课程还通过拓展、提高类课程模块,以及校本课程为学生提供自主选择修习的课程,引导学生形成个性化学习方案,促进自主发展。

按照《普通高中课程方案(修订稿)》设置的课程结构,为满足不同学生学习需求,高中信息技术课程由必修、选择性必修和选修三类课程组成。在此基础上,依据学科逻辑特征和高中学生的学习需求设计体现时代性、基础性、选择性和关联性的课程模块。课程模块的设计既强调构建我国高中阶段全体学生信息素养的共同基础,关注系统性、实践性和迁移性;也注重拓展学生学习兴趣,提升探究内容的广度、深度和问题情境的复杂度,为学科兴趣浓厚、学科专长明显的学生提供挑战性的学习机会。高中信息技术课程结构和模块如表6.3-1所示。

表 6.3-1　高中信息技术课程结构与模块

	模　块　设　计	
必修	模块1:数据与计算 模块2:信息系统与社会	
选择性必修	模块1:数据与数据结构 模块2:网络基础 模块3:数据管理与分析	模块4:人工智能初步 模块5:三维设计与创意 模块6:开源硬件项目设计
选修	模块1:算法初步 模块2:移动应用设计	

三、学分与选课

高中信息技术必修课程的学分为3学分,每个学分18学时,共54学时。建议必修课程从高中一年级开始学习。学生学完必修课程后,可参加高中信息技术学业水平合格性测试。

学生在修满信息技术必修学分的基础上,可根据学业发展、兴趣爱好和职业倾向,学习选择性必修和选修的课程,从而积累更多学分,达到更高的学业水平或发展个性化的信息技术能力。选修课程中,每个选修模块为 2 学分,每个学分18 学时,共 36 学时。

选择性必修课程是对必修课程的拓展与加深,满足学生升学和个性化发展的需要。建议安排在高中二年级,学生可根据能力、发展需要选学。学生修完"数据与数据结构""网络基础"和"数据管理与分析"三个模块后,可参加高中信息技术学业水平等级性测试。

选修课程体现了学科的前沿性、应用性,建议安排在高中二年级或高中三年级,学生可根据自身能力、兴趣或需要选学。

四、高中信息技术课程模块内容

1. 高中信息技术必修课程

高中信息技术必修课程是全面提升高中学生信息素养的基础,强调信息技术学科核心素养的培养,渗透学科基本知识与技能,是每位高中学生必须修习的课程。高中信息技术必修课程包括"数据与计算"和"信息系统与社会"两个模块。

模块 1:数据与计算。 该模块针对数据在信息社会中的重要价值,分析数据与信息的关系,强调数据处理的一般方法与技能,发展学生利用信息技术解决问题的能力。通过本模块学习,学生要能认识到数据在信息社会中的重要价值,合理处理与应用数据,掌握算法与程序设计的基本知识,根据需要运用数字化工具解决生活与学习中的问题,逐步成为信息社会的积极参与者。

模块 2:信息系统与社会。 该模块针对信息社会生存与发展的需要,分析信息系统的基本知识与技能,强调利用信息系统解决问题的一般方法,提升学生的信息素养。通过本模块学习,学生能了解人、信息技术与社会的关系,认识信息系统在社会中的作用,合理使用信息系统解决生活学习中的问题,理解信息安全对当今社会的影响,能安全、守法地应用信息系统。

2. 高中信息技术选择性必修课程

高中信息技术选择性必修课程是根据学生升学需要、个性化发展需要而设计的,分为升学考试类课程和个性化发展类课程。选择性必修课程旨在为学生将来进入高校继续开展与信息技术相关方向的学习以及应用信息技术进行个性化的创新、创造提供条件。选择性必修课程包括"数据与数据结构""网络基础""数据管理与分析""人工智能初步""三维设计与创意""开源硬件项目设计"六个模块。其中,"数据与数据结构""网络基础""数据管理与分析"三个模块是为学生升学需要设计的课程;"人工智能初步""三维设计与创意""开源硬件项目设计"三个模块是为学生个性化发展而设计的课程,学生可根据自身的发展需要进行选学。

模块1:数据与数据结构。数据结构对培养学生的信息意识与计算思维、深入理解及掌握信息技术学科知识与实践方法、形成学科核心素养,具有非常重要的作用。通过本模块学习,学生应初步了解数据与大数据对社会各领域发展的作用,在掌握常用数据结构的概念、特点、操作、编程实现方法等内容的基础上,能对简单的数据问题进行分析,选择恰当的数据结构,用一种程序设计语言编程实现,在问题解决过程中对数据抽象、数据结构的思想与方法有初步认识。

模块2:网络基础。网络通信是数据传输的物理基础,也是支撑信息社会的重要基础设施。理解网络基本知识,熟练使用典型的网络服务,是现代信息社会中生存与发展的基本技能之一。通过本模块学习,学生应掌握计算机网络的核心概念与发展历程,了解常用网络设备的功能,能通过网络命令查询网络及设备的工作状态、排除常见互联网故障,能使用典型网络服务解决生活与学习中的问题,利用信息技术生成、分享网络资源,具备网络应用安全意识。

模块3:数据管理与分析。有效地管理与分析数据可帮助人们获取有价值的信息,为决策形成提供重要依据。通过本模块学习,学生了解数据管理与分析技术,能根据需求分析,形成解决方案;能选择一种数据库工具对数据进行管理,从给定数据中提取有用信息并应用于实际问题解决中;在活动过程中形成对数据特征、数据价值、数据管理思想与分析方法的认识。

模块4:人工智能初步。人工智能是通过智能机器延伸、增强人类改造自然和治理社会能力的新兴技术。本模块是针对人工智能的发展特征,从基础知识与应用、简单智能应用模块搭建及开发等方面设置的选择性必修模块。通过本模块的学习,学生应该了解人工智能的发展历程及其概念,能描述典型人工智能算法的实现过程,通过开发简单的智能技术应用模块,亲历设计与实现简单智能系统的基本过程与方法,增强利用智能技术服务人类发展的责任感。

模块5:三维设计与创意。三维设计方法的学习与应用,有利于培养学生的空间想象能力,发展学生科学、技术、工程、人文艺术、数学等学科综合性的思维能力。通过本模块学习,学生能够理解基于数字技术进行三维图形和动画设计的基本思想与方法,能够使用交互设计软件设计三维模型并发布,体验利用数字技术进行三维创意设计的基本过程与方法。

模块6:开源硬件项目设计。基于开源硬件的项目设计与开发有益于激发学生创新的兴趣,培养学生动手实践的能力,同时也是在信息技术课程中实现STEAM教育的理想方法。通过本模块学习,学生能搜索并利用开源硬件及相关资料,体验作品的创意、设计、制作、测试、运行的完整过程,初步形成以信息技术学科方法观察事物和问题求解的能力,提升计算思维与创新能力。

3. 高中信息技术选修课程

高中信息技术选修课程是为满足学生的兴趣爱好、学业发展、职业选择设计的自主选修课程,旨在为学校开设信息技术校本课程预留空间。选修课程包括"算法初步""移动应用设计"以及各高中自行开设的信息技术类校本课程。

模块1:算法初步。算法的每一步都是一个准确表达的步骤或指令,旨在用一系列这样的步骤在有限的时间内解决实际问题。其中,对问题的抽象或形式化描述是算法的基础。通过本模块学习,学生应能理解利用算法进行问题求解的基本思想、方法和过程,掌握算法设计的一般方法;能描述算法,分析算法的有效性和效率,利用程序设计语言编写程序实现算法;在解决问题过程中能自觉运用常见的几种算法。

模块2:移动应用设计。合理使用移动终端,可以帮助人们快速获取信息、高质量地沟通与交流。通过本模块学习,学生能够了解常用移动终端的功能与特征,形成移动学习的意识,掌握移动应用设计与开发的思想方法,根据需要设计适当的移动应用,创造性地解决日常学习和生活中的实际问题。

五、高中信息技术课程标准修订的创新

近十年来,信息技术教育实施环境发生了很大的变化,人们对信息技术课程的价值认识逐步深化。本次信息技术课程修订在继承前期课程标准合理内核时,也体现出以学科核心素养统领课程,采用学业质量水平确保教、学、评一致

性,通过项目学习加强学生实践创新能力等方面的特征,在学科核心素养、课程结构体系、项目学习方式、学业质量水平等方面进行了突破与创新。

1. 以学科核心素养统领信息技术课程标准

确定信息技术学科核心素养,建立核心素养分级体系是本次课程标准修订的一个重要特征。信息技术课程标准修订过程中,将学科核心素养渗透到课程标准的各个组成部分之中,用学科核心素养统领课程标准的建设。

例如,每个课程模块的内容要求设计、学业要求、学业质量水平都对应了具体的核心素养。

此外,学科核心素养等级的描述采用了"活动情景复杂连续体""知识技能连续体""能力发展连续体"逐级深入的方式,体现学生学习发展的递进性。

例如,在信息意识等级划分中,水平1中有"针对特定的信息问题,自觉、主动比较不同的信息源,确定合适的信息获取策略";水平2中对应的有"针对较为复杂的信息问题,能综合分析获取的信息,评估信息的可靠性、真伪性和目的性"。两则内容从学生发展的情境和能力方面逐步深入。

2. 通过学业质量水平确保教、学、评一致性

依据学科核心素养建立信息技术学业质量水平,以此规范学业水平合格性测试与等级性测试。信息技术学业质量水平设计有一级、二级、三级和四级水平,按照学科核心素养,对每级的学习结果进行了详细的描述,等级梯度按学习内容、认知程度逐级加深。

例如,计算思维在一级的学业质量水平为:"采用流程图的方式描述算法,掌握一种程序设计语言的基本知识,编写简单程序解决问题……"二级学业质量水平描述为:"运用算法描述方法和三种控制结构合理表示算法,利用一种程序设计语言实现简单算法,解决问题,……"相对于计算思维一级水平,二级水平的要求在认知程度和知识内容方面都有所加深。

信息技术学业质量水平直接用于指导学生学业评价,实现了教、学、评一体化建设,以此避免课程标准与教学实施"两张皮"的问题。

3. 采用多元课程模块,提高课程内容的层次性、多样性和选择性

高中信息技术课程结构与内容体系的确定紧扣"数据、算法、信息系统和信息社会"四个核心大概念,从学生学习的共同基础、升学需要、个人兴趣发展等方面设计有必修、选择性必修和选修三类课程。课程内容在保证每位学生信息素养发展的同时,使得课程模块逻辑关系具有一定的层次性。

在选择性必修和选修中,针对学生升学需要或个人兴趣分别设计有与之相对应的课程模块,加强信息技术课程修习的多样性和选择性。

例如,选择性必修中,对有升学需要的学生可选修"数据与数据结构""网络基础""数据管理与分析"三个模块;对那些不将信息技术作为升学科目,但对其中一些信息技能感兴趣的学生可以修学"人工智能初步""三维设计与创意""开源硬件项目设计"等模块,同时可获得学分,达到高中毕业时的总学分要求。

4. 渗透项目学习设计,凸显信息技术课程的实践性特征

信息技术本身就是一项实践强、应用广的技术工具,如何加强信息技术课程的实践性,怎样通过信息技术课程提高学生动手实践能力,是本次课程标准修订考虑的一个重要问题。为了突出课程的实践性,首先在内容要求陈述上强调学习的实践条件和实践内容。

例如:必修模块 2 中内容要求"通过组建小型无线网络,了解无线路由器等常见设备的安装,能更改默认的配置,使用移动终端连接到无线网络并设置安全协议",其中的"使用移动终端连接到无线网络并设置安全协议"等都体现出课程实践性与应用性特征。

其次,在课程标准的教学提示和教学建议中,也都强调要通过项目教学法开展教学,突出学生的实践活动,避免学科知识的机械接受。

例如:课程标准的教学建议明确提出"把握项目学习本质,以项目整合课堂教学""项目学习应以信息技术学科核心素养养成为目标,在项目实践中渗透学科核心素养,整合知识与技能的学习"。

第七章

高中信息技术课程标准的实施与再思考

信息技术课程是一门实践性强，技术条件及师资条件要求较高的课程。我国高中信息技术课程标准的修订对信息技术课程结构有所调整，内容得以充实，内涵更加丰富，育人价值得到进一步提升，这也对课程标准的有效实施提出了新的要求。

第1节　高中信息技术课程标准的实施

"人"的成长是一个全面整体发展的过程，在具体教育实践中采用"割裂、对立或标签式"的方法来发展学生的素养，也只能停留在教育的"形式"层面，而难以渗透到学生心灵深处。因此信息素养培养与提升过程中，就需要分析各要素教育中的"衔接点"，以"衔接点"为抓手，通过教育教学活动将学科核心素养各要素进行融合，从而达到素养的整体表现。

一、把握项目学习本质，以项目整合教学

基于项目的学习是指学生在教师引导下发现问题，以解决问题为导向开展方案设计、新知学习、实践探索，具有创新特质的学习活动。项目学习很大程度上还原了学习的本质，这种基于真实情境的学习能促进学生对信息问题的敏感性、对知识学习的掌控力、对问题求解的思考力的发展。项目实施过程中，各种

能力的综合也促进了学生信息技术学科核心素养的形成。开展项目学习时，要创设适合学生认知特征的活动情境，引导他们利用信息技术开展项目实践，形成作品。因此，项目学习应以信息技术学科核心素养的养成为目标，在项目实践中渗透核心素养，整合知识与技能的学习。

按照项目学习的过程来看，一个促进学生学习的项目应该包括如下几部分：

① 项目情境：主要是激发学生学习兴趣，引导学生进行项目活动，其中也融入所要学习的知识技能和需要解决的主要问题；

② 项目任务：是指学生在项目活动中需要完成的几项任务，以及每项任务完成后的显性成果；

③ 项目过程：用于给学生搭建开展项目活动的"脚手架"，帮助学生在活动过程中或合作、或自主完成任务，掌握相应的知识与技能；

④ 项目评价：提供项目评价标准、方法和工具，教师、学习者或学习伙伴根据所提供的评价资源对项目成果进行评价，给出项目成果完善的建议。

教学实施中，教师可以先整体梳理各课程模块的教学内容，再以阶段性教学内容（模块或者单元）为依托，提炼学生习得知识后应具备的学科核心素养，并以此节点设计学习项目的推进路径，力争使项目实施既能合理渗透信息技术核心素养，又能有效整合相关的教学内容。

二、重构课堂教学组织方式，加强探究性学习

在项目学习、特别是开放性项目学习的过程中，学生是项目的设计者、实施者和项目成果推介者，教师是学生项目设计和实施过程中的引领者和咨询者。教学中教师应淡化知识的单一讲解，鼓励学生通过自主探究解决项目中的问题，在解决问题的过程中整合知识学习，促进思维发展。教师要从"学会操作"的课堂价值取向转向"形成学科核心素养"的价值诉求，引导学生从实际生活中发现项目素材，培养学生信息意识，在"尝试——验证——修正"的"试错"过程中发展学生的计算思维，引导学生从自主寻求项目实施所需知识和技能应用的过程中形成数字化学习与创新能力，在项目成果的推介、交流和互动过程中提升信息社会责任。

项目学习案例：聪明的机器人

项目活动目标：了解语音识别技术，能构建简单机器人，从中体验人工智能技术在生活学习中的应用价值，感受智能技术给我们社会生活带来的便捷。

项目活动主题：聪明的机器人

项目活动过程：

1. 明确主题，确定分组，制定方案。首先，教师通过问题情境（想要实现什么样式的机器人、机器人要完成哪些工作、机器人都具备哪些功能、机器人的应用场景是什么等问题）**引入项目**：开发一个"聪明的"机器人，提出相关的规则要求。

学生分组，确定自己的项目任务，如智能语音交互机器人；**讨论设计方案**，如说话交流的机器人，机器人可以和人聊天，帮着主人解决一些生活上的问题，如播放音乐、控制家电等。

2. 聚焦核心问题，学习新知。教师根据学生制定的方案，通过追问的方式帮助学生**明确问题实现的关键**，如需要使用语音识别功能；并指导学生进行语音交互技术的学习，如此时学生根据前面学习内容分析出可以通过识别的文字来进行判断。

例如，你和机器人说："天空是什么颜色？"这时要判断语句中是否有关键字"天空"，要有"天空"机器就可能会回答蓝色。

3. 实践操作，发现问题。学生在实践过程中，很快**发现新问题**，如问天空中的白云是什么颜色，这时如何进行判断？此时，教师根据学生发现的问题，引导学生通过脚本规避一些关键字。学生就着手去写语音脚本。

4. 提出新问题，实现语音回答问题。学生完成脚本后，**提出问题**：如何实现语音回答问题？教师介绍可以将脚本语音保存到 MP3 模块，然后进行条件播放。学生录制语音，进行项目实现。

5. 测试项目，发现更多问题，迭代完善。学生对实现的项目进行测试，**发现更多问题**，如语音播放不完整，会跳过部分语音。教师启发学生如何解决问题（如延迟），最后实现项目功能。

项目的开放性及解决方案的多样性，既能调动学生学习的积极性，激发学习兴趣，也能引发更多生成性的个性化问题。项目活动中，教师可以根据学生学习的需要,采用个性化教学的指导方式,既为学生提供自由创作的空间,又确保学生的个性化问题得到及时支持与解决。建议教师创建网络学习空间,通过知识详解、范例创作、常见问题答疑等,帮助学生解决一般性问题。通过组建互助小组,引导学生在交流互助中共同提升思维与能力,甚至可以将合作互助行为纳入评价范畴,引导学生开展更深入的交流合作。

三、创设数字化学习环境,丰富课程资源

为促进学生学科核心素养的发展,教师在充分利用真实情境的教学活动空间时,也应通过信息技术帮助学生创设个人虚拟的网络活动空间,形成应用便捷、资源丰富、内容可靠、环境安全的数字化学习环境。现实空间与虚拟空间的结合有助于改善学生的学习方式,激发学生的探究欲望,与此同时,也丰富了教师的教学手段,拓宽了师生互动交流的渠道。学生在亲历数字化学习过程中,体验数字化环境对教育发展的影响,促进终身学习习惯的养成。

例如,在"人工智能对信息社会的重要作用"相关内容教学过程中,可以借助人工智能典型案例和技术环境帮助学生感受"人工智能"的发展及对社会的影响,利用智能平台提供的智能工具,引导学生在实践活动中实现日常学习和生活中的智能化功能应用,体验到人工智能的典型应用。

"互联网+"正在深刻影响着社会各个领域的行业生态。教学过程中,教师可围绕学科核心素养,通过互联网构建可持续发展的学习资源建设规划,将学生项目学习中的生成性资源转化为后续学习资源,引导学生成为资源的使用者和建设者,促进学生学科核心素养的全面发展。

四、采用多样的教学方法,落实学科核心素养

学科核心素养是学科育人价值的集中体现,是学生通过学科学习而逐步形成的正确价值观念、必备品格和关键能力。信息技术学科核心素养包括了信息意识、计算思维、数字化学习与创新、信息社会责任四个要素。其中,每个要素都有着鲜明的特点和独特的内涵。信息意识主要表现在对信息的敏感性、对信息准确性的甄别能力以及对信息隐私和安全的保护自觉性;计算思维是要自觉利用计算机科学技术方法分析实际问题、解决实际问题;数字化生活与创新包括适

应数字化环境、利用数字化资源和工具,提升终身学习质量和生活幸福感,开展自主创新和协同创新;信息社会责任是要自觉遵守信息相关法律、尊重信息相关道德伦理,杜绝有意或无意利用信息或信息工具危害国家、社会和他人。信息安全关乎国家安全,国家安全则是每一个公民的社会责任。因此在教学过程中,就要注意各个要素的特征及它们之间的相互关系,并且要针对这些要素的特征和这些相互关系采用与之相适合的方式开展。

以"辩论会"方式发展信息社会责任

活动目的:组织班级同学开展一场信息技术与社会问题的辩论会,引发学生对信息社会责任的思考,进一步理解人、信息技术与社会的关系。

活动任务:设计与信息社会责任相关的辩论主题,例如,"维护信息社会安全重在健全法律"对"维护信息社会安全重在发展安全技术";同学们可围绕相应的辩论主题进行资料准备、观点交流和明确小组成员。

活动过程:

① 做好组内分工,明确每个小组成员的任务;抽签确定正、反方;明确小组观点和立场,以及各辩手的任务,做好辩论会前准备。

② 组织正反方按照所确定辩论主题展开辩论,评判专家根据正反方在整个活动中的表现进行评分,对辩手的观点进行分析和点评。

③ 主持人根据评判专家、正反方及观众的反映,对整个活动进行总结、评价。引导学生对信息社会责任重要性的进一步认识,明确信息社会每位成员需要承担的社会责任。

第2节 信息技术课程建设中的问题再思考

新修订的高中信息技术课程标准在继承前期课程标准合理内核时,体现出以学科核心素养统领课程,采用学业质量水平确保教、学、评一致性,通过项目学习加强学生实践创新能力等方面的特征。在课程实施中,为科学、合理地推进信息技术教育，还需要从全学段、成体系、师资建设和相关资源方面做好教学支持。

一、实现"义教"与"高中"信息技术课程有效衔接

高中信息技术课程标准将信息意识、计算思维、数字化学习与创新、信息社会责任作为学科核心素养。确立了学科大概念，即：数据、算法、信息系统和信息社会。根据高中生认知特征和社会发展需要，结合学科核心素养和大概念，建立了比较稳定的课程结构。但是，我们也应注意到，信息技术的学科核心素养的培养不只是高中阶段的任务，更应该从小就帮助学生养成信息技术应用的好习惯。如果缺少高中信息技术教育与义务教育阶段信息技术教育的有效衔接，这也就会出现不同地域、不同学校的学生信息技术基础存在较大差异。还会因为学生在低年龄阶段因为信息技术不良习惯的养成而影响其以后的学习与发展。因此有效实现"义教"和"高中"信息技术课程实施的衔接，依据学科核心素养和学科大概念研制、实施"义教阶段信息技术课程标准"是当务之急。

信息技术课程到底应该涵盖哪些学习内容，一直是困扰本学科发展的重要问题。为了能在庞杂的上位学科知识体系中，选出适宜高中信息技术课程的内容，新修订的课程标准确立了在落实"立德树人"和课程改革要求的基础上，以核心素养为导向，依托信息技术学科大概念，遴选基础性和时代性并重的课程内容的原则。依据信息技术课程的特征，在梳理上位学科相关重要概念的基础上，信息技术学科确定了包括数据、算法、信息系统和信息社会在内的四大核心概念。

但是，从中小学课程建设来看，一门持续发展的课程需要有一个核心内容稳定、新内容不断融入的概念逻辑结构体系。尽管这次信息技术课程标准提出了四个学科大概念，彰显了信息技术学科的本质特征，但是如何在此基础上，依据中小学生的学习特征，建立起小、初、高学段衔接清晰、知识循序渐进的课程内容体系也是信息技术课程建设中需要解决的一个重要问题。

二、依据课程标准，加强信息技术教师队伍建设

信息技术课程标准修订继承了前期课程标准的实施成果，同时也融入了当代社会进步、科技发展和学科发展的前沿内容，紧密联系学生生活与经验，按照时代发展的需要对信息技术课程进行了调整和更新。例如，针对创新人才的社

会需要，课程内容设计"开源硬件项目设计""移动应用设计"等学科综合性模块。新技能、新模块的融入对当前信息技术教师的教学能力提出了挑战。

目前中小学信息技术教师队伍发展还存在着"教师专业背景纷杂、非教学任务繁重""教师专业素养欠缺、教学综合能力不足""学科重视程度不够、缺乏专业认同""专业成长意愿较弱、职后培训不到位"等问题。在修订后信息技术课程标准实施背景下，就急需依据学科的教学需求，补足信息技术教师的"短板"，从学科内容、教学方法等方面加强信息技术教师教育。针对信息技术教师发展需要，在高等师范院校建立"信息技术教师教育基地"，开展信息技术教师培训，是有效落实信息技术课程标准的一项重要举措。

三、进一步完善信息技术创新教学环境

高中信息技术课程标准强调了学生的动手实践能力和创新应用能力。例如，课程标准中提出"通过搭建小型信息系统的综合活动，体验信息系统的工作过程，认识信息系统在社会应用中的优势与局限性"等要求。从具体实施来看，这些内容标准的实现是需要在相关的实验环境中进行。课程标准中的实施建议也指出了"设立能满足各模块教学需要的信息技术教室及信息技术实验室"。因此，根据信息技术课程实施需要，完善信息技术教学环境，建立配套的信息技术实验室，同样是信息技术课程实施中急需解决的问题。

新修订的高中信息技术课程标准立足于"没有信息化就没有现代化"和"没有网络安全就没有国家安全"的国家战略，结合"立德树人"的现代教育理念，加强信息技术教育的重要地位。当然从课程标准到教学实施总会存在这样或那样的落差，在课程标准实施过程中，就需要加强信息技术教学环境建设，重构信息技术教学模式，实现从重知识讲授、重计算机操练，转变为重视学生利用信息技术解决问题能力的提升和信息素养的全面综合教育。

四、加强对信息技术课程实施的监测

从国家课程标准到学校教学实施，总会出现这样或那样的"落差"，甚至还会出现信息技术学习上的"误区"。目前在我国中小学信息技术的教育中，有将大学信息技术专业性知识简单下放，课程内容与中小学教育教学要求脱节，增加青

少年学习负担的问题；有信息技术课程资源建设监管不足，影响中小学课程实施的教学秩序，增加教师教学工作量的问题；也有人工智能教育的实施缺少科学有效指导，过多商业性内容渗透到学校课程内容中，影响教育质量的问题。导致这些问题的出现，主要有三种原因。其一，信息技术是一门新兴学科，其本身就一直在发展和完善中，就人工智能的内容来看，包括了机器学习、知识图谱、自然语言处理、计算机视觉、人机交互、生物特征识别、虚拟现实/增强现实等关键技术。由于缺少对中小学生所要学习的人工智能知识系统化的梳理，这也容易导致大学内容简单下放的问题。其二，信息技术对社会和未来的冲击，加剧了学校对新技术、新工具课程开设的迫切愿望，但是缺少对信息技术教学经验和优质资源的探索与积累，师资不足、盲目开课，也容易扰乱学校正常教学秩序。其三，是资本的推动和相关培训机构的夸大宣传。逐利的社会培训机构加大了对信息技术学习的误导，他们不惜鼓吹"不学编程将会被社会淘汰"的论调，以此炒作方式开展信息技术教育，不仅不能发展学生的信息素养，甚至还会影响学生的学习兴趣。

为了解决上述问题，关键是要教育部门加强对学校和社会机构开展信息技术教育的监督与管理。一方面要加强对信息技术教材的审核。信息技术教材是中小学生开展信息技术学习的基本载体，它直接影响信息技术课程的实施成效。在教材研发和使用过程中，教育主管部门要加大对信息技术教材的审查力度，实施人工智能教材的研发和审查机制，丰富审查手段。另一方面也要加强对社会机构开展信息技术教育的监管。从内容与方法来看，信息技术教育是专业领域的教育，需要专业教师和有资质的机构开展教育教学。因此，教育主管部门要尽快建立起社会机构开展信息技术教育的准入机制，加强教育质量监管与评估，规范社会机构开展人工智能教育的内容、方法与手段。

当今，无论生存于社会哪个领域，充分运用信息技术，让自我以及群体的学习能力提升已变得越加重要。充分理解信息技术，深度了解计算机、人工智能以及计算思维方式，更好地把握时代发展的脉搏，广泛运用信息技术从而具备认识、改造与创造世界的能力变得越加紧迫。人工智能以自我学习、机器学习、深度学习的方式不断完善，而学生们如果无法理解其功能设计与应用，将难以胜任未来的挑战，并逐步失去对未来社会进行参与和再创造的能力，甚至学生如果无法理解人工智能、算法和数据，就难以正确认识信息社会的发展，难以从容、自信地融入未来社会。

没有谁能准确预测未来十年抑或五年中信息技术的发展与变化，但是我们却可以逐年渐进性地改进与逼近未来、展望未来。信息技术课程建设需要努力建立一种内核稳定，而新技术可以逐年更新的发展方式，否则依旧难以迎接未来技术的剧烈变化。信息技术课程建设需要更好地连接起学生、教师，甚至连接起更多的大众以及专家学者，共同参与到信息技术课程建设的迭代过程中来，在这样的连接基础上，信息技术课程建设既有学科系统上的体系升级，也有自下而上的反复迭代，学生在数字化学习过程中，灵活而多样地参与教师的线上课程学习，加入师生社群学习，投入项目学习，全面形成信息技术课程建设新的迭代循环体系，在课程模块化上灵活组合，模块化内螺旋上升，模块之间平行设置，提升学习进程上的可选择性，支持教学方式与学习方式的多样化。

展望未来，信息技术课程肩负着提升全体学生信息素养的重要使命，这也是学生们从容、自信地胜任未来挑战的共同基础。因此，在经济全球化深入发展、信息技术突飞猛进、学生成长环境发生深刻变化的数字时代，加强青少年信息素养刻不容缓，这不仅体现在重新打造中小学信息技术教育的内容体系刻不容缓，还体现在建立专业的中小学信息技术教师队伍刻不容缓，更体现在中小学建立相关的实验和实践场所刻不容缓。

参考文献

阿尔帕斯兰·沙欣. 基于实践的 STEM 教学模式 STEM 学生登台秀[M]. 侯奕杰,等,
　　译. 上海:上海科技教育出版社,2016:3.

安德鲁·芬伯格. 技术批判理论[M]. 韩连庆,曹观法,译. 北京:北京大学出版社,
　　2005.

顾雪林. 可汗学院:一个人的网络教学震动了世界[R]. 中国教育报,[2013 - 02 - 06].

美国国际教育技术协会《国家教育技术标准》项目组. 面向学生的美国国家教育技术
　　标准——课程与技术整合[M]. 北京. 中央广播电视大学出版社,2002.

李锋,王吉庆. 信息技术教育:历史的考察与现实的追问[J]. 中国电化教育,2013(2).

李锋,王吉庆. 计算思维:信息技术课程的一种内在价值[J]. 中国电化教育,2013(8).

李锋,王吉庆. 信息技术课程的本体价值探讨[J]. 中国电化教育,2014(3).

李雅君,柳德米拉·芭萨娃. 俄罗斯中小学信息技术课程与教学述评[J]. 课程·教
　　材·教材,2012,(3):122 - 127.

李亿豪. 互联网+:创新 2.0 下互联网经济发展新形态[M]. 北京:中国财富出版
　　社,2015.

陆璟. 基于 PISA 数据的上海学生信息素养研究[J]. 教育参考,2016(2).

马歇尔·麦克卢汉. 麦克卢汉如是说:理解我[M]. 北京:中国人民大学出版社,2006:
　　163.

梅宏. 夯实智慧社会的基石[J]. 中国科技奖励,2018(11):6.

尼尔·波斯曼. 技术垄断:文化向技术投降[M]. 何道宽,译. 北京:北京大学出版社,
　　2007:41 - 43.

尼尔·波斯曼. 娱乐至死[M]. 章艳,吴燕莛,译. 桂林:广西师范大学出版社,2009:
　　137 - 138.

彼得·J·丹宁,等. 伟大的计算原理[M]. 罗英伟,等,译. 北京:机械工业工业出版

社,2017.

任友群,随晓筱,刘新阳. 欧盟数字素养框架研究[J]. 现代远程教育研究,2014(5)：
3－12.

任友群,李锋,王吉庆. 面向核心素养的信息技术课程设计与开发[J]. 课程. 教材. 教
法,2016(07)：56－61＋9.

任友群,黄荣怀. 高中信息技术课程标准修订说明高中信息技术课程标准修订组[J].
中国电化教育,2016(12)：1－3.

任友群,黄荣怀. 普通高中信息技术课程标准(2017 年版)解读[M]. 北京：高等教育出
版社,2018.

任友群,李锋. 聚焦数字化胜任力——"科创中心"背景下上海信息科技教育的研究与
展望[M]. 上海：华东师范大学出版社,2018.

邵瑞珍. 教育心理学修订本[M]. 上海：上海教育出版社,2002：124－125.

托马斯·库恩. 科学革命的结构[M]. 金吾伦,胡新和译. 第四版. 北京：北京大学出版
社,2012.

王吉庆. 信息素养论[M]. 上海：上海教育出版社,1999：118；122；122.

维克托·迈尔-舍恩伯格等. 大数据时代：生活、工作与思维的大变革[M]. 盛杨燕,周
涛译. 杭州：浙江人民出版社,2013：200.

熊璋. 警惕"大数据傲慢"[DB/OL]. [2015－7－1]. http://it. people. com. cn/n/2015/
0701/c1009-27234818. html.

熊璋. 加强青少年信息素养教育的重要意义[J]. 国家治理,2016(3)：41－45.

熊璋,李锋. 信息时代·信息素养[M]. 北京：人民教育出版社,2019.

严蔚敏,吴伟民. 数据结构[M]. 北京：清华大学出版社,2011：3－5.

杨晓哲. 五维突破：互联网＋教育[M]. 北京：中国工信出版集团,2016：34.

杨旭,汤海京,丁刚毅. 数据科学导论(第 2 版)[M]. 北京：北京理工大学出版社,
2017：37.

张山. 全球信息数据量逐年猛增(2016)[DB/OL]. http://finance. sina. com. cn/roll/
2016－08－05/doc－ifxutfpc4491744. shtml,[2019－3－8].

中华人民共和国教育部制定. 普通高中技术课程标准(实验)[S]. 北京：人民教育出版
社,2003.

中国教育科学院,中国 STEM 白皮书[S]. 2017. http://www. ict. edu. cn/news/jrgz/
xxhdt/n20170623_49859. shtml？ from＝singlemessage. [2019－4－5].

中华人民共和国教育部制定. 普通高中信息技术课程标准(2017 年版)[S]. 北京：人

民教育出版社,2018.

中华人民共和国教育部. 教育信息化 2.0 行动计划[S].[2018 - 04 - 13].

祝智庭主编. 信息教育展望[M]. 上海：华东师范大学出版社,2002.

ACM&CSTA. K - 12 Computer Science Standards（2011）[DB/OL].[2015 - 05 - 15]. http://csta. acm. org/Curriculum/sub/CurrResources.

ACM&CSTA. Running On Empty：The Failure to Teach K - 12 Computer Science in the Digital Age（2010）[DB/OL].[2013 - 5 - 15]. http://www. acm. org/runningonempty/.

ACM. Rebooting the Pathway to Success：Preparing Students for Computing Workforce Needs in the United States [DB/OL]. 2014. http://pathways. acm. org/.

Adams Nager & Robert D. Atkinson. The Case for Improving U. S. Computer Science Education. Information Technology & Innovation Foundation [DB/OL]. [2016 - 5 - 31]. http://www2. itif. org/2016-computer-science-education. pdf.

Aleksi Tiensuu. Computational Thinking in Regard to Thinking and Problem-Solving [J]. University of Tampere，2012:38.

American Association of School Librarians，Standards for the 21st - century Learner [S]. 2007. https://studentsatthecenterhub. org/resource/american - association - of - school - librarians - standards - for - the - 21st - century - learner/.

Australian Curriculum Assessment and Reporting Authority. Digital Technologies [DB/OL]. 2015. http://www. australiancurriculum. edu. au/technologies/digital-technologies/curriculum/f-10? layout = 1.

Brennan，K. & Resnick，M.. New Frameworks for Studying and Assessing the Development of Computational Thinking. 2012. [DB/OL]. http:// web. media. mit. edu/~kbrennan/files/Brennan_Resnick_AERA2012_CT. pdf.

Carlos A. Scolari. Media Ecology：Exploring the Metaphor to Expand the Theory [J]. Communication Theory，2012(22)：207 - 208;214 - 215.

Common Sense Education. Cross-Curricular Framework [DB/OL]. 2016. https:// www. commonsensemedia. org/sites/default/files/uploads/classroom _ curriculum/ cs_digitalcitizenshipcurric_2016_release. pdf.

Common Sense Education. Scope & Sequence：Common Sense K - 12 Digital Citizenship Curriculum [DB/OL]. https://www. commonsensemedia. org/

educators/scope-and-sequence.

Common Sense Media. Digital Literacy and Citizenship in the 21st Century: Educating, Empowering, and Protecting America's Kids [DB/OL]. 2009. https://www. itu. int/ council/groups/wg-cop/second-meeting-june-2010/Common SenseDigitalLiteracy-CitizenshipWhitePaper. pdf.

Computing at School Working Group, computer science: A curriculum for school (2012) [DB/OL]. http://www. computingatschool. org. uk/data/uploads/ ComputingCurric. pdf, 2013 - 5 - 16.

CS Unplugged Activities [DB/OL]. http://www. csunplugged. org/activities.

Curzo, P, Dorling, M, Developing Computational Thinking in the Classroom: A Framework[J]. www. chi - med. ac. uk/publicdocs/WP259. pdf, 2019 - 12 - 15.

David Gurteen. Knowledge, Creativity and Innovation [J]. Journal of Knowledge Management Volume 2, Number 1, September 1998.

Esther S. Grassian and Joan R. Kaplowitz. Information Literacy Instruction: Theory and practice [M]. New York: Neal-Schuman Publishers, Inc, 2009.

Fred Martin. Computational Thinking for Youth [DB/OL]. http://itestlrc. edc. org/ sites/itestlrc. edc. org/files/Computational_Thinking_paper. pdf, 2013 - 05 - 16.

Harold Wenglinsky. Using Technology wisely: The keys to Success in Schools [M]. New York: Teachers College Press, 2005.

I. Lee, F. Martin, J. Denner,et al. Computational Thinking for Youth in Practice [J]. ACM Inroads, 2011,2(1): 35.

ISTE Standards for Students (2007) [DB/OL]. https://www. iste. org/standards/ for-students.

ISTE&CSTA. Computational thinking teaching in K - 12 Education: teacher resources [DB/OL]. second edition (2011). [2013 - 05 - 12]. http://csta. acm. org/Curriculum/sub/CurrFiles/472. 11CTTeacherResources_2ed-SP-vF. pdf.

Jackson J. and Moore L. The Role of Computational Thinking in the 21st Century [DB/OL]. http://www. appropriatetech. net/files/Papers_Green_Economy_and_ Innovation. pdf,2013 - 5 - 10.

Jeannette M. Wing. Computational Thinking [J]. Communications of the ACM, 2006,49(3): 34 - 35.

Jessup, L. , Valacich, J.. Information Systems Today: Managing in the Digital

World，Third Edition［M］.北京：人民邮电出版社,2001：9－10.

Lawrence Snyder. Fluency with Information Technology：Skills，Concepts，and Capabilities［M］.北京：清华大学出版社,2004：7－8.

Marc Prensky. Digital Natives，Digital Immigrants［DB/OL］. 5，October 2001. http：//www. marcprensky. com/writing/Prensky％20-％20Digital％20Natives,％20Digital％20Immigrants％20-％20Part1. pdf.

Mark Dorling& Matthew Walker. Computing Progression Pathways. 2014.［DB/OL］. http：//academy. bcs. org/sites/academy. bcs. org/files/Computing _ Progression_Pathways_with_Computational_Thinking_V2％20％281％29. pdf.

Mike Ribble. Digital Citizenship in Schools：Nine Elements All Students Should Know［M］.（3nd Edition）. Texas：International Society for Technology in Education，2015.

Ministry of Education Singapore. Computing Teaching and Learning Syllabus［DB/OL］. 2018. https：//www. moe. gov. sg/docs/default-source/document/education/syllabuses/sciences/files/preuniversity_h2_computing. pdf.

Nail Postman. The reformed English Curriculum. The shape of the future in American secondary education［M］. New York,：Pitman，1970.

National Research Council. Being Fluent with Information Technology［M］. Washington，D. C.：National Academy Press，1999.

North Dakota Department of Public Instruction，North Dakota Library and Technology Content StandardsGrades K－12(2012)［S］. http：//www. dpi. state. nd us/standard/tech－stds. pdf，2013－2－27.

Ralph M. stair & George Reyndds. Principles of Information Systems：A Managerial Approach［M］. Ninth Edition 北京：机械工业出版社,2005：28.

ScratchED. Assessing Development of Computational Practices［DB/OL］. http：//scratched. gse. harvard. edu/ct/files/Student_Assessment_Rubric. pdf.

State of Arizona Department of Education，Educational Technology Standard(2009)［S］. http：//www. azed. gov/educational－technology/，2013－3－20.

Thorsten Quandt and Thilo von Pape. Living in the Mediatope：A Multimethod Study on the Evolution of Media Technologies in the Domestic Environment［J］. The Information Society，2010(26)：330－345.

UNESCO Institute for Information technologies in Education. Digital Natives：How

Do They Learn? How to Teach Them? [DB/OL]. 2011[2016 - 3 - 16]. http：//iite. unesco. org/pics/publications/en/files/3214698. pdf.

Virginia Department of Education. Computer Technology Standards of Learning for Virginia's Public Schools [S]. 2012. http：//www. doe. virginia. gov/testing/.

后 记

2013 年 9 月，我完成在密苏里大学的访学任务，回到华东师大全国中小学计算机教育研究中心（上海研究部），继续开展信息技术教育研究工作。此后参加了教育部基础教育课程教材发展中心组织的中小学信息技术教育论证研讨活动，对美国中小学信息技术教育最新发展动态做了一些梳理，并逐步参与到高中信息技术课程标准调研与修订工作中来。

参加高中信息技术课程标准修订是一个学习与思考的过程。在此过程中，陆续发表了《信息技术教育：历史的考察与现实的追问》《计算思维：信息技术教育的一种内在价值》《面向核心素养的信息技术课程设计与开发》《聚焦数字化胜任力，发展学生核心素养》等文章。这些文章虽然只是"中间件"，是对课程标准修订的阶段性思考，但为完成这本书打下了基础。

2018 年 1 月，《国家高中信息技术课程标准（2017 年版）》正式发布，高中信息技术课程标准修订工作告一段落。在之后，就课程标准的落实与一些教师、教研员进行了交流，交流过程中也感受到，为能更好地理解课程标准，还需要从"为什么这样制定标准"以及"怎样具体落实标准"方面为教师们提供"抓手"，也就萌发了写这本书的想法。

能够完成这本书，要感谢高中信息技术课程标准修订组各位专家的全力帮助，课程标准修订是集体智慧的体现，能跟随我国顶尖信息技术专家开展课程标准修订工作真是一件幸事；感谢王吉庆先生的信任与支持，在这本书的写作过程中，先生提了很多建设性的意见和建议，让这本书不断完善；感谢我的爱人王海芳和女儿李辰瑶对我工作的理解与支持，我的出差让她们成为了习惯；感谢王旭卿博士将国际比较的研究成果与我分享。在书稿编辑过程中，出版社教心分社彭呈军社长精心组织与润色，让此书添色许多；程建娜老师精选了人工智能教学案例,时慧、耿雅静、王希同学的读稿工作都给我很多帮助,在此一并感谢。

最后,如果这也算是一点成绩的话,我愿意把它献给我已去世的父亲和一位女友董艳丽女士,你们的爱一路激励着我向前进。

李锋

于曹杨五村梅花园

图书在版编目(CIP)数据

发展关键能力,培养数字公民:面向核心素养的信息技术
课程设计/李锋著.—上海:华东师范大学出版社,2020
ISBN 978-7-5760-0159-4

Ⅰ.①发… Ⅱ.①李… Ⅲ.①计算机课－课程设计－中
小学 Ⅳ.①G633.672

中国版本图书馆 CIP 数据核字(2020)第 052903 号

发展关键能力,培养数字公民
面向核心素养的信息技术课程设计

著　　者　李　锋
插图绘制　潘　伟
责任编辑　彭呈军
特约审读　李小敏
责任校对　邱红穗　时东明
装帧设计　卢晓红

出版发行　华东师范大学出版社
社　　址　上海市中山北路 3663 号　邮编 200062
网　　址　www.ecnupress.com.cn
电　　话　021－60821666　行政传真 021－62572105
客服电话　021－62865537　门市(邮购)电话 021－62869887
地　　址　上海市中山北路 3663 号华东师范大学校内先锋路口
网　　店　http://hdsdcbs.tmall.com

印 刷 者　常熟市文化印刷有限公司
开　　本　787×1092　16 开
印　　张　14.25
字　　数　234 千字
版　　次　2020 年 6 月第 1 版
印　　次　2020 年 6 月第 1 次
书　　号　ISBN 978-7-5760-0159-4
定　　价　48.00 元

出 版 人　王　焰

(如发现本版图书有印订质量问题,请寄回本社客服中心调换或电话 021－62865537 联系)